憲法
未来予想図

**16のストーリーと
48のキーワードで学ぶ**

榎澤幸広
奥田喜道
[編著]

現代人文社

> プロローグ

憲法改正や解釈改憲で、
どんな未来がまっているのか

● 最近の社会や政治動向から

　最近、憲法の話がいろいろなところで目だつようになってきました。これは安倍首相を始めとする自民党政権がここ数年、"憲法改正"、最近は"解釈改憲"を声高に主張しているからです。他の政党も憲法改正を全く主張していないわけではないのですが、自民党は特に2012年に『日本国憲法改正草案』を出しており、Q&Aまであります（以下、各章も含め、『自民党改憲案』とします。ちなみに、2004、2005年も同じ動きがありました）。

　それをきっかけに少しずつですが、憲法に関心を持つ人たちも増えてきたように思われます。ただ、あくまでも編者の推測なので間違っていたら許してほしいのですが、まだまだ関心のない人たちが多いとも思われます。

　私の周りにそういう人が多いので、その人たちから話を聞くと、こんな発言が返ってきます。例えば、「憲法ってうちらの生活に関係ないよね」、「身近じゃない」、「難しい」、「憲法って軍事のことでしょ！」など。

　何がきっかけで、このような発言に至ったのかわからないのですが（義務教育のせい？）、「美味しいスイーツをいっぱい食べたい！」、「大好きなあの子に告ってラブラブデートしたい！」、「仕事がないから仕事がほしい！」、「老後の生活が不安だから何とかならんものか！」なんてのも元を辿れば全部憲法の話なんです（人権。特に憲法13条）。政治家やニュースの憲法話題が自衛隊の海外派兵だとか集団的自衛権だとかの話ばかりしているから勘違いされるけど……。これで少しは身近に感じてもらえましたか？

● 政治への無関心？

　それとこんな発言も聞きます。「選挙に行ったってたかが一票でしょ！」や「誰が政治を担っても一緒でしょ」とか。でも、本当にそうでしょうか？これらの考え方の背景には、誰がやっても今の社会や国はそんなによくもならないし悪くもならないという考えがあると思われます。でも、誰がやっても一緒なら、われわれを心も

身体も奴隷状態にする身の毛もよだつ恐ろしい"独裁者"は歴史上誕生していないはずです。ましてや、かの有名なナチスのヒトラーやジンバブウェのムガベ大統領は民主的な方法である選挙をきっかけに誕生しているのを忘れてはなりません。

また、"たかが一票ですがされど一票"です。これは言うまでもないことですが、2000年代、日本では2度の政権交代が起きたからです。その政権交代が結果として成功したかどうかはわかりませんが、「お上のいうことに黙って従うのが日本人の気質だ！」("美徳"という意見もあります）と言われていた、まさにその人たちが国にNo！を2度も突きつけたのです。

さらに、原発災害に対する全国各地で起きているデモ、これもその一例です。デモはテロと発言した政治家もおりますが、自分たちが一生懸命選んだはずの代表（国会議員）が民の意思を無視したり、民をダマしてきたとしたら、それに対して国民は何もできないのでしょうか？　選挙でNo！を突きつけるのも一つの方法ですが、直接意見を突きつける方法がデモや請願・陳情なのです。これは、憲法に保障された重要な人権の一つで、これが認められないとしたら、それは独裁国家まっしぐらということになってしまいます。

●No!を突きつける方法

ただこれらの方法は独裁国家でも効果がないわけではありません（かなりの犠牲は伴いますが……）。エジプトやチュニジアで起きたアラブの春（革命）などがよい例です。これらの国は現在、国家情勢が不安定化していますが、国家体制を変更した場合にはそれが安定化するまで時間がかかるという事実を忘れてはなりません。日本だって、日本国憲法に男女平等が書き込まれたのが1946年ですが、（社会が憲法の示す理想に近づくという意味で）前よりましになってきたのは1980年代だし、スイスの国際団体「世界経済フォーラム」が2013年に行った「世界男女格差報告」では136カ国中105位という結果が出ていて、まだまだ実現までの道のりは遠いといわねばなりません（映画『ALWAYS 三丁目の夕日』に象徴される「昭和30年代はよかった！」という発言はこのことについてどう考えているのでしょうか？）。

話は戻りますが、①独裁制から民主体制への移行期、②民主体制を安定的にするための時期、③民主体制の安定期、どの時期でもこれらの運動は有効です。これは、繰り返しになってしまいますが、「国民がやらなくちゃ誰がやるの？　他人まかせでいいの？」って話です。アメリカの政治学者であるジーン・シャープという人は、①の国家体制移行期をつぶさに調べて、「非暴力行動198の方法」をまとめています（ジーン・シャープ〔瀧口範子訳〕『独裁体制から民主主義へ——権力に対抗するための

教科書』〔筑摩書房、2012年〕)。演説・署名・請願・デモなんてよく知られている方法も書かれていますが、"抵抗のための脱衣行動"、"演劇や音楽会の上演"、"預貯金の引き出し"、"政府による雇用や就職をボイコット"なんてものもあります。そういう行動と権力に対抗するのとどんな関係があるか気になります。ぜひ調べてみてください。

●本書の構成とタイトルに込めた想い

　本書は、身近な人間関係だけではなくて国との関係においてもおかしいものはおかしいと言えるきっかけを作るための本だと思っております。そのため、本書は「日本国憲法とは何か？」を入門的に知ってもらうことを意識してはいますが、従来の入門書とは一線を画しています。特に配慮したのは、「現在の政権によって仮に憲法改正や解釈改憲がなされると、日本在住者たちにとってどのような未来が待っているのか？」ということでした（中には、「このまま何もしないとどうなるか」を解説している所もあります）。

　だから、各章は「ショートストーリー」と「3つのキーワード」という構成となっているのです。読者のみなさんの読み方は自由ですが、編者からのおススメの読み方は、①憲法改正や解釈改憲がなされた場合以後の未来予想を描いた「ショートストーリー」で疑似体験をしていただき、②そのストーリーを読み解くために知っておいた方がいいキーワード3つの解説を読んでいただき、③もう一度ショートストーリーを読んでいただくという方法です。

　ちなみに、本書のメインタイトルが『憲法未来予想図』となっているのは、編者である榎澤が青春時代によく聞いて一喜一憂したドリームズ・カム・トゥルーの素敵な恋愛歌「未来予想図Ⅱ」から着想を得ていますが、各執筆陣が様々な資料や現場調査から検討した日本という国や社会に対する未来予想の設計図を読者のみなさんに紹介していることにも由来しております（無論、執筆陣の合意は得ております。民主主義の社会ですから！）。

　ただ、ショートストーリーが描く世界はあくまでも可能性の問題であって、この通りに進むかもしれませんし進まないかもしれません。場合によっては、よりひどくなっている可能性もあるでしょう。

　これをきっかけに、みなさんたちに考えてほしいのは"美しい国"とか"健全な家族"といった政治家発言が意味することです。「美しい」とか「健全な」という言葉はよい意味に捉えられるので、素晴らしいことを示しているんじゃないかとうっかり思ってしまうとこれは大変なことになります。そこには政治家や官僚が培って

きた考え方が練りこまれているので、みなさんの考える「美しい」とは意味が異なることも多々あるのです（他にも、「必要最小限度の実力」を核武装可能と主張した政治家もけっこういます）。なので、それを理解した上で、みなさんなりの"未来予想図"を描いてもらえると嬉しい限りです。

●お礼とお願い

　本書の執筆陣は、2013年5月刊行の飯島滋明編『憲法から考える実名犯罪報道』（現代人文社）の執筆陣である憲法学者ら（飯島、井上、榎澤、奥田、清水、長峯）、そして担当章のテーマを専門としており、交流の深い憲法学者（石川、岡田、茂木）の計9人で構成されています。この企画がスタートした2013年4月以降、メールや電話、そして東京・四ツ谷にある現代人文社にて何度も会合を重ねました。このような機会を与えてくださり、そして数々の刺激的な提案をしてくださったのが現代人文社の成澤壽信社長です。この場を借りて、編者・執筆陣を代表してお礼を述べさせていただきたいと思います。

　そして、本書をきっかけとして、日本、いや世界に在住する人たちによる日本国憲法に対する理解が深まり、一人一人の人々が貧困や紛争に巻き込まれず、そして差別を受けることなく自分自身の幸せを追い求めるために自由に生きることができる社会により一層近づくことを願ってやみません。

　　　　　　　　2014年6月　ナイアガラの滝のように汗の止まらない名古屋より
　　　　　　　　　　　　　　　　　　　　　　　　　　　　　榎澤幸広

憲法未来予想図　16のストーリーと48のキーワードで学ぶ　目次

●プロローグ
憲法改正や解釈改憲で、どんな未来がまっているのか　榎澤幸広　2

第1章　●改正・最高法規
憲法は人権を保障し、権力者を縛る最高の法
長峯信彦　10

ショートストーリー 憲法記念日にもなった2月11日
キーワード解説 最高法規、憲法尊重擁護義務、改憲（憲法改定）

第2章　●地方自治
まちづくりの果てに
榎澤幸広　22

ショートストーリー 2030年、あるUターン者の叫び
キーワード解説 まちづくり、地方自治、道州制・市町村合併

第3章　●財政
国家財政が危機でも増大する軍事費
飯島滋明　34

ショートストーリー 納得できない増税
キーワード解説 財政統制、租税・財政政策、財政原則

第4章　●司法
最高裁の裁判官をクビにできる国民審査
榎澤幸広　46

ショートストーリー そして誰もいなくなった……
キーワード解説 司法、憲法訴訟、国民による司法監視

第5章　●内閣・国会・参政権
過小評価できない立憲主義の考えと実践の力
奥田喜道　58

ショートストーリー 憲法の再全面改正までの苦労をふりかえって
キーワード解説 政治主導、二院制、参政権

第6章 デモと冤罪と私 ●刑事手続
岡田健一郎　70

- ショートストーリー　福山マサコの「自白」
- キーワード解説　虚偽自白、適正手続主義、取調べの可視化

第7章 家族は大切だけど、声高に強調するのは危ない ●婚姻生活の自由
井上知樹　82

- ショートストーリー　美しい日本の、家族・夫婦・親子という絆
- キーワード解説　家族の絆、家父長家族、個人の尊厳と両性の平等

第8章 職場に憲法なし ●勤労の権利
飯島滋明　94

- ショートストーリー　久しぶりの再会
- キーワード解説　勤労権・労働基本権、ブラック企業、規制緩和

第9章 学問と教育は誰のもの？ ●学問の自由・教育を受ける権利
石川裕一郎　106

- ショートストーリー　ある大学教授の午後
- キーワード解説　学問の自由、教育を受ける権利（教育権）、「教育改革」「大学改革」

第10章 格差社会をもたらす新自由主義改革 ●経済的自由、生存権
清水雅彦　118

- ショートストーリー　「新東京人」・ヤスオ
- キーワード解説　経済的自由、生存権、新自由主義的改憲論

第11章 報道の自由は何のためにあるのか ●表現の自由
奥田喜道　130

- ショートストーリー　50年後の秘密漏洩事件
- キーワード解説　秘密保護法、デモ・集会、実名報道

第12章 ●精神的自由
「心」に国家権力が入って来てもいいの?
長峯信彦　142

ショートストーリー　「国民は国旗と国歌を尊重しなければならない!」
キーワード解説　心の自由、君が代・日の丸、信教の自由・政教分離

第13章 ●平等権
やさしいようでむずかしい平等の理解
茂木洋平　154

ショートストーリー　ある女性研究者の決意
キーワード解説　平等、男女平等、アファーマティヴ・アクション

第14章 ●平和主義
戦争の放棄からさらに構造的暴力の解消へ
清水雅彦　166

ショートストーリー　「戦争する国」ニッポン
キーワード解説　積極的平和主義、9条、「戦争する国」

第15章 ●天皇制
天皇制は「法の下の平等」の例外か?
石川裕一郎　178

ショートストーリー　ついに「その日」が?――男系男子ゼロの日
キーワード解説　国旗・国歌・元号、象徴天皇制、天皇・皇族の人権

第16章 ●憲法の基本原理
将来の夢を国家に奪われず
自分の幸せを追求できる
飯島滋明　190

ショートストーリー　戦場の悪夢に苦しむ辛太郎
キーワード解説　基本的人権の尊重、平和主義、国民主権

●エピローグ

**友達や仲間と語り合い、個人の幸福の追求と
よりよい市民社会の実現へのヒントを**　奥田喜道　202

Column / 憲法ワンポイント知識

- 民衆からの憲法 ……………………………………………… 21
- 伊豆大島に暫定憲法があった! ……………………………… 33
- 政治家の侵略戦争否定発言と国際協調主義 ………………… 45
- 憲法に男女平等を書き込んだベアテさん …………………… 57
- 外国人参政権から見えてくるもの …………………………… 69
- 日本の死刑冤罪 ………………………………………………… 81
- 現代版『楢山節考』──恩と怨の間で ……………………… 93
- ホワイトカラー・エグゼンプションとは? …………………105
- どうする? どうなる? 教育委員会 ………………………117
- 個人に対する「お節介法」 ……………………………………129
- 原発事故に関する「国会事故調」の役割 ……………………141
- 日本軍の性奴隷("慰安婦")問題 ……………………………153
- ワーキングプアの研究者 ………………………………………165
- 国連「平和への権利宣言」採択の動き ………………………177
- 自民党に愛国心はない!? ………………………………………189
- 患者の自己決定とインフォームド・コンセント ……………201

キーワード索引 205
判例索引 214
編者・執筆者プロフィール 216

＊本文中、自由民主党「日本国憲法改正草案」(2012年4月)は、「自民党改憲案」と略記する。

第1章 憲法は人権を保障し、権力者を縛る最高の法

●改正・最高法規

第96条〜99条

キーワード 最高法規、憲法尊重擁護義務、改憲（憲法改定）

ショートストーリー　憲法記念日にもなった2月11日

　2040年2月11日、さぁ今日は建国記念式典だ。この式典に行くと紅白饅頭が貰えるので、ちょっとうれしい。それに今年はゴディバのチョコも付くというではないか。大学入試も終わって身軽な千種瑞穂はウキウキ気分で鏡の前に立っていた。去年は祖母と東京の日本武道館で1万人集会に出た。もちろん紅白饅頭をもらって。それを頬張りながら九段の靖国神社まで歩き、参拝したのだった。

　2月11日は建国記念の日であるが、10年前から憲法記念日でもある。2030年の同日に自民党改憲案が施行されたからだ。その新憲法には「国民は、国旗と国歌を尊重しなければならない」「国防は国民の義務とする」「国民はこの憲法を尊重する義務を負う」と明記された。これを受け同年「国民式典参加法」が制定され、こう規定された。「国民は憲法を尊重する義務を負うことに鑑み、つとめて公の式典に参加するものとする。公務員は出席を義務とする」。5年前から戦争中の日本は、ついに徴兵制法案が次の国会に提出される予定である。

　この日、瑞穂は地元の中学で式典に参加した。昔は名古屋の学習院とも謳われた市立塩路山中学。別の高校に行った友達に会えるのも楽しみだが、中学時代ひそかに思いを寄せていた菊里和彦に会えるのが、実はもっと楽しみだ。会場の体育館に着いた瑞穂は、すぐに和彦を探した……が、いない。仕方なく入り口付近の寒い席に座った。ちょうど「国防軍 入隊申請簡易手続」というコーナーの目の前だ。軍服のオジサンたちが「いかがですか？　徴兵制施行前なら、奨学金を必ず貰えて、大学編入もしやすくなり大変お得ですよ！」と「いかにも」風の笑顔を振りまいている。

式典が始まった。「全員ご起立願います。国旗に敬礼！」。校長先生の発声で、全員が正面に麗々しく張られた日の丸に深々とお辞儀をした。次に、「国歌斉唱！ 全員起立のまま、お国のため、心を込めて歌いましょう！」。10年前、改憲と同時に国旗国歌法は改定され、国旗敬礼と国歌斉唱は完全に義務化された。同法制定時の1999年には国民への義務づけはなかったが、自民党30年来の執念でついに義務化されたのだった。歌の直後に、和彦が遅れて入ってきた。「和彦くん、久しぶり♡」。瑞穂はうれしさを抑えながら小声で彼に手を振った。彼は無表情で「やぁ」と手を挙げて、「君が代だけは歌いたくなかったんだよね」と一言ボソッとつぶやいて、隣に座った。和彦くん機嫌悪そう……エッ、私のことキライ！？

　来賓に石亜玉甚太郎が来ている。彼は元作家だが、東京都知事・国会議員を経て国防大臣となり、今や国防軍最高顧問だ。「元国防大臣にして、栄えある国防軍の最高顧問、石亜玉甚太郎閣下に御言葉を賜りたく存じます！」　石亜玉は壇中央に進み出ると、日の丸に深々と頭を下げた。その姿を新聞記者が恭しく撮影している。きっと忠日(ちゅうにち)新聞か旭日(あさひ)新聞だろう。

　「本日は初代の天皇陛下が建国あそばされた日です。日本は天皇陛下を核とする神聖な国であり、その国防は国民の神聖な義務であります。平和主義を謳っていた前の憲法は、恐れ多くも陛下と日本軍に違反しておりました。国民は自民党の新憲法を守り、陛下と国家への忠誠と国防義務を果たすべきでありますッ！」。

　日本は改憲して国防軍を正式に保持。5年後の2035年には中東地域と台湾海峡の二つの軍事紛争に日本軍が出動し、米軍と共に戦争中だ。改憲後、日本は大きく変貌。報道機関と政党には大きな制約が課せられ、両者の幹部及び報道記者全員は5年ごとに、反権力的意思の有無等を調べる「適性評価」を受けなければならない。この制度は2013年の特定秘密保護法における「適性評価」制度を転用して作られた。かつては権力監視を使命としていた朝日新聞・中日新聞が「旭日」「忠日」と屈辱的な改名をさせられたのは、2030年の「報道規制法」のせいだ。

　政治も大きく変貌した。もはや国政に存在するのは日本翼賛政治会のみで、政党は基本的に翼賛政治会の「支部」扱い。だいいち、あの共産党までが今や2030年「政党規制法」により無理矢理「協賛党」と名乗らされているのだ。「日本はこの先どうなっちゃうんだろ？ 瑞穂ちゃん、怖くない？」　会場を後にしながら、和彦の真剣な眼差しに瑞穂はドキドキ♡ でも、和彦とのギャップを感じずにはいられなかった。「和彦くん、何だかすごく大人になっちゃったね……」。

ショートストーリー　憲法記念日にもなった2月11日

キーワード解説

最高法規

1 人権とは？——人類の過去幾多の試錬の成果

人権は最初からフツーに有ったのではなく、人類の先輩たちが苦労に苦労を重ね、文字通り血を流しながら獲得してきた努力の結晶です。だから今、私たちの手に人権は「有る」と言えるのです。

憲法97条は基本的人権の本質をこう記しています。「この憲法が日本国民に保障する基本的人権は、人類の多年にわたる自由獲得の努力の成果であって、これらの権利は、過去幾多の試錬に堪へ、現在及び将来の国民に対し、侵すことのできない永久の権利として信託されたものである」。「信託」とは「信じて託する」こと。人権は権力者からお恵みで与えてもらったものではなく、あくまでも「憲法が国民を信じて託してくれたものだ」という基本が大事です。

そして、「過去幾多の試錬」に注目して下さい。試錬の「錬」は、刀や刃物を作る時などに数百度もの高温の火で焼かれた鉄を何度も打ち続ける「鍛錬」です。人類は、権力者の圧制・弾圧という壮絶な苦しい体験を何百年も耐え、何千万回も打ちのめされ、しかし次第に鍛えられ練り上げられて強くなった結果、「人権」というすばらしい成果を獲得した、という意味です。

2 侵すことのできない永久の権利——人権の永久不可侵性

人権は人類にとって悲願でした。しかし権力者は、市民が人権を手にすると刃向ってくると思い込み、なかなか認めようとしません。つい200年余前の西欧では、**人権**は王政を否定する反体制の危険思想でした。なぜなら人権思想の下では「尊厳を持った **独立・平等の個人**」は誰かに支配される家来ではあり得ず、絶対的な王の存在とは相容れなかったからです。**民主主義**も当然、王政否定の危険思想です。戦前の日本でも天皇制に抵触する許されざる危険思想でした。しかし今どうでしょう？「人権」も「民主主義」も世界共通の価値理念になったではありませんか。このように、かつては反体制の危険思想とされた価値観が、たかだか200年ほどで（人類数千年の歴史の中でのたった200年ですよ！）、世界共通の価値理念にまでステップアップした事実を決して忘れてはなりません。そう考えると、いつの日か、日本国憲法の三大原理の一つである「9条の徹底平和主義」と新しい人権「**平和的生存権**」も、世界共通の価値理念にステップアップする日が来るかもしれないですね。私たちの手でそうできることを願います。

3 硬性憲法──改憲のハードル「両議院の総議員の3分の2以上」　現憲法は、96条で「この憲法の改正は、各議院の総議員の3分の2以上の賛成で、国会が、これを発議し、国民に提案してその承認を得なければならない。この承認には、特別の国民投票……において、その過半数の賛成を必要とする」と定めています。憲法改定には高いハードルが設けられていると言えます。

　普通、法律は、衆参両議院の「出席議員の過半数」で可決されます（憲法56条）。が、憲法は「法律」ではなく、法律よりも上位にある「国の最高法規」なので、改定は法律改廃の手続きよりも厳しいハードルが課せられています。このように法律改廃より高いハードルを設ける憲法のことを**硬性憲法**と言い、逆に法律と同レヴェルで改定が可能な憲法のことを**軟性憲法**と言います。

　「殻が硬くて簡単には壊せない硬性憲法」と「粘土みたいに柔軟に作り変えることができる軟性憲法」。世界の多くの憲法は硬性憲法です。憲法が保障しているのは**永久不可侵の人権**ですから、権力者が安易にこれに手を触れて弱めるようなことがあっては大変です。ゆえに、あえて殻を硬くして簡単には壊せない「硬性憲法」にしてあるのです。ちなみにアメリカ憲法は、日本よりも更にハードルが高い超・硬性憲法です。なのにアメリカでは改憲が、憲法制定後約230年間のあいだに27回あります。日本で改憲がないのは、国民の大多数が納得するような改憲への国民的合意がまだ得られていないからです（特に9条）。

4「最高法規」の根拠としての「人権の永久不可侵性」　憲法98条：「①この憲法は、国の**最高法規**であって、その条規に反する法律、命令、詔勅及び国務に関するその他の行為の全部又は一部は、その効力を有しない。②日本国が締結した条約及び確立された国際法規はこれを誠実に遵守することを必要とする」。憲法は法律ではなく、全ての法律よりも上位にある「最高法規」です。でもなぜ憲法は「最高」なのでしょうか？　その答えはズバリ、「永久不可侵の基本的人権を保障しているから」です。ただ、硬性憲法も最高法規も言ってみれば形式的効力の問題。でも形式を確保することで、個人の尊厳と人権を保障するという実質の確保につながり、結果的に憲法の「実質的最高性」が確保されるので大きな意味があります。第10章「最高法規」の最初にまず「基本的人権の永久不可侵性」の97条が置かれているのは、単に憲法が「形式的に最高」だからではなく、≪永久不可侵の基本的人権を保障する憲法だからこそ最高なんだぞ≫という実質的根拠を示してあるのです。ここは憲法全体の構造に

キーワード解説

関わるひじょうに大切なポイントです。きっと試験に出ますよ！（笑）

5 日本国憲法における人権保障の特色

基本的人権は大雑把に二分すると**自由権**と**社会権**に分かれます。自由権とは、思想良心の自由・表現の自由・身体の自由などのように「国家権力に干渉・妨害されない自由の権利」です。社会権はその逆で、生存権、教育を受ける権利、労働者として守られる権利のように「国民が必要とする時には、国家の積極的な措置をとるよう国民の側から要求できる権利」のことです。たとえば、努力しても病気等で生活できない場合、「生活保護」を受けられることはよく知られていますが、これは生存権という「権利」の行使であって"お恵み"とは違います（社会権は、特定の状況に置かれた人々の「権利」ではあっても「人が生まれながらに有する人権」ではないはず、との重要な指摘は憲法学界で昔からあります。ただここでは、ひとまず人権の一つとして扱っておきます）。自由権はどこの国の憲法でもメジャーですが、社会権となると必ずしもそうではありません。たとえば、アメリカ憲法には「社会権」の明記がないのです。それはアメリカ憲法が世界最古の成文憲法だという事情に起因しています。

日本国憲法は1947年施行ですが、その人権保障の内容は現在世界中のいろいろな憲法に比べても、最も先進的な憲法の一つです。その象徴が社会権。この社会権規定は、現憲法の制定過程において、日本人の手で作られたことがわかっています。GHQの憲法案は全て米人製ではなく、日本人案を下敷きに作られたからで、その日本人案が**憲法研究会案**です（⇒キーワード改憲の項）。現憲法の25条「健康で文化的な最低限度の生活を営む権利」は、憲法研究会案では、「健康で文化的な生活を営む権利」です。しかし、この25条はGHQ案では抜けていました。なぜか？　自力救済の思想が強いアメリカ人にとって「権利」と書くことに抵抗があったためです。ではなぜ、GHQ案になかった規定が現憲法に入っているのか？　それは、憲法研究会のメンバー**森戸辰男**が自ら国会議員になって、国会の中で「社会権」の重要性を力説し、ついに憲法に書き込むことに成功したからです！（ただ「最低限度の」の一言は追加）　社会権規定は生活保護の根拠としても重要ですが、医療や年金など社会保障、教育・労働・環境等、国民生活全般に関わるひじょうに重要な規定です。これを憲法に入れるべく奮闘してくれた森戸の活躍は、後世に語り継がれるべき大殊勲でしょう（彼は後に文部大臣と広島大学学長を歴任）。

憲法尊重擁護義務

1 猛獣が私たちを檻へとニンマリ誘い込む　ある夜あなたは、動物園の猛獣ライオンから笑顔でこう言われる夢を見ました。「ボクと一緒にこの檻に入りませんか？　動物園の檻って、ボクたち猛獣を拘束するためだけにあるのっておかしくないですか？　人間さんもボクら猛獣と一緒に檻に入るような新しい動物園の在り方があってもいいじゃないですか！」。ナルホドなと思い、あなたはライオンと一緒に檻に入ることにしました。ライオンはニンマリ笑ってます……さぁ！　ここで目が覚めました。この続き、もし現実なら、あなたはどうなるでしょう？　「夢で良かったぁ」と誰もが思うことでしょうね。

　もちろん、動物園の話ではありません。近代**立憲主義**（近代市民革命以降の立憲主義）にとって極めて重要な**「憲法尊重擁護義務」**の話なのです。立憲主義とは、憲法という国家の基本法に基づき、権力をなるべく制限しながら国家運営をしていく原則を指します。世界中の先進国は全て立憲主義です。さて、この話の「猛獣」とは一体何のことなのでしょう？　その答えは「憲法」とは何なのか、立憲主義における最も重要なポイントは何か、の中にあります。

2 立憲主義の要諦──憲法尊重擁護義務　憲法とは、「個人の人権を守るために公権力を縛る・国家の最高の法規範」です。言い換えると、「主権者国民が権力者に対して課した最高の法的ルール」です。憲法99条にはこう規定されています。「天皇又は摂政及び国務大臣、国会議員、裁判官その他の公務員は、この憲法を尊重し擁護する義務を負ふ」。

　まず、「**義務**」という言葉に注目してください。義務とは「～しなければならない」という強制の用語です。つまり「憲法を尊重し擁護する」ことは「強制的な義務」なのだ、と明記されているわけです。では、その義務は誰が負っているのでしょうか？　実はこの点こそが最も大事なポイントです。

　憲法99条に列挙されている人々を整理してみましょう。①国務大臣、②国会議員、③裁判官、④その他の公務員、⑤天皇・摂政と並べてみた時、まず首相（総理大臣）はどこに入るでしょう？　一見①に入りそうだけど、ならば総理大臣と書けばよいのにそうでないから、①は違うかなぁ……。日本は議院内閣制だから、首相は必ず国会議員から選ばれるので、②であれば該当するよね……。しかし、正解は①なのです。①国務大臣は、憲法制定時の古い用語法では総理

15

> キーワード解説

大臣も含んでいました（今でも、国会で首相らの施政方針演説を衆議院議長が「国務大臣の演説」と表現する際、当然、そこには総理大臣も含まれます）。

　要点をまとめてみましょう。①「国務大臣」とは、総理大臣はじめ内閣の閣僚（大臣）全員を指し、つまりは国家の**行政権**全体を表します。②「国会議員」とは、衆議院・参議院の議員全員を指し、文字通り**立法権**を表します。③「裁判官」とは、最高裁の裁判官はもちろん、地裁・高裁など全ての裁判官を指し、**司法権**全体を表しています。

　④「全ての公務員」とは言葉の通りで、全国の警察官・自衛官・消防官、市役所で住民票係の人など、全て含まれます。⑤「天皇・摂政」とは、天皇・皇族はもとより、天皇が病気などで公務ができない時の代行者「摂政」（通常は皇太子）を指します。（昔の藤原摂関家の摂政・関白のような権力は全くないので注意）

　ここで最も大事なポイントは①②③です。憲法99条は行政権（内閣）・立法権（国会）・司法権（裁判所）の「**国家の三大権力（三権）**」つまり「**全ての国家権力**」をわざわざ特定して直接拘束しているのです。立憲主義における憲法尊重擁護義務とは、公権力の行使者に憲法という国家の基本ルールを守らせることを義務づけているのです。譬え話の「猛獣」とは、これら公権力の行使者全体を表しており、ライオンなど猛獣が全て檻の中にいるのは「権力者は皆、憲法という枠（檻）の範囲内でしか権力を行使できない」ことを意味しています。だからその檻に、猛獣以外の人間【私たち主権者（一般市民）】も入ってしまうと、誰が本来檻の中にいなければならないのか——公権力（行使者）こそが憲法の制約を受けるのだという本質——が完全にボヤけてしまうのです。

3 「主権者（一般市民）」はどこへ？——憲法尊重擁護義務と国民との関係

　さっき99条をみて「あれ、アタシ（オレ）って99条のどこに入るんだろ？」とは思いませんでしたか？　あなたが学生ならどこにも該当しません。ということは、「一般市民は憲法を守らなくてもいい」のでしょうか？　実はこの問いは、「自分の大事なお金やクレジットカード類が入っている財布を私たちは大切に守らなくてもいいのでしょうか？」と尋ねているようなものです。なぜなら、憲法は私たち主権者（国民）の大切な人権を保障している法典ですから、自分自身を大切に守ってくれているその憲法を、主権者が自らの手で破壊する・棄て去ってしまうということが全く考えられないからです。ちょうど、自分の大切な財布を自ら棄て去ってしまうことがあり得ないのと同じです。

しかしそれなのに、もし国家が「オマエら国民は自分の大事な財布を大切に守る義務を負う」と法に書いて「違反したらダメだぞ！」と主権者に対して上から目線で命令してきたら、明らかにヘンだしムカつきますよね。だいいちそんなこと、法で義務づけるようなことではないことぐらい中学生にだってわかります。この倒錯した「上から目線」的な感覚が理解できれば、なぜ憲法が「国民」に憲法尊重擁護を「義務づけ」ていないのか、理解できると思います。

4 国民の不断の努力（普段の努力）——憲法99条と憲法12条の重要な関係

　ただ一方で、憲法は12条で、「この憲法が国民に保障する自由及び権利は、国民の不断の努力によって保持しなければならない。又、国民は、これを濫用してはならないのであって、常に公共の福祉のためにこれを利用する責任を負ふ」とも定めています。この規定は、云わば「自分の大切なお金が入っている財布は自分で大切に保持しなきゃだめですよ」という「責務・責任」の趣旨です。ここでは99条と異なり、「義務」という用語が使われていないことに注意して下さい！　それともう一つ異なる重要なポイント、わかりますか？

　それは、99条が「憲法の全体（憲法を丸ごと）」を公権力者に守るよう義務づけているのに対し、12条は憲法全体ではなく、あくまでも「自由と権利」を国民が「不断の努力によって保持しなければならない」としている点です。ここもとても重要なポイントです。人権の永久不可侵性のところで述べたように、「自由と権利」は人類共通の貴重な財産ですから、私たち自身の手でこれを「不断の努力によって保持しなければならない」のです。しかしそれ以外の箇所は、個人の「思想・良心の自由、言論・表現の自由」に基づき自由に議論ができるようにしたのでした。というのも、たとえば憲法9条「戦争放棄・平和主義」は、国民の大半は9条を支持していると世論調査では出ても、否定的な人もかなりいます。あるいは天皇制や二院制（衆議院・参議院の二院体制）も、その存続に否定的な人々（天皇制廃止論、一院制論）もかなりいます。

　しかし公権力の行使者は「憲法を丸ごと全て」きちんと守らねばなりません。だから「ボクの政権からは9条の解釈を大きく変えます」などと勝手な大幅変更はダメです。もし勝手にできるなら、最初から「憲法というルール」はなかったも同然だからです。しかし権力者でない国民は、憲法全体にわたってもちろん自由に議論できます。憲法は、一般市民にではなく、権力者にのみ憲法尊重擁護義務を課すことで、立憲主義の要諦を実に的確に表現したのでした。

キーワード解説

改憲（憲法改定）

　さてここでは、議論がホットな改憲論の定番を観ておきたいと思います。なお本章では、憲法「改正」という語は使わず、「憲法改定／改憲」で統一します。改正だと「正しい方向への改め」という意味が暗黙に込められていますが、現在日本で叫ばれている改憲は、憲法原理に照らし、正しいかどうか疑問が少なくありません。ゆえに、改正か改悪かは、読者ご自身の判断に委ねます。

1 定番の改憲論①──憲法96条先行改憲論

　安倍晋三首相は2013年、「今の96条だと衆参両院の総議員の3分の2以上が賛成しないと改憲の発議すらできない。これでは国会議員の3分の1が反対したら憲法に指一本触れることもできない！」として、改憲のハードルを緩和させ、そのための改憲を先行したいと述べました。さて、ここでちょっとアタマの体操を。≪今、サッカーの試合中。Aチームは前半善戦したが、Bチームの巧みな守備に阻まれた。Bは危ない時に「オフサイド」ルールを正しく上手に使ってA側のシュートを3回も無効にした。そうしたら休憩の時に、Aの主将がコワイ顔して審判に抗議。「このルールだと、頑張ってシュートしても点が入らないじゃないか！　試合後半からはオフサイドルールを緩和しろよ！　点を入れやすくしろよ！」≫

　さぁ、この主将、誰を象徴しているかわかりますか？　そう、安倍首相その人です。彼はかねがね「改憲、改憲」と声高に叫んできましたが、総理大臣とは、大きな権力を手にして「政治」というフィールドのど真ん中で「権力行使」というプレーをしている選手代表（キャプテン）のような存在【最高権力者】です。大臣や国会議員たちは、「政治」フィールドの中で脚光を浴びて「権力行使」というプレーをしている選手そのもの【公権力者】なのです。その選手に課せられた義務は、まずは「憲法」という根本ルールに従うことです。そのルールに最も従わなければならない（いわば）「試合中」【権力を握っている最中】のはずの首相が、ルールを軽視して、「このルール（憲法96条）だと思いどおりのプレー（政治や軍事行動）ができないので、ルール（96条）を先に変えてほしい！　その後で9条という根本ルール（平和主義という大原則）も変えて、アメリカ軍と一緒に軍事行動や戦争（集団的自衛権行使）できる国に作り変えたい」と鼻息が荒いわけです。しかしこれは明らかに本末転倒！　こんなルール軽視のまま改憲したら、「改憲」がいつのまにか「壊憲」になってしまいます。

2 定番の改憲論② ――「憲法はアメリカに押しつけられたからダメ」論

次は「押しつけ憲法」論です。"押しつけ"という表現ですが、一体誰に押しつけられたのでしょう？ 当時の保守的な日本政府は天皇主権を完全に温存する"改憲"案しか作っていません。実質は改憲でなく、明治憲法の小手先修正です。天皇は依然として君主のままで、人権保障もいい加減で、軍隊も温存された内容。この事実を知らない人が多すぎます。こんな案を国民が歓迎したでしょうか。一方GHQ案を基に完全に修正され、日本の国会に提出された「政府の最終原案」（現憲法の基）は、人権が豊かに保障され、軍隊もなく徴兵もない、基本的人権・国民主権・平和主義の内容でした。どちらを国民が歓迎したかは明らかで、国民に受け容れられてきた70年の歴史が証明しています。押しつけという言葉を勝手に使うのは、内容を全く無視したひじょうにズルイ議論です。

ところが、GHQの憲法案は、アメリカ人が全て作ったのではなく、その原版の主要部分は日本人が作っていた、とわかってきたから驚きです!! それが憲法研究会の憲法草案です。**鈴木安蔵**（後に愛知大学・静岡大学の教授）ら民間の日本人知識人7人が心血を注いで作成した憲法草案は、GHQ草案よりも2カ月近くも前、1945年12月26日に公表され、新聞にも大きく載りました。その案の特徴は、まさに現憲法の骨子とウリ二つ「基本的人権・国民主権・平和主義」でした。GHQは憲法研究会草案に重大な関心を寄せ、正月休暇返上で綿密に英訳し、詳細な検討文書を作成し、マッカーサーに報告しています（その英文資料は全て残存）。つまり、GHQはこの日本人案を実質的に下敷きにして、憲法案を作成したことが客観的に証明されています。驚くべき歴史的事実です！

3 憲法制定過程における驚きの数々 ――国民主権・社会権・義務教育

GHQ案が基となった「日本政府案」がその後国会に提出されるのですが、その際保守的な日本政府はわざと「主権」という概念を削ぎ落としました。あくまでも天皇主権の可能性を残したかったからです。これに気づいた国会議員が、日本の国会審議の中で、**国民主権**という日本語の明記を主張し、現在の憲法の文言に落ち着いたのでした。ですから「国民主権」という語は日本製です。

憲法25条「健康で文化的な最低限度の生活を営む権利」が憲法研究会原案に由来することは「最高法規」の5で述べました。さて皆さんは当然中学まで義務教育を受けてますよね？ この「中学までの義務教育」は憲法26条に「**普通教育**」と表現されています。これを決めたのも、実は当時の日本の国会です。政

> **キーワード解説**

府原案では、義務教育は「初等教育」＝小学校までしかありませんでした。しかし義務教育の延長を強力に主張した運動が当時あり、その熱意を受け、国会は「中学までの義務教育」に修正したのでした。その運動の先頭に立っていたのが、名古屋市守山地区の中学校教師たちでした。

4 定番の改憲論③──「憲法9条は現実に合わせて変えるべき」論

9条が現実に合わなくなった、という言い方はよく聞きますが、そもそも、「法の姿」と"現実"とがズレた時、なぜ"現実"に合わせなければならないのでしょうか。もしホントに「現実に合わせて」法の姿を変えるべきだとしたら、路上駐車だらけの道路の駐禁措置は、すぐに解禁しなければならないですよね？　もし麻薬や拳銃が国内に満ち溢れたら、「現実に合わせて」解禁するのですか？　そんなアホな！　警察も政府も一度たりとて、「現実に合わせて」道路の駐禁措置を解禁したことはないし、まして麻薬や拳銃を合法化することは絶対にないのです。つまり「現実に合わせて憲法の姿を変えるべきだ」という主張は、実は「法の論理」からすると、珍妙な理屈なのです。この点はとても重要です。

では、ホントに「現実に合わせて」憲法を変えなければならないほどの事態なのか？　日本の軍事費は世界でも第4〜6位（約5兆円）レヴェル。しかも現在自衛隊の武装水準は世界トップクラス。海上自衛隊は（1400億円のイージス艦に象徴されるように）英海軍をも凌ぐほど高性能です。他にも多々、国民の血税をかけて、高額な戦闘機や兵器をアメリカの軍需産業から買っています。これが「現実」です。果たして私たち市民が本当に望んでいる現実でしょうか？　戦争により利益を得る人たち・勢力が望んでいるだけではないでしょうか。

また、「もし攻められたら？」という質問がよくあります。この抽象的問いは「もし今日撃たれたら？」と聞くのと同じで、具体的な危険が発生してもいないのに、全く無意味です（今日あなたは"具体的な危険"を感じて、わざわざ防弾チョッキを着ていますか？　着てるはずないですよね！）。戦争や軍事衝突は地震のような偶発的自然現象ではありません。たとえ日本が憲法9条を廃止して相当な軍事国家になっても、もし核ミサイル数発を打ち込まれたら終わりです。ただ、現在そのような具体的危険は発生していませんし、発生させない外交努力・国際関係構築が何よりも大切です。戦争は、貧困・大失業・経済破綻などの非軍事的要因を引き金とする人為的災厄です。これらを除去・緩和できるのは、軍事力の安易な発動ではなく、人間の努力以外にはないからです。

（長峯信彦）

Column 憲法ワンポイント知識

民衆からの憲法

倍首相は「憲法を国民の手に取り戻す。現行憲法自体、国民の手によってつくられたものではない。明治憲法は（君主が定める）欽定憲法だから、いまだかつて国民は自分たちの手で憲法をつくる経験をしていない…」とか「憲法を戦後、新しい時代を切り開くために自分たちでつくったというのは幻想だ。昭和21年に連合国軍総司令部（GHQ）の憲法も国際法も全く素人の人たちが、たった8日間でつくり上げた代物だ」と主張しています（「安倍首相・憲法インタビュー」一問一答〔2013年4月27日付産経新聞〕）。

似たような主張は「アメリカに押しつけられた憲法」や「戦後一度も改正されていない古い憲法」と改憲派から繰り返し主張されてきました。これらの主張は本当でしょうか？部分的に間違いではないにしても、近代日本史に登場した2度の憲法制定過程（大日本帝国憲法〔明治憲法〕と日本国憲法）を国民の手により作成させなかったのは、実は当の政府です。

この時期、民衆は数多くの憲法草案を作成してきましたが、その提案を政府側が受け入れなかったのです。だから、日本国憲法はアメリカの押しつけという批判に対して、天皇主権の明治憲法を国民に押しつけたのは、政府だという見方もできてしまうのです。明治憲法制定以前、各地で盛り上がり、国会開設を求め、そして私擬憲法を作った自由民権運動を政府側が弾圧した経緯があるからです。

自由民権運動期の私擬憲法、90種類以上あるといわれます。例えば、東京・五日市の千葉卓三郎ら民権家による「日本帝国憲法」や国民投票による天皇制廃止まで示した小田為綱「憲法草稿評林」。抵抗権（具体的な方法も示している）や連邦制を規定した植木枝盛の「日本國國憲案」。

これらの影響を受け、敗戦後、民間憲法案を作った鈴木安蔵を始めとする憲法研究会案「憲法草案要綱」。8日間で作成されたGHQ案はこの案をかなり参考にしているのは有名な話で、憲法研究会案と日本国憲法を比較すると、構成や内容面がかなり似ています。明治からの民衆思想が現行憲法に脈々と受け継がれているのを条文を見て感じてみてください。

（榎澤幸広）

第2章　まちづくりの果てに

●地方自治

第92条〜96条

キーワード　まちづくり、地方自治、道州制・市町村合併

ショートストーリー　2030年、あるUターン者の叫び

「こんなはずじゃなかった……」。
夜遅くまで続いた町づくり協議会会合からの帰り道、孫一の口からこんな言葉がふとこぼれた。
「ふるさとだから……、大好きな町だから……、戻って来たけど……、父ちゃんたちと頑張って来たけど……」。
とぎれとぎれに言葉を紡いでいるのは孫一の息子・風魔である。
孫一は中学卒業までこの御忍町で生活していた。町には高校がなかったため、県庁所在地のあるT市の商業高校に進学し、そのまま市内の町工場に就職した。同郷の仲間たちも近くにいたため、御忍町民会なるサークルを作り月に数回、居酒屋で交流を深めていた。最初の頃の集まりは、沢や滝で遊んだり木登りしたことなど自然豊かなふるさとの楽しい思い出を語らい合った。しかししばらくすると、商店街がシャッター街になってきていること、町の人口もどんどん減ってきていることなど、会う度暗い話ばかりになってしまっていた。
孫一らは、大好きな町を昔の雰囲気、いやそれ以上に戻すために一大決心して御忍町に戻ってきた、いわゆるUターン者である。これが1990年代初頭のこと。
在住民やUターン者が大勢集まり、役場2階の会議場では「観光名所を整備しよう！」とか「マスコットキャラクターを作ろう！」と毎日毎日夜通しで議論が酌み交わされ、それが一つ一つ実現していった。そのかいもあって、観光客は年々増えていき、町民6000人の数倍になったこともあった。忍者を題材にした映画やアニ

メが当時ヒットしたことも追い風になった。ゆるキャラの"しのっぴー"のぶさカワ（ぶさいくだけどカワイイの略）ブームも御忍町の名を全国区に押し上げた。御忍町の名は"忍"という字が入っている通り、忍者が関係する町である。町の郷土史を見てみると、「17世紀頃、時の幕府が無用となった忍者たちを迫害した。その迫害から逃れるためにこの地へ辿り着き、隠れ忍の里が形成された。地形は海に面しているが断崖絶壁であり、反対には堅固な岩山が続くため、天然の要塞の様をなし独自の文化を形成してきた……」と書かれている。

　また、2000年代、その人気にあやかりたいいくつかの町村が合併話を申し込んできた。合併成立後、町名はそのままであったが、人口は3倍になり、役場などの施設は陳情しやすいように、県庁所在地に近い別の地区に移動した。この絶頂期は未来永劫続くかと思われたがしかし、現実はいうまでもなく甘くはなかった。

　「あの時はよかった。俺もまだ30手前だったし。仲間たちもいっぱいいた。お前も戻ってきてくれたしな。観光は一時しのぎになる可能性もあるから、先を見据えた話し合いもしたっけな。ブランド牛・忍牛（にんぎゅう）の飼育、行者にんにく栽培、休耕田になっていた棚田を整備して貸付をしたり……でも、数年経てばあれだけひねりだしたことも古くなるし。日本全国どこもかしこも町おこしで真似っ子だらけだし。やっぱり都会に比べれば不便だし……仕事もないから、この町からみな出て行ってしまうし……」。

　涙で言葉に詰まった父の姿を見て、息子の風魔はこう言葉を返した。

　「父ちゃんは十分頑張ったよ……。町の人の中には、お前を育ててくれた町を捨てて行くのかという人もいるかもしれないけど、郷土愛だけじゃ食べていけないもの……、ここらへんが潮時だと思う……、州都であればまだ仕事もあると思うし。療養所も閉鎖させられた、この辺鄙（へんぴ）な場所じゃ、母ちゃんの治療もままならないし……」。

　（確かに、さきほどの会合も建設的なものではなかった。以前は、"町を何とかしたい"という思いから、考え方に相違はあるものの、昼夜を徹していろいろな意見を出し合い協力し合ってきたけど……。しかし、今は違う。名ばかりの郷土愛を主張する者、外部参入者と結託して利権を主張する者、一時の栄華が忘れられず何の努力もしない者が増えてしまった。いや、彼らを責められまい。俺や彼らも時代に翻弄されたという意味では、同じ被害者なのかもしれない……）。

　孫一はそう思いながら、息子と静かに家路への道を歩き続けた。

キーワード解説

まちづくり

1 みなも知っているまちづくり？ ショートストーリーを読んで「こんな事例身近じゃないよ！」と感じた人もいるかも⁉ でもどうでしょう？ 近所を見渡してみてください。子どもの頃によく通ったお店や商店街はどうなってますか？ 町内に空き家が増えてませんか？ 黄金色の稲がたわわに実っていた田んぼが雑草でぼうぼうではないですか？ ショートストーリーは、過疎地域や島嶼地域を数多く訪れた私のフィールドワークの成果をミックスさせて、ある一つの未来予測をしたものですが（一応時代の流れは1990年代〜2030年位に設定。親子の話している時期は2030年）、現時点でも同じような状況は日本全国どこにでも転がっていると考えられます（大都市といわれる名古屋ですら、栄や金山などの繁華街以外はかなりシャッター商店街になってきています）。

じゃあどうしたらよいでしょう？ みなさんにぜひ考えてほしいのですが、ヒントになるキーワードは**まちづくり**です。その一つの例として真っ先に浮かぶのが**ゆるキャラ**です。ゆるキャラはわかりますよね？ その地域の名称や歴史など何らか関わりのあるキャラクターをかわいらしくデザインしたもので、その地域を盛り上げるマスコットとして活動をしているあれです。例えば、ひこにゃん（滋賀県）、くまもん（熊本県）、ふなっしー（千葉県船橋市。非公認）が有名ですね。2006年から開催されている**B-1グランプリ**もそうです。現在の正式名称は「ご当地グルメでまちおこしの祭典！B-1グランプリ」です。HP<http://b-1grandprix.com/>を見てみると、「B-1グランプリでは、日本全国の自慢の料理が提供されます。しかし料理を売ること自体を目的としているのではなく、料理を通じて『地域をPRする』ことで、一人でも多くのお客さんに現地に足を運んでもらおうという、地域活性化を目的とした『まちおこしイベント』なのです」と書かれています。例えば、富士宮やきそばや厚木シロコロ・ホルモンなど。また**街コン**もそうです！ 私がよく行く伊豆諸島の八丈島では島の未婚者と外部の人間をカップルにする**島コン**が最近よく開催されています（当地の新聞『南海タイムス』記者に「参加しませんか？」と言われましたが、開催趣旨が島のよさを知ってもらい島に住む人が増えることにあるので、うれしい申し出でしたがお断りしました）。その他にも、「まちづくり」キーワードは、島留学、Iターン、第六次産業化、食品やエネルギーの地産池消などいろいろありますし、

さらには、諸外国の自治体と友好都市関係を結ぶ自治体同士の国際交流や1500超の自治体が宣言している非核平和都市宣言なんてものもあります。

2 活性化するには？　　いくつかの例をあげましたが、その地域の住民や行政の人たちが何度も会合を重ねて、自分の住み慣れた地域を活性化する方向性を試行錯誤しながら、このようなまちづくりが行われているのです（まさしくショートストーリーの孫一親子が行ってきたことですね！）。大抵の自治体は「観光活性化」と「地場産業活性化」の二つの方向性を探りながらまちづくりを行っています。例えば、2013年、「じぇじぇじぇ（驚きの表現を表すその地域の言葉）」のフレーズで有名になったNHKドラマ『あまちゃん』で描かれたのが正にこれです。舞台となる岩手県の北三陸市は伝統的にウニを獲る海女業が盛んなところでした。しかし、交通の便も悪いし、海女さん以外目立った観光もないため、町全体がさびれていました。主人公の天野アキ（能年玲奈）、北三陸鉄道や観光協会の面々は、ご当地アイドルを誕生させ、海女カフェを作り、電車内をライブ会場にするお座敷列車と次々に案を打ち出し実行していきました。そして、このような観光活性化を行いながら、それと同時に地場産業（鉄道業や海女業など）の活性化も行っていったのです。しかし、この事例は観光客による観光収入を何よりも大事にしています。したがって、飽きが来たり景気に左右され観光客数が減れば町全体の収入も減るという形になります。

　この「観光活性化」とは真逆の方向性を示しているところもあります。例えば、長野県南佐久郡川上村。ここは観光地がないわけではないのですが（役場のHP＜http://www.vill.kawakami.nagano.jp/＞にも紹介）、高原野菜作り（レタスや白菜、イチゴなど）やレタスの国内外への輸出に力を入れています。村民の快適な暮らしを支えるため、子育て支援や24時間対応の図書館など手厚い施策が行われてます。また、「観光活性化」を一つの柱としながらも、観光収入が激減するオフシーズンなどを乗り切るために工夫を重ねているところもあります（例えば、山崎製パンと過疎地域が連携する和歌山県北山村〔人口約500人〕の事例）。

3 いろいろな条例　　ところで、これらのまちづくりをする上で一つの要になるのが、**条例**です。条例って何でしょう？　ここでは、その地域の実情をふまえた上で作られるルールとでも言っておきましょう。それでは、みなさんの住んでいる地域にはどんな条例があるでしょうか？　私が現在住んでいる名古屋市には数えきれないほどの条例が存在しており、名古屋例規集に体系化され

キーワード解説

ているほどです。最近、**安心・安全で快適なまちづくりなごや条例**に「路上禁煙地区」が規定され、それらの地区でたばこを吸うと2000円の過料（行政がとる罰金）がとられることになりました。人口が多いのもあるのですが、路上喫煙のマナーは確かによくありませんでした。片手に携帯、もう片方の手にはタバコを持って自転車を運転している人もいたものです。また、しつこい強引な客引きを禁止する**愛知県迷惑行為防止条例**を改正したものが2013年6月1日施行されたため、名古屋の繁華街である栄地域（SKE劇場もあります！）では客引きや客待ち行為が一応減りました。

このように、その地域の実情もふまえた上で条例は作られています（無論、中には住民無視のろくでもない条例や国主導のものもけっこうありますので、みなさんは勉強を一歩進めた後、それらを見つける目を養ってください）。

他地域も覗いてみましょう。滋賀県草津市は、**愛する地球のために約束する草津市条例**なんて最近のドラマでも使われないようなクサいセリフがタイトルに盛り込まれています（2008年4月1日施行）。この条例は、2007年10月に開催された「地球温暖化防止フェアinびわこ・くさつ」をきっかけに、地球温暖化防止のために市役所、市民、そして訪れた人などが自主的に取組み協力し合うというものです。また、条例のような拘束的なものではないのですが、村民の健康のため、毎月9日と29日は酒を飲まないようにしようという福島県泉崎村の**休肝日決議**なんてものもあります。また最近ですと、地酒振興のため、**地酒で乾杯条例**が京都市を皮切りに続々と誕生してます。熟練技術者が集まるものづくりのメッカである東大阪市はそれらの伝統的な産業を守るための**東大阪市中小企業振興条例**、住民共生のための**鳥取県手話言語条例**も作られています。

4 自治体の憲法

ところで、今までは各自治体が条例を作る場合、その時々の必要に応じて制定することが多かったのですが、最近の傾向は、その自治体の基本方針、まちの仕組み、市民の権利、住民投票などを示した**自治体基本条例**を制定しているところが多いです（市民の定義を地方自治法上の有権者以外に中学卒業者や外国人を含めている所もあります）。**まちづくり条例**なんて名称の所もありますが、1997年に大阪府箕面市の「まちづくり理念条例」あたりから徐々に増えていきました。因みに、**自治体の憲法**なんていう人もいます！その結果、自治体基本条例を基に今までばらばらだった条例たちが再編され体系化されるようになったということも付け加えておく必要があるでしょう。

地方自治

1 ある自治体を覗いてみよう！ では条例は誰が作るのでしょうか？ 必要ならどんな条例も作れるのでしょうか？ この解答に辿り着くために**自治体**について考えましょう。名古屋の話ばかり続くと、「大部分の地域は300万人もいる大都市じゃねえよ！」という声も聞こえてきそうなので、私の住み慣れたもう一つの町、千葉県の酒々井町（人口約2万人）を見てみましょう。水のきれいな町でお酒（最近はアウトレット）の有名な町です（伝説では、お酒の湧き出る井戸があったとか…）。酒々井町のHP＜ http://www.town.shisui.chiba.jp/ ＞の「町の組織と仕事」をクリックしてみると、町の組織構成が出てきます。

①町長部局：総務課（政策秘書室・総務班・行政班・運転班・危機管理室）、企画財政課〔企画関係〕（企画総合調整班・広報広聴班）、企画財政課〔財政関係〕（財政班・管財班）、税務住民課〔税務関係〕（住民税班・資産税班・収税班）、住民協働課（活動推進班）、税務住民課〔住民関係〕（住民班・国保班・年金班・町民相談室）、健康福祉課（人権推進室・隣保館・福祉班・介護保険班・地域保健班・健康づくり推進班）、経済環境課（環境班・農政振興班・商工観光班・コミュニティプラザ・ちびっこ天国）、まちづくり課（維持管理班・計画整備班）、上下水道課（工務班・業務班）、会計課（会計班）

②教育委員会：教育委員会、こども課（庶務班・子育て支援班・保育園）、学校教育課（学校教育班）、生涯学習課（社会教育班・文化財班・スポーツ振興班）、中央公民館（公民館班）、学校給食センター（管理班）、プリミエール酒々井（酒々井町立図書館）（管理班・図書班）、小・中学校（酒々井小学校・大室台小学校・酒々井中学校）

③町議会：議会事務局

④農業委員会：農業委員会事務局

⑤公営企業：上下水道課（施設整備班・事業管理班）。

2 地方自治って？ 少々長くなりましたが、ちっちゃな町なのにいろんな部署がありますよね。みなさんの生活に関係ありそうな部署はありましたか？

5分待つので赤ペンでチェックしてみてください（ちなみに、ちびっこ天国とは、ウォータースライダー、流れるプールや波のプールなどがある多目的大型プール施設です。酒々井や近隣の子どもたちが友達や家族で夏に遊ぶメインスポットです）。

🔑 キーワード解説

ほとんど関係あったかも⁉　なぜこのような構成になっているのでしょう？「自治体基本条例があるから」という解答は本章をよく読んでますねといいたいのですが、半分正解です。**地方自治**って言葉は聞いたことありますよね。ではその意味は答えられますか？　答えは、日本国憲法第8章（92～95条）にあるので、ここを確認してみましょう。①都道府県や市町村などの自治体をどう組織し運営するかは統一基準である法律で示すこと、②ただその法律は地方自治の本旨に基づくこと、③自治体は法律に基づいて議会を設置すること、④自治体のトップや議会の議員は当の住民が直接選挙すること、⑤自治体は自らの財産を管理したり、公務員が事務処理を行っていくこと、⑥法律の枠組みを踏まえた上でオリジナルの条例を作ることができること、⑦ある自治体だけに適用される特別法を作るときは国会だけではなく地元民の住民投票を必ず行うこと。

⑥には「法律を踏まえた上で」と書かれているので、何でもかんでも作っていいというわけではないんです。日本の法にはランク、要するに上下関係があることもこの際知っておいてください（例えば、憲法→法律→条例）。ただ、環境分野なんかで**横だし条例**や**上乗せ条例**なんてものが一般的には認められています。因みに、条例を制定改廃する議決を行うのはその自治体の議会です。議会で話し合われ出席議員の過半数で決まるのです（長の拒否権〔地方自治法〔以下、地法と略〕176条〕や専決処分〔地法179条〕なんてのもあります）。住民自体が「町を活性化する条例を作ってほしい！」と**直接請求**することも可能です（地法74条）。ただし、選挙権を持つ住民総数の50分の1以上の連署が必要ですが……（酒々井町なら2万人として400人以上）。

３ 住民自治　①や②で具体的な内容は法律に委ねられていると書かれていますが、その名前は既に前段落でちょこちょこ出てきています。**地方自治法**です。ただ地方自治法は「地方自治の本旨」に基づいて作られなければならないとなっているところは重要なポイントです。法律に何でもかんでも書き込んでしまえばいいのにと思った人もいるかもしれませんが、今その地域で起こっていることを東京の千代田区にいる人間（千代田区は国会をはじめ各省庁が集まっている場所です）が把握できるでしょうか？　どんなにITが進化してもはっきりいって無理です。また、ITが進化しすぎれば監視国家になるおそれがあるのでこれも怖いです。それでは、国語の教科書に「4月初めにサクラが咲いた」なんて書いてあったって、それは日本全国の話でしょうか？　違いますよね。九

州では3月頃、北海道では5月頃だったりするわけです。そこで、地方自治の本旨の一つ、その地域のことは地域の住民が決めていくという**住民自治**が重要になるのです（民主主義の学校）。先程の直接請求もそうだし**リコール制度**（首長や議員などの首切り制度）も地方自治法には規定されています。国政とは異なり、このように住民主体の規定が多く盛り込まれているのです。他にも、町や村といった自治体に限定されますが（人口数の少ない町村という人がいますがこれは間違いです）、条例を作れば議会を設けず住民みなが集まってその地域のことを決めていく**町村総会**を設置することも可能です（地法94・95条。戦後日本では八丈小島の宇津木村の事例が唯一あり、2000年代いくつかの村で提案）。

4 団体自治　もう一つの地方自治の本旨、**団体自治**の考え方も重要です。国が右に行くならうちらの自治体は憲法の考えに従って左に行くよという考え方です。わかりにくいですか？　例えば、国が理不尽にその地域に基地や原発を押し付けてきたときに、住民たちを守るために自治体が盾になるなんてのがいい例かもしれません。現実は言いなりになっている自治体が多いですが……。それどころか、知事選や市長選で「私は国と太いパイプを持っています」「知事になった暁には国政での経験を活かします！」なんて平気で言う人もいる始末ですから困ったものです。

5 地方制度の今昔？　憲法は地方自治についてよいことを言っていますが、**地方自治の本旨**なんて言葉にしてしまったので誤解を招くことも多々ありました。これに加えて、地方自治の具体的中身は法律で定めるとなっているので、国の過剰介入を許してきた経緯もあります（例えば、改正されましたが、機関委任事務）。

　この点、2012年に出された自民党改憲案は、「地方自治の本旨」を明らかにしようと試みている点はよいのですが、その中身を「身近な行政」に限定し自治体の機能を縮小化したり、住民を日本国籍を持つ者に限定したり、法律への委任範囲を広げてしまい国と自治体の上下関係を明確化したり、結局のところ、「住民自治」や「団体自治」の意味をなくす規定になってしまっています。大日本帝国憲法には地方自治の規定もなく、**府県制・郡制**や**市制・町村制**（昔の法律）には自治権がほとんどなく府県知事も市町村長も国のひもつきだった時代を改めて振り返る必要もあるかも⁉　地域によっては、一段二段劣る**島嶼町村制**、法適用除外区として**名主制度**が存在するところもありましたし。

> キーワード解説

道州制・市町村合併

1 国の取組み　ところで、この親子はなぜ町を離れざるを得なくなったのでしょうか？　文中に出てきたように「郷土愛のない不届きものだから」なんて言う人もいるかもしれません。「町より都会の方が便利で住みやすいから」という回答もあるかもしれません。憲法22条には居住移転の自由が規定されているので、この親子が違う町に住むこと自体、当人の自由なのですが……。少し視点を変えて、彼ら親子がこのような結論に至った理由は、国や社会側の事情にあると考えることはできないでしょうか？　国や自治体による財政運用の失敗、市町村合併の煽りを受けて高齢者の多く住む過疎化地域が増えたこと、そういった地域の交通網の不整備、税収がますます少なくなり国や自治体との連携もなかなか難しい小さな離島など。この点、国側も何もしていないわけではなく様々な法律を作り対策を練ってはいます。例えば、**離島振興法、山村振興法、半島振興法、へき地教育振興法、過疎地域自立促進特別措置法**。

2 2050年の日本　NHKの番組『クローズアップ現代』でも取り上げられた一つの例もあげましょう（2013年10月21日放映「わが町を身の丈に～人口減少時代の都市再編」）。国土交通省が国勢調査を基に『**2050年人口増減予測**』を行っていますがそれを見てみると、日本のほとんどの地域で人口が半分以下に減少し、2割超は無人化してしまうとのことです。増加するのは首都圏の一部の地域（東京以外に、神奈川や千葉の都市部）と名古屋圏位とのことです（全体の1.9％。近畿圏も減少とのこと）。さらに細かく見ていくと、政令指定都市の人口が約20％減少、1～5万人の都市の人口が約40％減少だそうです。

3 コンパクトシティ　この事態と**コンパクトシティ**という単語が結びつきます。これは郊外に広がった施設や住宅を中心部に集約し、自治体に効率のよいまちづくりを推進させる政策のことです。人口集中地域と周辺地域を比較すると、道路や上下水道の整備維持費用格差が一番ひどいものは100倍近くになるところもあるそうです。しかし疑問に思う人もいるかも!?「おじいちゃんが1970年代は郊外にマイホームを持つのが夢だったって言ってたよな。大学も都市部から郊外に移転していたけどな」とそんなふうに疑問を持ってくれたらすばらすいです！　1960年代後半あたりから、都市部の一極集中化を防ぐため、交通機能、住宅街や大学などが郊外へ移動することになりました（例え

ば、**私立学校振興助成法、首都圏既成市街地工場等規制法**）。とにかくこのような経緯とは真逆に、コンパクトシティの考え方は、**都市の低炭素化の促進に関する法律（エコまち法）**の中にも規定されました（2012年12月4日施行）。今後、このような都市計画に基づいて国主導で減税や補助金政策が行われるようです。

4 市町村合併

時代や社会状況もあるので、ここでは両者の比較は控えておきたいと思います。ただ、かなり国主導で行われているこのような都市計画は憲法から見て問題はないのでしょうか？　このコンパクトシティの考え方に辿り着いた理由としてあげられる過疎化や高齢化問題、そして、早くからこの考え方に基づき取り組んできた自治体（例えば、青森市）は思うように事が進んでいないということも気にとめておく必要もあるかもしれません。さらに、これらのキーワードを考える場合にあまり検証がなされていないのが、**市町村合併**です。ショートストーリーの中でも、この親子が地元に戻り再び離れるまでの間、二つの転換点が訪れていますがこれは最初の転換点の話です。2000年代にいくつかの町村と合併することになったという件です。合併は、憲法の考え方や地法7条（市町村の分割・分立・合体・編入）に基づき、住民や自治体同士が望むのならば何の問題もありません。しかし、この市町村合併の流れを国側が促した経緯が戦後以降、大規模なものとして2度もあるのです（明治も含めれば3度）。1度目が**昭和の大合併**と呼ばれるもので、1953年に**町村合併促進法**、1956年に**新市町村建設促進法**が施行されてます。戦後、行政機能の増大や財源の確保のため、市町村を適正規模に拡大するという考え方がとられました。この結果、目標通り、1万近くあった自治体が約3分の1に減っています。しかし、この適正規模という考え方を無理やり通した結果、必ず問題として生じたのが合併後の庁舎をどの地区に置くかということです（庁舎がある地区は栄えますし！）。さらに、みながみな望んで合併しているわけではないので、元々関係のよくなかった隣接地域との合併も余儀なくされているケースもあるのです。だから、それぞれの利権をめぐる争いになることもあったそうです。また、庁舎がない地域は合併前の庁舎が**支所**や**出張所**になるわけですが、各自治体に設置が義務付けられているわけではありません（地法155条）。財政が逼迫すれば、設置しないこともなくすことも可能なのです。

　先にあげた八丈島も7つの村の内5つが合併し1954年八丈村になり、1955年、八丈村と残りの二つも合併し八丈町になりました。八丈島はそれ以前5つの村

> **キーワード解説**

が存在し、八丈島の西約7.5kmのところに八丈小島がありそこに2つの村（宇津木村と鳥打村）がありました。宇津木や鳥打では八丈島側に継子扱いされることが心配で合併に反対する人もいたようです。実際、合併後も町財政が苦しかったようですし、理由不明ですが、1957年には八丈小島の二つの出張所は廃止されています。さらに、この島には医療施設や消防施設もなく、八丈島側の便利さからどんどん小島島民数は少なくなっていきました。これらがすべて結びついているかはわからないのですが、1969年1月から開始された全島民完全移住（6月終了）によりそれ以後、八丈小島は無人島になりました。これと似たような離島はけっこうあります（例えば、臥蛇島や小値賀町の一部）。

　古い事例を今更と思う人もいるかもしれませんが、2000年代に行われた**平成の大合併**も同じような状況を生み出しています。人が少なくなれば、学校は廃校になり、道路の整備もなされず、医療施設も撤退し……。しかし、土地や住居は高い買い物であるため、そういった地域に住む人たちはそこに留まらざるをえない。無論、愛着もあるから留まるということも考えられるでしょう。

5 道州制　ではさらに自治体規模を大きくするという話があったらどう思いますか？　自治体は言うまでもなく、**市町村レベル**と**都道府県レベル**の二段階に分けることができますが今度は後者の話です。2013年の参院選や大阪市長選でも争点になった**道州制**です。道州制の議論は戦前からありますが特に近年の主張は、都道府県制度をやめて8〜10のブロックに分ける考えをとります（例えば、東北州や南関東州）。下位自治体が都道府県なのか市町村なのかは不明です。もしかすると、この主張をする人たちの本音は自らが君臨する地域国家みたいなものを打ち立てたいという考えがあるかもしれませんが、行政のスリム化を主張しています。道州の規模が大きければ国に対抗できうる力を持つこともできるため、団体自治の考え方からは外れていないかもしれません。しかし住民自治の考え方はどうでしょう？　地域が巨大化すると、都市部（特に州都）へますます人は移動していくことになると考えられ、過疎化が進行し過疎地域に取り残された人たちは意見を聞いてもらうことも福祉の恩恵に与ることもできなくなり、生活が困難になる可能性は高くならないでしょうか。また、市町村合併時にも問題になりましたが、財政の弱い自治体同士が合併しても財政が強くなるわけではないので、よっぽどの政策を立案実行しないとこれも過疎化を進行させます。孫一親子もこのような状況に巻き込まれたのです。

（榎澤幸広）

憲法ワンポイント知識

伊豆大島に暫定憲法があった!

　敗戦をきっかけに一部の島嶼で日本から独立し新たな国家を建設する動きがあったことはご存じですか? ここでは、一国として独立し自主憲法まで作ろうとした伊豆諸島の伊豆大島を紹介することにしましょう。

　『伊豆大島暫定憲法(正式名称は"大島大誓言")』が作られるきっかけは、1946年1月29日GHQ覚書です(「日本からの一定の外辺地域の政治的行政的分離」)。その中には"日本領域から除外される地域(政府が行政権を行使できない領域)"が具体的に示され、鬱陵島(うつりょう)、竹島、小笠原、沖縄などと同列で伊豆諸島も含まれていました。その後、同年3月22日、行政権分離解除がなされ、伊豆諸島は53日間で本土復帰するのですが、この行政権分離は伊豆諸島島民に大ショックを与えたようです。

　元村村長である柳瀬善之助を中心として、元村の有力者や5カ村の村長らが何度も会合をし、大島憲章(正式の伊豆大島憲法)作成までの暫定的な政治形態を規定した『暫定憲法』を3月上旬に出しています。特徴的なのが例えば、議会が推薦した執政(内閣のこと)、議会解散や執政不信任に対して有権者による国民投票を行うことができるとする直接民主主義的な規定。軍国主義に対する否定、そして島民自身が軍国主義に乗っかってしまったことに対する反省がふまえられた平和主義規定など。

　原案作成者といわれる人は3人。ジャーナリストで島の発展のために戦前戦後『島の新聞』を発行した元村村長の〈柳瀬善之助〉。柳瀬と幼馴染で親友であり、無教会派で三原山に御神火茶屋を作り山頂への自殺者を食い止めようとし、『島の新聞』では民のための政治の大切さを訴え続けた〈高木久太郎〉。高木が可愛がっていた大工でガンジーやムッソリーニの思想などにも通じ共産党員であった〈雨宮政次郎〉。

　確かに、二院制の不明示や島民主権の考え方など日本共産党が出した一連の文書(例えば、『憲法の骨子』〔1945年11月〕)と類似する部分、そして権力者に民中心の政治を行わせるために島民が権力を監視する直接民主主義的な規定が多いのも、彼らの思想をふまえれば納得がいくものです。

　島の災害復興と併せて彼らの歴史を知ってみてはいかがでしょうか。

(榎澤幸広)

第3章 国家財政が危機でも増大する軍事費

● 財政

第83条～91条

キーワード 財政統制、租税・財政政策、財政原則

ショートストーリー　納得できない増税

2019年12月、40代主婦の矢辺茂子は怒りに燃えていた。なぜか。
いくら頑張っても、一向に家計が楽にならない。
夫の年収は約500万円、40代男性の年収としては平均的である。
別にぜいたくをしているわけではない。
将来、2人の子どもも大学に行かせたいと思っているが、子ども一人の大学までの教育費は約2000万円と聞く。
だから一所懸命、家計をやりくりしてきた。
ところが政府がいろいろな理由をつけ、家計への負担を重くしてきた。
2014年4月からは消費税が5％から8％、2015年10月からは10％に上がった。
2016年に3000万円を親から借りて夢のマイホームを買ったが、消費税はなんと300万円！
その数年前、消費税率が5％の時に家を買えば、消費税は150万円で済んだが（もっとも、これでも多いが）、消費税が第2次安倍自公政権のもとで僅かな期間に5％も増えたので、これはかなり痛い家計の負担になった。
マイホーム購入とともに240万円の新車を買ったが、その消費税が24万円。消費税が5％だったら12万円で済んだのに、さらに12万円の税の負担がかかった。
その他、テレビ、冷蔵庫、エアコン、家具などにも多くの消費税がかかった。
税で言えば、2013年から「復興特別所得税」として所得税の2.1％が25年間徴収され、2014年6月からは「復興増税」として個人住民税に年1000円加算され、

10年間徴収される。

　政府は手を変え品を変え、私たち庶民に増税、増税という政策を迫ってきた。しかしその予算はどのように使われているか。

　茂子は子どものころ、戦争を体験したおじいちゃんから戦争の話を聞いた。

　アメリカ軍の空襲で夜中に逃げ回った話、空爆で母子が炭になっていたのを見た話、食べ物がなくて木の根っこを食べなければならなかった話など、とても悲惨なものだった。怖くて夜、トイレに行けなくなったこともあった。

　だから茂子は「絶対に戦争はいけない」と思ってきた。

　ところが2012年12月、安倍首相になってから防衛費は11年ぶりに増額され、その後も軍事費の増額はずっと続いてきた。

　それまで自衛隊は「イージス艦」を6隻有していたが、2013年12月の安倍自公政権のもとでの新「防衛計画の大綱」ではさらに2隻増やすという。

　1隻1400億円、2隻で2800億円の税金が「イージス艦」の建造に費やされる。

　2012年4月に自民党は「日本国憲法改正草案」を発表、2017年に憲法改正の国民投票の過半数で自民党の改正草案が承認され、日本国憲法9条は変えられた。

　憲法が変わり、「自衛隊」は「国防軍」になった。海外で積極的に武力行使を含めた活動をすることが「積極的平和主義」だと安倍首相は言い続けてきたが、「自衛隊」は海外で本格的に活動できる装備になっていなかった。

　そこで安倍首相は「積極的平和主義」、つまり海外で国防軍が武力行使などの活動ができるようにするため、「国防軍」の装備を充実させようとしている。

　たとえばかつての憲法9条では禁止されていた「空母」を2隻つくるという。

　空母建設費が5000億円もかかるうえ、いままでの護衛艦以上の人員が空母の運用には必要なために、「国防軍」の人員が大幅に増え、そのことも一因となって軍事費は増大した。

　第2次安倍内閣の下で「規制緩和」「構造改革」がさらにすすめられたため、「福祉」「医療」「介護」への国家財政の支出が減らされてきた一方、軍事費や公共事業への国家の支出が増やされている。軍事費や公共事業への「ばらまき」は、私たちの税金から支払われる。そのために増税が続く。

　「納得できない！こんなふざけた増税と財政をしてきた政治家を選挙で落選させなきゃ！」。

　新聞やテレビなどをみて、茂子はかたく誓っていた。

> キーワード解説

財政統制

1 財政と国会（議会） 議会（国会）の成立およびその発展は、税や財政の問題と密接に結びついていました。そもそも議会は、歴史的にみると、税金を取り立て、それを支出するには税を払う者の同意が必要だという主張とともに成立しました。たとえばイギリスの**マグナ・カルタ**（1215年）では、国王の課税に対しては王国の一般評議会の同意が必要とされました（14条）。さらに、議会制の歴史を振り返るときに無視できない影響力を及ぼした出来事である「市民革命」や「独立戦争」なども、税や財政をめぐる問題が発端となっています。引き続きイギリスの歴史を紹介しますが、1628年の**権利請願**はチャールズ1世の戦費調達のための強制的な金銭の調達へ抗議した文書であり、国会の同意なき課税の禁止が要求されていました。1689年の「権利章典」でも、すべての租税は納税者の同意が必要なこと、議会は国の経費を監督する権利を持つことなどが定められていました。

今度はアメリカの歴史ですが、イギリスの植民地であったアメリカの独立戦争は、印紙条例（1765年）や茶条例（1767年）のような、イギリス議会が植民地の民衆の同意を得ない課税をしたこと、不公平な税に対する植民地の民衆の反対闘争がきっかけでした。アメリカの独立宣言では「我らの同意なく我らに税を課」したことが「繰り返された侮辱と権利侵害」とされていました。フランス大革命（1789年）の発端は、ルイ16世の新課税の問題であり、1789年の、**フランス人権宣言**でも「全ての市民は、みずから、またはその代表者によって、公の税の必要性を確認し、それを自由に承認し、その使途を注視し、かつ、分担額、課税基準、徴収及び期間を決定する権利を有する」（14条）と定められました。

翻って日本をみますと、**大日本帝国憲法（明治憲法）**の下では、税や財政に関する議会の統制が及ぶような外観を呈しつつも、さまざまな例外が認められていました。たとえば皇室経費は増額の場合以外には議会の協賛は必要ないとされたり（66条）、予算が不成立の場合には政府は議会の議決なしに前年度の予算を執行できたり（71条）、緊急の場合にも議会の議決なしに財政の処分ができました（70条）。

しかし日本国憲法のもとでは、税や予算に国会の統制が及ばない明治憲法の

ようなあり方が否定され、国家の収入や支出のあり方を国会がコントロールするという原理が明言されています。

　まず国家の収入、私たちの税金ですが、憲法84条では「あらたに租税を課し、又は現行の租税を変更するには、法律又は法律の定める条件によることを必要とする」として、**租税法律主義**が定められています。税の義務者、課税物件、税率、徴税手続など、税に関する具体的内容はすべて法律で定めなければならないというのが「租税法律主義」です。

　一方、国家の支出ですが、憲法83条で「国の財政を処理する権限は、国会の議決に基いて、これを行使しなければならない」という**財政国会中心主義**の原則が定められています。国の財政は、国民の負担に直接関係するので、国民の代表機関である国会の監視の下におくというのが「財政国会中心主義」です。財政を国会の統制下におくという考え方ですが、「国費」や「国庫債務負担行為」については「国費を支出し、又は国が債務を負担するには、国会の議決に基くことを必要とする」（85条）とされています。「皇室予算」に関しては「すべて皇室財産は、国に属する。すべて皇室の費用は、予算に計上して国会の議決を経なければならない」として徹底されています。そして、内閣に対する国会のコントロールを及ぼすため、「内閣は、国会及び国民に対し、定期に、少くとも毎年一回、国の財政状況について報告しなければならない」と定められています（91条）。

2 政教分離と靖国神社

先に「財政国会中心主義」について言及しましたが、国会が財政に関してどのような決定をしてもよいわけではありません。憲法89条では「公金その他の公の財産は、宗教上の組織若しくは団体の使用、便益若しくは維持のため、又は公の支配に属しない慈善、教育若しくは博愛の事業に対し、これを支出し、又はその利用に供してはならない」と定められています。憲法89条は公金の支出に制約を課しています。国だけでなく自治体も「宗教上の組織若しくは団体の使用、便益若しくは維持のため、又は公の支配に属しない慈善、教育若しくは博愛の事業」に対して公金を支出することが禁止されています。

　この規定ですが、日本の場合、とくに**靖国神社**と国家との関係を絶ち、**政教分離**を貫くために財政面での措置が施された規定です。

　では、なぜ靖国神社と国家の関係を絶とうとしたのでしょうか？

キーワード解説

「聖戦のために自爆テロを行なうのは崇高な行為であり、死後は天国に行ける。だから自爆テロをしろ」と教える宗教があれば、そうした宗教をどう考えますか？

実は敗戦までの靖国神社は、こうした宗教と同じ役割を果たしていました。「天皇陛下や国家のための戦争で命を落すことは尊いことだ。死ねば靖国神社に神として祭られる。それは名誉なことだ。天皇陛下も参拝してくれる。だから戦争に行け」と国民は洗脳されました。とくに子どものときに学校で教育を通じて行われた、こうしたマインドコントロールの効果は絶大でした。その結果、アジア・太平洋戦争の際、多くの国民は「天皇陛下万歳と叫んで名誉の戦死をして、靖国の神になります」と自分から言うようになりました。靖国神社は内務省所管の一般の神社とは異なり、陸・海軍省所管であったように、国民を戦争に赴かせるためのマインドコントロールを実現するための「軍事施設」でした。憲法で「政教分離」が定められたのは、靖国神社を念頭に置き、2度と宗教を戦争遂行の手段にさせないために、国家権力と宗教の関係を断つためでした。

ただ、このような歴史的事情にもかかわらず、首相が靖国神社に参拝するのなどの行為が行なわれ、裁判でも争われてきました。1991年1月に仙台高裁は、天皇、内閣総理大臣の靖国神社公式参拝は宗教的活動に該当する違憲の行為との判決を下しました（仙台高判1991年1月10日）。1992年2月には、中曽根首相の公式参拝に対し、福岡高裁が継続的な首相の公式参拝は違憲の疑いがあるとし（福岡高判1992年2月28日）、同年7月には大阪高裁も本件公式参拝は「20条3項所定の宗教的活動に該当する疑いが強く、公費支出は20条3項・89条に違反する疑いがある」としました（大阪高判1992年7月30日）。2004年4月に福岡地裁は、小泉首相の靖国神社への公式参拝は憲法違反と判示しました。愛媛県知事が靖国神社の例大際に玉串料として合計45,000円などを県の公金から支出したことなどが憲法20条、89条との関係で問題とされた「愛媛玉串料事件」で、最高裁はこうした支出を憲法違反としました（最大判1997年4月2日）。

租税・財政政策

1 消費税率の引き上げ　**消費税**ですが、2014年4月からは税率が5％から8％に引き上げられました。2015年10月からは8％から10％に引き上げられる可能性があります。一方、**法人税**ですが、復興特別法人税は1年間の前倒しで廃止されました。法人税の税率も引き下げられてきました。このように、政府は消費税の税率を上げる一方、法人税の税率を下げる政策をとってきましたが、最近のこうした税政策をどう考えるべきでしょうか。ここでは消費税の問題を中心に考えてみましょう。

消費税率を引き上げる理由として、国の借金は1000兆円を超え、その埋め合わせをしなければならないが、法人税や所得税は景気に左右されるのに対して景気に左右されない消費税は財政再建を進めるうえで必要である、国家支出は増大する社会保障のために増税は必要だが、たくさんの蓄えがあり、主に社会保障の恩恵にあずかる老人世代には増税をしない一方、社会保障の恩恵にあずからない現役世代にのみ負担を重くするような「所得税」への増税は「世代間の不公平」である、などと主張されます。

一方、消費税率の引上げに関しては、経済的弱者ほど負担が重くなるという「逆進性」があること、中小・零細企業は客に消費税を価格転嫁できないなどで打撃を受けるが、大企業、とくに輸出業者は消費税を納めないのに消費税の還付を受ける「輸出戻し税」という制度など、消費税率が高くなればそれだけ輸出企業は利益を上げて有利になること、企業からすれば正社員でなく派遣社員に切り替えれば消費税も少なくなるので、正社員のリストラを進めて派遣社員を増やそうとする企業が増えるといった批判がなされます。

消費税にこうした批判をしたうえで、所得税や法人税の税率を下げる一方で消費税率を引き上げる政策は、能力に応じて税負担を課すという**応能負担の原則**に反すると主張されます。そもそも国の財政がこんなに悪化したのは、公共事業に国債を乱発し、業界団体にバラまき、公費の無駄づかいをしてきた歴代自民党政治の失敗が原因なのに、政治家や高級官僚への課税を低くする所得税率や法人税率を引き下げ、庶民に消費税率の引上げなどをおこなうのは問題だと指摘されています。

みなさんはどう考えますか？

キーワード解説

2 生活保護　今度は最近の財政政策について考えてみましょう。自公政権のもとでは、福祉や医療、介護などの国家予算が削減されてきました。まずは「生活保護」について紹介します。小泉内閣や第1次安倍内閣の下では、「生活保護」の受給の際の「老齢加算」や「母子加算」が廃止されました。その結果、「老齢加算が廃止されてから食うや食わずの生活」「この年になると、亡くなる友人も少なくない。香典のお金もないので、今は弔電で済ませている」「肉や刺身は何年も食べていない」「風呂は週数回しか入れない」「ノートを買えるか子どもに心配される」といった生活を送っています（『東京新聞』2007年2月15日付など）。第2次安倍政権のもとでも、再び生活保護費の削減と生活保護を受けにくくする政策や法律の改正、たとえば2013年8月には生活保護費の削減と生活保護を受ける人の制限、12月に生活保護法の改正が進められてきました。

3 医療費　つぎに医療に関してです。2008年の「創造四字熟語」の最優秀作品の一つが「窮々病院」でしたが、医師不足を背景とした患者のたらいまわしで、妊婦死亡などの悲劇が続く、という意味です。こうした事態をもたらした一因は数十年にわたる自民党政権の**医療費削減政策**です。1982年以降、自民党政権は「医療費削減政策」をとってきました。その最たる政策が**医師抑制政策**でした。医師の数が増えれば国の医療費が増大すると考えたのです。1982年9月、政府は「医師数を削減する」との閣議決定をしました。1983年、厚生省保険局長である吉村仁氏が「医療費亡国論」を唱えました。医師の数を増やさないためには医学部への入学者を減らせばよいと考え、1987年には医学部への入学人数が制限されました。また、医療保険から医療機関に支払われる治療費である「診療報酬」は2年に1度改定されますが、小泉政権のもと、2002年、2004年、2006年と3回にわたり診療報酬も削減されました。医療費削減をすすめた歴代自公政権の結果、病院経営は苦しくなり、診療科の制限や閉鎖、病棟の閉鎖、さらには病院自体が閉鎖する事態が生じています。「産婦人科医」の医師不足の結果として、たとえば2006年8月、奈良県で妊婦の搬送が19の病院で拒否されて妊婦が死亡した事例、2007年8月29日、奈良県から救急搬送された妊婦が奈良県や大阪府の9つの病院でたらい回しにされて救急車内で死産した事例、東京でも、2008年に妊婦が7つの医療機関での受入れを拒否され、子どもは無事に出産したが母は3日後に命を落とすという不幸な出来事がありました。歴代自民党による「医療費削減政策」はこうした状況、病院や医師が不

足し、緊急の場合でも医者に診てもらえない状況を生み出したのです。現在、日本の借金は1000兆円にのぼり、日本の厳しい財政事情を考えれば、生活保護費の削減や医療費の削減もやむをえないと思われるかもしれません。

4 思いやり予算　しかし、『産経新聞』2008年4月26日付に掲載された、下の表をご覧ください。米軍基地内で思いやり予算が使用されている職種の一例です。

殺人・強姦・強盗などの凶悪犯罪や墜落事故等を頻繁に起こす在日米軍の兵士や軍属などに対し、歴代自民党政府は毎年2000億円を超えるこうした財政支出をしてきました。こうした予算は「**思いやり予算**」と呼ばれます。

そのほかにも、問題のある国家予算の支出例はいくらでもあります。こんどは原発に関わる例を挙げます。たとえば「高速増殖炉」ですが、アメリカやフランスでは技術的に不可能とされ、撤退しています。ドイツではカルカーに「高速増殖炉」がありましたが廃炉になり、現在は遊園地になっています。ところが日本では高速増殖炉「もんじゅ」をなんとしてでも成功させようとし、今でも維持されています。危険な技術のために事故も多く、実際には全く稼動していませんが、年間約200億円もの予算、1日5500万円の税金がつぎ込まれています。

こうした問題のある予算をそのままにする一方、「国家財政が危機だから」という理由で生活保護受給者への保護費や医療費を削減する政策は適切でしょうか？

「思いやり予算」の一例（『産経新聞』2008年4月26日付から）

職種	最高年収
バーテンダー（76人）	549万円
クラブマネージャー（25人）	714万円
ケーキ飾り付け職人（5人）	476万円
娯楽用ボートオペレーター（9人）	612万円
宴会用マネージャー（9人）	576万円
ゴルフ整備員（47人）	579万円

キーワード解説

財政原則

　2012年4月、自民党は「日本国憲法改正草案」を発表しました。もし憲法改正でこの草案が実現されれば、どのような状況が生じる可能性があるのでしょうか。

1 財政の健全性　まず、「財政の健全性は、法律の定めるところにより、確保されなければならない」(83条2項)との規定です。いままでも小泉・安倍政権では**財政の健全性**の名目で**構造改革・規制緩和・民営化**が進められ、国民負担の増大と福祉、医療、介護などの給付削減が進められてきました。その結果、「各種統計をみると小泉政権の5年間に、国民の暮らしが苦しくなったことを示すものが目立つ」(『東京新聞』2006年3月26日付)とされます。第2次安倍内閣のもとでも、医療・福祉・介護費用などを削減する政策が顕著に進められてきています。

　2013年8月からは生活保護基準が引き下げられ、10月からは老齢・障がい、遺族年金給付が1パーセント引き下げられています。母子世帯などに支給される児童扶養手当、障がいのある子どもへの手当なども3年間で1.7パーセント減額されます。2013年の11月から12月といえば、「秘密保護法」を制定しようとする安倍自公政権がメディアなどで大々的に批判されていましたが、「秘密保護法」が成立する12月6日の前日、「持続可能な社会保障制度の確立を図るための改革の推進に関する法律」が成立しました。この法律は、福祉、医療、介護費用の削減を進めるさいの「プログラム法」となっています。2014年6月には、「地域における医療及び介護の総合的な確保を推進するための関係法律の整備等に関する法律」、いわゆる「地域医療・介護法」が制定されました。この法律もそうなのですが、やはり利用者には負担増を求めながら介護の給付が制限、縮小されています。「地域医療・介護法」に関して国会の公聴会に出席した山田啓二京都府知事は「財政再建の観点から安物の福祉を押しつけるなら本末転倒だ」と批判したことが紹介されていますが(『朝日新聞』2014年6月19日付)、財政の健全性を義務づける規定は、小泉内閣、安倍内閣のもとで行われている**新自由主義路線**に基づく福祉や医療、介護費の削減といった政策の根拠なのです。83条2項の規定は「自治体」にも準用されるので(自民党改憲案96条3項)、「自治体」はさらに福祉や介護に不十分な対応しかできなくなる可能性が

高まることでしょう。

2 公金の宗教団体への支出　つぎに自民党改憲案では、「公金その他の公の財産は、第二十条第三項ただし書に規定する場合を除き、宗教的活動を行う組織若しくは団体の使用、便益若しくは維持のため支出し、又はその利用に供してはならない」(89条1項)とされています。傍点部分が追加された部分です。日本国憲法20条3項では、「国及び地方自治体その他の公共団体は、特定の宗教のための教育その他の宗教的活動をしてはならない。ただし、社会的儀礼又は習俗的行為の範囲を超えないものについては、この限りでない」とされています。今までも大問題になった、靖国神社への首相の公式参拝は「社会的儀礼又は習俗的行為の範囲を超えないもの」であり、憲法に反しないと解釈される可能性が出ます。「首相として国のために死んだ者に敬意を表するのは当然だ」などと言われると、「その通り」と思われるかもしれません。しかし、先に紹介したように、「国のために死ねば靖国神社に祭られる。それは尊いことだ」というマインドコントロールこそ、国民を戦争に行かせる一因でした。「国のために死ぬのは尊いことだ」などとのマインドコントロールを権力者にさせないため、憲法で「政教分離」が定められています。「そんなこと現在はない」と思われるかもしれません。しかし、「国のために犠牲になるのは尊いこと」という思想を広め、海外での武力行使に国民を行かせるために首相などの権力者が靖国神社を利用しないと言い切れるでしょうか？

3 軍事費に対する制約　そして最後ですが、国会は政府の戦争や軍拡を財政的な手段で制約することができます。たとえばイラク戦争後のアメリカですが、議会が軍事費を削減したため、軍の人員や装備を削減せざるを得ない状況にアメリカ連邦政府は置かれています。こんどは1862年から1866年までの**プロイセン憲法争議**を紹介します。「プロイセン憲法争議」では、政府の軍備拡張予算を下院が承認しませんでした。そこで政府は議会の議決のない、プロイセン憲法99条に反する予算の執行をしました。1866年、政府は議会に対して「免責」(Indemnität)を求めました。1866年8月5日、国王は予算の執行が憲法的基礎のないことを議会で認めました。

　このように、軍事に関して国会は政府の行為を制限できますが、自民党改憲案では、政府が国会の統制から免れることが可能な規定が設けられています。

　まず、自民党改憲案86条では、「会計年度の予算は、法律の定めるところに

> 🔑 **キーワード解説**

より、国会の議決を経て、翌年度以降の年度においても支出することができる」とされています。明治憲法の下、戦時公債が乱発されたり、軍艦の濫造がされたような歴史が繰り返されないための歯止めとして、憲法86条では「一会計年度主義」が採用されています。自民党改憲案では**一会計年度主義**が放棄され、長期間を見据えての軍拡や軍備の整備が憲法上も可能になります。

さらに自民党改憲案86条3項では、予算案が当該会計年度開始前に国会の議決を得られなかったとき、「暫定期間に係る予算案を提出しなければならない」とされています。軍事費増大や戦争への支出に国会が反対して予算を承認しない場合でも、この規定があれば政府は戦費への支出や軍事費増大をつづけ、既成事実を作り上げることができます。自民党改憲案99条では、「緊急事態の宣言が発せられたときは、法律の定めるところにより、内閣は法律と同一の効力を有する政令を制定することができるほか、内閣総理大臣は財政上必要な支出その他の処分を行い、地方自治体の長に対して必要な指示をすることができる」とされています。ここで詳しくは紹介できませんが、一言でいえば、ナチスの独裁を可能にさせた、いわゆる「全権委任法」（1933年3月23日）のような、行政権が何でもできる危険な規定です。財政に関しては、「内閣総理大臣は財政上必要な支出その他の処分を行い」との規定を根拠に、内閣総理大臣は戦争などの「緊急事態」の際に「財政国会中心主義」を棚上げにして戦争遂行のための財政を執行したり、「租税法律主義」を棚上げにして戦争のための税や物資などを国会の関与なしに市民から徴収することも可能になります。

参考文献　斎藤貴男『消費税のカラクリ』講談社現代新書、2010年
　　　　　　浦野広明『税民投票で日本が変わる』新日本出版社、2007年
　　　　　　鈴木厚『崩壊する日本の医療』秀和システム、2006年

（飯島滋明）

Column 憲法ワンポイント知識

政治家の侵略戦争否定発言と国際協調主義

　日本では、安倍首相などの保守的政治家やジャーナリストなどが「アジア・太平洋戦争は侵略戦争ではない」「南京大虐殺はなかった」「従軍慰安婦はなかった」といった発言をしています。こうした発言ですが、世界ではどう見られるでしょうか？

　スイス・ジュネーブにある、国連の人権理事会の資料室ですが、「1931年9月、日本は宣戦布告なしに中国の満州地方に侵略する」と記された大きなパネルがあります。また、観光地として人気のあるハワイですが、アリゾナ記念館には、日本が侵略行為を繰り返した歴史と、1941年12月7日（現地時間）に日本が奇襲攻撃をした事実などが紹介されています。さらに、有名な映画『戦場にかける橋』の舞台となった、タイのカンチャナブリにある「泰緬鉄道」に関する戦争博物館には、日本の軍人に首を切り落とされる労働者の絵や、日本軍に酷使されて命を落とした、多数のイギリスやオランダ人捕虜の墓があります。

　もちろん、実際に日本から直接の被害を受けた韓国や中国にも、アジア・太平洋戦争当時の日本軍の行為の傷跡がいたるところにあります。韓国の西大門刑務所跡では、過酷な日本の植民地支配を示す拷問器具や処刑場などが紹介されています。日本にも、たとえば秋田県大館市にある「花岡平和記念館」には、戦争遂行のために日本に強制的に連行した中国人を花岡の地で酷使し、非人道的な労働に抵抗した中国人を虐待・虐殺した事実を示す資料などが展示されています。

　このように、世界にはアジア・太平洋戦争（1931年～1945年）時の日本軍の残虐行為を示す証拠が残されています。

　にもかかわらず、「日本は侵略戦争をしていない」などと日本の政治家や著名なジャーナリストなどが発言すれば、日本は世界からどのように見られるでしょうか？　こうした政治家たちの対応は、「われらは、いづれの国家も、自国のことのみに専念して他国を無視してはならないのであつて」という憲法前文の理念に適合すると言えるでしょうか？　こうした対応で、国際社会での友好関係の構築を目指す「国際協調主義」（憲法前文など）が実現されるでしょうか？

（飯島滋明）

第4章 最高裁の裁判官をクビにできる国民審査

● 司法

第76条～82条

キーワード 司法、憲法訴訟、国民による司法監視

Short Story　そして誰もいなくなった……

　2023年。小林栄治はジャンルを問わず映画や音楽が好きな26歳だ。礼儀正しく人なつっこいから、近所のおじちゃんおばちゃんからも可愛がられている。先日は映画関係の仕事をしているアパートの隣人が映画のチケットをくれたし、若い頃学生運動をやっていたなんて誇らしげに語る大家さんは「早くいい人見つけなきゃね」なんて言いながら肉じゃがなど差し入れもちょくちょくしてくれる。

　今日は一家団欒を描いた国民的アニメの主題歌も歌ったブルース界の大物が表参道のライブハウスに来るというのでそこへ向かって歩いていると、自分と同じくらいの20代のカップルがこちら側に向ってきた。彼氏らしき男が「国民審査って何なの？　こないだ選挙に行ったら最高裁判所の裁判官の名前書いてあってさ〜どこのどいつだって感じ〜。わかんねぇから、カッコ悪い名前のやつクビにしてやったよ！」とケラケラケラ笑いながら言うのに対し、底の厚いブーツにきらびやかなアクセサリーをいっぱい身にまとった彼女らしき女性が「選挙なんか行くんだ〜。だけど、かっこ悪いってひどくない〜（笑）それ聞いたら、名前つけてくれたお父さんお母さん泣いちゃうんじゃない〜。でもずいぶんヒマなんだね。そんなわけわかんない話より今日は美味しいものごちそうしてくれるんだよね！　最近できた石窯焼きピッツアのお店行きたいな〜♡」と話している。

　栄治はアツアツカップルにジェラシーを感じたがそれよりも同じであろう年代の男性が選挙に行ったことに驚いていた。自分は今まで一度も行ったことがなかったからだ。（国民審査？　確か裁判官をクビにするんだっけ。裁判官なんか何やっているか

わかんねえし、誰がやっても一緒でしょ）。栄治がそう思っていると、同じように彼の発言を聞いてしまった周りの人たちの中にも共感している人がいるようだった。

それから数年後、何気なくつけていたテレビで、憲法が改正された結果、国民審査の規定が削除されたということを知った。無論、表参道での一幕なんて覚えてもいなかった栄治であったが、国民審査なんてわけわかんないし税金の無駄遣いという気持ちは変わっていなかった。後続のニュースでは、特定秘密保護法という法律も４回目の改正がされたなんてことも流れていたし、わかりやすさで定評のある解説者が「また強行採決ですよ」と顔を真っ赤にして怒っていたが、自分の興味のあることではなかったので聞き流していた。翌日からその解説者の姿を見ることはなくなったが、それもどうでもいい話だった。

それからしばらくして、ネトウヨに反日や老害と揶揄されていたアニメ映画界の大御所が逮捕されたことがわかった。特にこの大御所を信奉していた栄治にとってこれはショックであった。（麻薬でもやっていたんだろうか？）そう思いながら引き続きニュースを見ていると、特定秘密保護法に関わる犯罪容疑ということであった。ただ、具体的な罪状も含めすべて特定秘密に関わることなのでこれ以上の具体的な言及はなされず、裁判傍聴もできないとのことであった。

「子どもの頃からあんなに尊敬していたのに……、身近に感じるテーマから人生について深く感じさせてくれる作品をいっぱい作っていたのに……、犯罪をするそんな悪い奴だったなんて……、人生と金返せよ！　これだから大人はっ！」。栄治は自分もいい大人であることも忘れて子どものようにテレビに怒鳴っていた。

この大御所が逮捕されてからだろうか。翌日から、堰を切ったように次から次へと有名人が同法容疑で逮捕されていった。恋愛歌主流であるJ-POP界において社会風刺の歌を数多く作り歌ったテクノ系グループ、アジアとの友好を訴え日本以外の国々でも活躍する中堅どころの女優、政財界の闇の部分を丹念に調査しドキュメンタリータッチで描く脚本家やそれを演じる舞台俳優たち……。

栄治は何もかもが信じられなくなっていた。それから一カ月後。トイレの鏡に写る自分の顔は本人もわからない位、痩せこけていた（あまりのショックでしばらく何も食べてなかったな。何か食べなくちゃ……。そういえば、最近大家さん差し入れしてくれないな……、あのあまじょっぱさの絶妙なバランスの肉じゃが、絶品だよな）。そう思いながら、玄関の扉に鍵をかけ、最近明りのともらない隣人の部屋を通り抜け、栄治はコンビニへと向かっていった。

ショートストーリー　そして誰もいなくなった……

キーワード解説

司法

1 裁判ってどんなイメージ？　何か怖い話ですね〜。怖い話だから、「さよならさよならさよなら、また来週」というわけにはいかないので話を進めて行きましょう。いろいろなキーワードが出てきましたが、**裁判**について考えてみましょう。ここで質問！　裁判って身近に感じますか？「**裁判員裁判**が2009年5月からスタートして以前より身近に感じるようになったよ！」という人もいるかもしれません。また、堺雅人さん主演のドラマ『リーガル・ハイ』を見ていた人は「弁護士役の堺さんが宝塚女優みたいに身振り手振りで傍聴者や裁判官に過度にアピールしたり、証言台の上に乗っかって陳述したりするのはありえないと思うけど……。でも、お堅いイメージの法廷でのはっちゃけぶりのおかげで裁判傍聴に行ってみたいと思えるようになったんだ」という人もいるかも（これは学生が似たようなことを言っていました）。確かにこれは一理あるかもしれません。そもそも裁判員制度をスタートする理由が「国民の皆さんに司法を身近に感じてもらうこと」にあったので、ある意味成功かもしれません。

　質問追加！　裁判員裁判が扱う裁判って具体的にはどんな事件？　裁判員に選ばれたらどこの裁判所に行くのでしょうか？　っていうか、裁判って一体何？

　質問質問ばかりで嫌になってしまいましたか？（これも質問ですね〔汗〕）でも、読者のみなさんも答えられないとこれはまずいかも!?　だって、裁判員は裁判官と協力して判断を下すわけで、何の知識もなく変な判断をしちゃったら大変な思いをするのは裁判当事者（被告人）なわけです。まして、読者のみなさんは少なくとも一生に一回、多ければ数回位裁判員に選出されるはずですし。

2 裁判今昔話　ここでは裁判員の話に辿り着くために、裁判って何で今のやり方になったのか考えていきましょう。今の裁判のキーワードは**対審・公開・判決**です。対審、すなわち、訴訟事件の当事者が法廷で向かい合ってお互いの主張をたたかわせているあれです。刑事事件では**公判手続**、民事事件では**口頭弁論**といいます。そして、これは公開の法廷で行われるのが原則ですが、**公判前整理手続**など準備手続段階は基本的に公開されていません。最終的に、裁判官は法に基づいてどちらの言い分が正しいか判断を下します。これが判決。

　ここまで読んでけっこうめんどくさいと思った人もいるかもしれませんね。確かに、当の本人がいろいろ証拠を提示し主張しなくてはならないため、ほん

とその通りなんです（**当事者主義**）。そういう人からすると、昔テレビで放映していた『水戸黄門』みたいな人がいるとうれしいかもしれませんね。水戸黄門は全国津々浦々で生じる紛争に首を突っ込んでは類まれな情報収集分析能力をもって主観的に難事件を解決していきます（**職権主義**。名探偵コナンみたい！）。でも、ほんとにこんな人いるでしょうか？　テレビの話だから「すげえ」とか「待ってましたご印籠、いつもの解決パターン」なんて言っているけど、こんなスーパーマンみたいな裁判官いないですよね。日本全国の裁判官が水戸黄門みたいに自分勝手に動き回って紛争解決してくれたら、ありがたる人もいるかもしれないけれど、ありがた迷惑の人もいるわけです。カップルの痴話げんかにまで裁判所がクビ突っ込んで来たら元の鞘に納まるものも納まらなくなるかもしれません。ましてや主観で判断されると、同じような事件なのに裁判官ごとに結論がバラバラになる可能性があります。だから、客観的基準である法に基づけば、水戸黄門のような能力のある裁判官が判断を下しても、そうでない裁判官が判断を下しても出来る限りこのばらつきが出ないようになるのです。

　ちなみに、昔は、**盟神探湯**（くがたち）、**決闘裁判**、**雪冤宣誓**なんて裁判方法がありました。例えば、決闘裁判は争う当事者が裁判所の用意する武器（聖水が振り掛けられてます）で闘い、勝者の言い分を正しいものとする裁判です。聖水には神の力が宿っていて、言い分の正しい者を神様は必ず救うはずだという考え方が背後にあるのです。しかし、宗教世界に生きていない人々からすると不合理であるのがわかりますよね。こういう歴史の到達点が現在の裁判に繋がっているのです。もうちょい言葉に拘るならば、過去の裁判の考え方や方法とは決別するために、法に基づいて裁判がなされる**司法**という言葉が誕生したのです。

３　現代の裁判　今の裁判はどんな事件を扱いどんな裁判所が担当するのでしょうか。事件は①**民事事件**（例：貸した金返せよと訴える場合。民法や民事訴訟法）、②**刑事事件**（例：人殺しや通貨偽造。刑法や刑事訴訟法）、③**行政事件**（例：一発免停に不服がある場合。行政事件訴訟法）、④**家事事件**（例：離婚や遺産相続。民法や家事審判法）、⑤**少年事件**（例：少年犯罪。少年法）です。裁判所は５種類で、**最高裁判所**、**高等裁判所**（本庁８庁・支部６庁・知的財産高等裁判所１庁）、**地方裁判所**（本庁50庁・支部203庁）、**簡易裁判所**（438庁）、**家庭裁判所**（本庁50庁・支部203庁・出張所77カ所）です（憲法76条１項・裁判所法２条）。家裁は④⑤、簡裁は①②、その他の裁判所は①〜③の事件を扱います。

キーワード解説

　また日本では、**三審制**という、一つの事件につき異なる裁判所の異なる裁判官が三回裁判を行うことができる制度が採用されています。裁判官も人の子なので誤った判断をしてしまうこともあるかもしれません。出来る限り誤判や冤罪を防ぐという工夫がなされているのです。では問題です。殺人事件（刑法199条）を起こした場合、どういう順で裁判が行われるのでしょうか？　解答は、【1審】地方裁判所→【2審】高等裁判所→【最終審】最高裁判所です。1審を不服とし2審で裁判してもらうために上訴手続をすることを**控訴**、2審から最終審の場合を**上告**といいます（他の事件のルートも考えてみてくださいね）。

　ただ誤解してはならないのは、最終審が最高裁判所なので他の裁判所が最高裁判所の下僕というわけではないのです。憲法には**司法権の独立**が規定されていてその意味は、①司法権は立法権や行政権から独立した存在であること、②各裁判所は独立した存在であること、③裁判官も独立した存在であることが示されているのです。なので、最高裁と異なる判断をした下級審判事を左遷したり、上司の裁判官が重大事件を扱う部下の裁判官を自宅に呼び出したり、判断用のメモを渡すことも許されません（例えば平賀書簡事件。浦和事件や宮本判事補再任拒否事件は調べてみてください）。無論、最高裁長官が駐日大使と密談したり最高裁が米国の要請に応じた判決を出すことも認められません（砂川事件）。

4　裁判員裁判って？

　さて、裁判員裁判は殺人事件を含む重大な刑事事件を扱う地方裁判所で行われるので審級は1審です。裁判員の仕事は①有罪無罪の判断、②有罪の場合量刑の判断です。裁判官3名と裁判員6名はまず法廷で当事者の話を聞き、その後、別室で合議を行い証拠に基づいて判断を下すという流れになります。ちなみに、アメリカ映画に出てくる**陪審員制度**（例えば、『12人の怒れる男たち』）は国民が司法に関わるという点では一緒なのですが、事実認定中心という点で異なりますし（裁判員の仕事の①）、法廷に顔を出さず合議は別室で行います。日本では1943年まで陪審員制度が採用されていましたし、現在も停止状態であるので復活することも可能です（裁判所法3条3項）。この裁判員制度も含む司法制度改革にて**ADR**（裁判外紛争解決手続）の整備も行われました（詳しくは、**ADR法**）。ADRは、裁判ではお金や時間がかかるため、気軽に法的トラブルを解決できるように国民生活センターや日弁連などが裁判所の代わりをするというものです。ADRといっても**仲裁法**に基づく仲裁とADR法の調停があります。

憲法訴訟

1 さて問題です！ 以上をふまえて以下の事例を読んでみてください。

> A子は、10代の頃から実の父親であるBに犯され、それ以後、夫婦同然の関係を強制され続けた。その間、5人の子どもを産んだ。20代になって、職場で知り合った男性Cと恋に落ち結婚の約束をした。このことを知ったBは、嫉妬に狂い、A子に対し、Cに自分らの関係をばらすと脅し続けたため、A子は、この境遇から逃れるために、Bを殺害した。

「なんちゅうひどい父親だ！」とか「ベアテさんが作った憲法24条はこんな親子関係を認めていないはずだ！」なんて意見も出てくるかもしれません。学生のみなさんにこの事例を紹介するとみなびっくりしますし、これが実話を加工したものだと伝えると更に驚いた表情をします（実話については、谷口優子『尊属殺人が消えた日』〔筑摩書房、1987年〕）。民法がどうたらかんたらとかうんちくを垂れなくても、親子関係とは「親になった以上、子どもにおまんまを食べさせ、社会に出て一人前にやっていけるように勉強させる」というのが一般の感覚かもしれませんね（親の養教育責任）。しかし、この事例はこの一般感覚を逸脱しているわけです。今この事例が生じれば、**児童虐待防止法**が示す児童虐待の一つ、性的虐待に該当すると考えられます（2条）。ちなみに、「24条って何？」、「ベアテさんって誰？」と思った方は7章を見てみてください。

それでは、話を進めて行きましょう。この事例は無論刑事事件ですから裁判になります。裁判ではどのような判断が下されるのでしょうか？ 適用される法条文は、刑法200条「自己又は配偶者の直系尊属を殺したる者は死刑又は無期懲役に処す」です。略して、**尊属殺人罪**といいます。**尊属**とは実の親や義理の親なんかを指すので、親殺しと言った方がわかりやすいかもしれませんね（尊属の反対語は**卑属**で子や孫を指します）。ちなみに、子殺しも含む**一般殺人罪**は、刑法199条「人を殺した者は、死刑又は無期若しくは5年以上の懲役に処する」です。1審と控訴審（2審）では判断が分かれたようですので、みなさんにはその違いを考えてほしいと思います（ここの内容は実例〔尊属殺重罰規定違憲判決、最大判1973年4月4日〕とは異なりかなり加工させてもらっています）。

① 1審の見解
本件において、彼女には刑法200条が適用され、無期懲役とする。

キーワード解説

② 控訴審の見解

そもそも誰を殺したかの違い、すなわち親か他人を殺したかの違いで、刑罰の重さが違うのは憲法14条1項に照らして不平等である。従って、刑法200条を違憲とし、本件では刑法199条を適用し、6年の懲役とする。

2 憲法訴訟　違いはわかりましたか？ 1審は法律を適用して素直に法的判断を下していますね。それに対して、控訴審は「憲法に照らして適用する法律自体がおかしいんだ！ だから廃止だ！！」と言っているわけです。実際の事例は最高裁で刑法200条に対する違憲判断が下されたのですが、このように憲法を持ち出して法律や行政のした行為がおかしいのかおかしくないのか（違憲か合憲か）を判断する権限が各裁判所にはあります（憲法81条参照）。**違憲審査権**といいますが、その権限を用いて判断する裁判を**憲法訴訟**というのです。三権分立の考え方にも則ったけっこういい方法ですよね！ しかし、今までの最高裁が違憲判断に消極的であったため、あまりこの権限が機能していないという批判が各方面からありました（ちなみに、合憲判断はかなりしております）。確かに、アメリカやドイツが数えきれないほど違憲判断を下しているのに比べ、日本では手足の指の数にも満たない程しか違憲判断が下されていないので、この批判は統計的には正しいといえるでしょう。

　この批判者の中には、「こんだけ機能しないのは問題だ！ けしからん、もっと活性化させるために**憲法裁判所**を作るべきだ！」なんて主張をする人もいます。ちなみに、憲法判断に消極的な裁判所の立場を**司法消極主義**、逆の立場を**司法積極主義**といいます。そして、「憲法裁判所って何」という質問に答えるためには、現在日本が採用している形について確認する必要があるでしょう。日本は、民事や刑事などの具体的な事件が裁判で扱われたときに憲法訴訟をすることができる**付随的違憲審査制**を採用しています（最大判1952年10月8日）。これはアメリカやカナダなどの国が採用している方法といわれます（ただ、カナダは政府が最高裁に勧告的意見を求める**照会制度**があって若干変形的）。

　これに対して、ドイツ、イタリアや韓国などの国では、国会で憲法違反と思われる法律が作られたから憲法裁判所に判断してもらおうという**抽象的違憲審査制**を採用しています。具体的事件が生じなくてもよいのです。ちなみにドイツの場合、1951年に連邦憲法裁判所が創設され、そこには①具体的規範審査、②抽象的規範審査、③**憲法訴願**、④連邦と州の権限争いなどの権限があります。

3 憲法裁判所設置の動き　日本でもドイツのような憲法裁判所を作る動きが一部の政治家から生じています。例えば、「論点整理」（自由民主党憲法調査会憲法改正プロジェクトチーム〔2004年6月10日〕）では、「○最高裁判所による違憲立法審査権の行使の現状には、極めて不満がある。○民主的統制を確保しつつも政治部門が行う政策決定・執行に対する第三者的な立場から憲法判断をする仕組み（憲法裁判所制度、あるいは最高裁判所の改組など）について検討すべきである」と述べています。ちなみに最高裁判所の改組とは、2013年4月11日の衆院憲法審査会での船田元議員の発言によれば、「……最高裁の中に憲法部をつくるということで、憲法の判断についての部署を独立させる必要がある」ということのようです。

　同じ自民党の中谷元議員は憲法裁判所について、「憲法問題を1回的かつ終局的に解決させるためには、抽象的に法令の違憲性を審査できるような憲法裁判所を設けることも真剣に考えるべきだ」と具体的に述べています。「憲法改正草案大綱（たたき台）」（2004年11月17日）の「第五章　統治の基本機構」を見てみると、「第四節　司法裁判所」と「第五節　憲法裁判所」に分類され、ドイツのような「具体的規範審査」と「抽象的規範審査」が規定されているのですが「憲法訴願」の規定はないのです。理由は、「ドイツの憲法裁判所では、以上の2つの権限のほか、一般国民からの「憲法異議の訴え」を受理・審査する権限も規定されているが、あまりに過大な事務が憲法裁判所に持ち込まれることは、発足当初の制度設計としては必ずしも適切ではない。……」としています。でも、何かおかしくないですか？　憲法訴訟は本来国家機関の仕事ぶりが憲法にマッチしているかを検証するためのものであるはずです。その確認は高い税金を支払っている国民が一番行いたいはずです。実際、ドイツでも「憲法訴願」の数が圧倒的に多いという事実があります。それなのに、憲法訴願を外す理由がわかりません。

　そもそも、政治家たちは司法消極主義を批判していますが、例えば、国会議員が作っている法律が憲法に則って作られていれば、合憲と出るのは当たり前のはずです。なので、司法消極主義が必ずしも悪いわけではないのです。また、憲法改正の話の中で憲法裁判所設置は、そもそもわかりにくいし身近ではないというのもあるのでしょうが、国民にとって関心が低い部分であることも知っておく必要があります（2007年3月の読売世論調査では、人権や9条に圧倒的関心）。

キーワード解説

国民による司法監視

1 監視とは？　タイトルを見てゾッとした人もいるかも⁉　**監視**という言葉はあまりいいイメージがないからです。しかし本当に悪い言葉なのでしょうか？　国語辞典では、「不都合な事が起こらないように見張ること。警戒して見守ること。また、その人」と定義されています。例えば、遅刻癖のある友人とつきあいがあると自分自身の日程も狂いますよね。無駄になった待ち時間を自分の時間にあてることができたはずだからです。そういう場合、その友人に遅刻のことを注意しないと損するのは自分でぐだぐだな関係になってしまいますよね。自分自身のことも大切にした上で相手との良好な関係を築くためには自分の嫌なことは嫌と伝えることです。まさしく、"監視"とはそういうことです。

憲法に示される国民による司法監視とは、司法に携わる人（裁判官）に国民にとって不都合な事を起こさないようにさせるためには国民自身が彼らを見張ることが大事としているのです。そのキーワードが**裁判傍聴**と**国民審査**です。

2 裁判傍聴　まずは裁判傍聴について考えてみましょう。私が担当した学生の中には、「裁判所ってそんなに簡単に見学できて傍聴できるものなんですか？」と授業後、驚いて聞いてきた子がいます。答えは言うまでもなくイエスです。憲法37条1項には裁判公開が被告人の権利であると示されていますし、82条には裁判公開が原則と示されているからです。だから、国民のみなさんは裁判を気軽に傍聴することができるのです。無論、世間を賑わせた事件なんかはとても人気があるので、傍聴席数の関係上、抽選が行われることもあります。

3 裁判公開の意味　では裁判公開はなぜされるのでしょうか？　こういう時は逆の立場で考えてみる必要があります。みなさんが裁判官だったとして、密室で裁判を行ったらどうでしょう。駆け出しの頃は頑張って業務をこなしても、なれてくるとマニュアル化し雑になり、悪い先輩を見習い手を抜くようになることはないですか？　誰も見ていないと手続にも則らずに独善的になる可能性はないでしょうか？　そうならないようにするには、誰かが裁判が法による適正な手続に従って運営されているか監視する必要があるのです。憲法に示される国民主権の考え方に則れば、その役割を担うのは国民です。だから、裁判傍聴は国民の権利なのです。でも、とある裁判所は制度と言い張り（レペタ訴訟。最大判1989年3月8日）、大多数の国民が傍聴できるシステムになっていればよ

いとさえ言っております。結果、国民である聴覚障害者が手話通訳を伴い裁判傍聴に行くと、裁判官が訴訟進行の妨げになるとして彼らを追い出したり、抽選券の必要な人気のある裁判では聴覚障害者のみならず手話通訳にも抽選券が必要だと言い張る事態が生じたこともあるのです。要するに、彼らには抽選券2枚が必要で、片一方だけが当たっても実質意味のないものになるのです。

　しかし裁判傍聴は国民の権利なので、司法監視を行う行わないは国民自身の選択だし、様々なアイデンティティを持つ国民が裁判傍聴しやすいように裁判所側が施設整備など様々な配慮を行っていかねばならないのです。身近な司法を実現するなら裁判員制度実施でなく裁判傍聴普及でもよかったかも⁉

4 非公開の裁判はどこまで？

　ただ何でもかんでも裁判公開されるわけではありません。みなさんも知られると不都合なことがありますよね。裁判当事者もプライバシーに関わることなんて知られたくないのです。従って、そのような場合例外として裁判を非公開にすることもできるのです（82条2項）。

　でも、2013年12月に**特定秘密保護法**ができました。この法律の特定秘密とは防衛やテロなど4つの分野で、この情報を知ろうとしたり公表した者は最高で懲役10年の刑に処せられることになります。しかし本来刑罰を科す法律は国民にもわかりやすいように具体的かつ明確な内容にせねばならないはずですが、特定秘密の定義が曖昧なこと（デモ＝テロという石破発言）、政府答弁によれば何が秘密かは秘密であるとしていること、最長60年その秘密が公開されないとしております。実際、刑罰を科すためには手続として裁判が必要になりますから、この法律が関わる事例はすべて非公開になるでしょう。正にショートストーリーのように国民は何を裁判されているかもわからず、近所の仲のよかったおじさんや親友などが人知れず懲役囚になっている可能性もあるのです。

　さらに、自民党改憲案に従うならば、**軍事法廷**設置の可能性もあります。法廷の裁判官も何もみな軍人なので内輪の判断になり偏った結果になるかもしれません。また平時なら軍事法廷も手続に則り機能するかもしれませんが、戦時だと事務処理をこなすために適当な判断が下されるかもしれません。実際、10万人といわれる戦後シベリアに送られた人々は、机と椅子しかない簡素な密室でずさんな取調兼裁判がソ連側によって行われ、労役囚としてシベリアに送られています（**シベリア抑留**）。だからこそ裁判公開は重要なのです。無論、特別裁判所が設置禁止されている理由も歴史に基づくものなのです（76条2項）。

キーワード解説

5 国民審査　では国民審査はどうでしょう？　国民審査は任命された最高裁判所裁判官をクビにするかどうか国民側が判断する制度です（79条）。投票者の過半数がクビOKということになればクビになります。でも、ショートストーリーのカップルや栄治の意見に同意した人もけっこういるのでは？　確かに、最高裁判所の裁判官って誰がいるか何やっているかなんて自分で調べない限りわかりにくいのも確かでしょう。自民党改憲案では、今までクビになった人がいないから国民審査が機能していないとして、憲法規定から削除しその具体的な内容は法律に委ねようとしています。そうだとすると、国民審査の回数を減らすこともできるし、いいとは思いませんが、法律をしばらく作らず実質国民審査を行わないなんてことも可能になるわけです（**立法不作為**の問題）。

　しかし、最高裁判所は**憲法の番人**と言われるように、少数派を守る最後の砦でもあるわけです。内閣に任命された最高裁裁判官たちがその職務を全うしているか判断する一縷（いちる）の民主的糸が国民審査なのです。そこで一つの提案ですが新聞を読んだらどうでしょう。新聞を読んでいれば、けっこう彼らの情報を知ることができるんですよね。最高裁の判断位になればどこの新聞でも載るはずですし、その記事にはどの法廷（第二小法廷とか大法廷とか）の裁判長が判断したと書いてあります。また、国民審査が近くなれば、どの事件を担当したかも含めて彼らのプロフィールも新聞に掲載されます。あとは裁判所のホームページも役に立つでしょう。それらの資料をふまえて考えるべき点は、①裁判官としての職務を全うしているかどうか、②明らかに憲法違反の判断を下すべきなのにそれを行っていないかどうか、③最高裁判所内で同じ見解の人が多数を占めていないかどうかです。長年、同じ政権が続くと最高裁裁判官もその政権と似たような見解を持つ裁判官が任命される確率が高くなり、その政権時に作られた法律にお墨付きを与える合憲判定機関になる確率も高くなるといわれます。そうならないようにするには、変えるべきであれば選挙を通じ政権交代をしっかりさせること、そして最高裁判所内に実質的な民主主義が機能できるようにさせることが重要とも考えられます。ただ、アメリカなどでは異なる見解を持つ裁判官が多くいるため、最終判断を下すことが難しくなっているなんてぜいたくな悩みもあるようですが、日本では少なくとも二つ三つ位の異なる思想を持つ裁判官集団が必要と思われます。だから、国民審査、そして憲法訴訟を有効的なものにするかどうかは国民次第なんですよね。

（榎澤幸広）

> Column 憲法ワンポイント知識

憲法に男女平等を書き込んだベアテさん

　みなさんは、ベアテ・シロタ・ゴードンという女性を知っていますか？　彼女はGHQでも数少ない女性メンバーの一人で、密室の8日間と言われるGHQ憲法案作成に携わり、日本国憲法24条の原案を作成した、当時22歳の女性です。因みに法律知識はない素人でした。

　本書第7章で詳説されているように、日本国憲法24条には、①結婚は当人の意思で決めること、②家庭内において夫婦は平等であることが示されています。実は、当時の国際社会において、この考え方は一般常識ではなく（まだまだ男女差別が当たり前だったし、家庭内における平等なんてありえなかった）、24条の考え方に追いつくのはずっと後のことなのです（例えば、1979年の女性差別撤廃条約）。

　彼女はなぜこのような画期的な案を作成できたのでしょうか？　①音楽家である父が日本の学校に赴任した1930年代、5歳から10年間、日本で生活し、男女差別の酷さや「家」制度を肌身をもって体験したこと、②1940年代、アメリカのミルズ大学に留学し、当時最先端であったフェミニズム運動（女性参政権の獲得とか）の勉強をしたこと、③語学が堪能で6カ国語を使いこなせたこと、などが理由としてあげられます。

　上司から「あなたは女性だから男女平等を書いたらどうか」と提案され、彼女の草案作成がスタートします。まず、焼け野原になった東京中の図書館を駆け巡り、世界各国の憲法をかき集めたそうです（語学堪能がここで活きます！）。米国や日本の憲法は参考にならず、ワイマール憲法や北欧の憲法が大変参考になったとのことです。それと自らの経験がミックスされ、親や国家の強制ではない婚姻の自由、そして、「家」制度や家庭内の男尊女卑否定の規定ができあがりました。実は、この総論規定以外に、母子家庭の支援や非嫡出子に対する差別禁止規定など数多くの社会保障規定も存在していましたが、諸事情によりカットされています。

　エピソードを一つ紹介。十数年前、来日した彼女に当時院生だった私は同性婚について質問したら、「もう一度チャンスが与えられれば、彼らのこともふまえて書き直したい」と言っていました。柔軟な方ですよね！

（榎澤幸広）

第5章 過小評価できない立憲主義の考えと実践の力

●内閣・国会・参政権

第65条〜75条、第41条〜64条、第15条〜17条

キーワード　政治主導、二院制、参政権

ショートストーリー　憲法の再全面改正までの苦労をふりかえって

　時は2029年8月。2010年代の後半にあった日本国憲法の全面改正による実質的な憲法廃棄から立憲主義的な憲法を取り戻すまでの困難なたたかいがようやく一段落ついた。昨年に行われた再全面改正によって日本国憲法がもとの文言に戻り即日施行され、先週にあった総選挙と参議院議員通常選挙で非立憲主義政党の議席がゼロになったことで再び憲法廃棄を実現できる政治勢力が国政から消滅した。もはや立憲主義が揺らぐこともなくなったのである。そこで歴史的検証をおこない、同じ過ちをくりかえさないように、立憲主義の価値を再確認しようという目的で東京のある大学でシンポジウムが行われていた。これはその一場面である。

＊

司会（憲法学教授）——Aさんにお聞きしたいと思いますが、Aさんの党は前の全面改憲の前からかなり苦しい状況を耐え抜いて、多数派を構成する連立与党になりましたよね。なぜがんばれたのですか？

A（X党の代議士）——たしかに2019年に全面改憲、いや憲法を壊すという意味で壊憲ですが、それが起ったときは絶望的な気持ちになったものですが、それまで70年以上にわたる日本国憲法制定からの立憲主義の歴史的蓄積が市民の中にあったので、一時的におかしくなることがあっても、道理をもって考えを主張し思いを市民と共有し、不断の努力を積み重ねていれば必ず立憲主義に復帰できると思っていました。全面改憲前に実質的改憲の一環として特定秘密保護法が制定施行され、国政調査権が機能しなくなり、秘密会まで開かれて困りま

したが。

司会——なるほど。司会の立場からはいいにくいのですが、私も実はそう思っていました。しかしそれにしても時間がかかりましたね。私ももう定年退職の年になってしまいましたよ。

A——本当にそうですね。とはいえ第二世界大戦以前の状況から日本国憲法を制定する時に比べればどうということはありませんよ。昨年までの苦労は、われわれには「政治改革」などではなく日本国憲法制定の時には不完全にしか体験できなかった革命が必要だったのだということだと、今になってそう思えます。

司会——選挙制度の点ではどうでしたでしょうか。

A——全面改憲当時、ほかの民主主義国では一般的な比例代表制、あるいは比例代表制を中心にした選挙制度が実現できず、当時一強状態にあった右派政党にだけ有利な小選挙区比例代表並立制のままでした。さらに「国会議員自身が率先して身を切る、それこそが政治改革だ」などという今から考えれば国会の自己否定のような主張が政界では力があったため、比例代表の議席が半減したのも痛かった。加えて、人口比例原則以外の地域性などを重視するという建前の下に、実質的には当時の与党にだけ有利になるような投票権の価値の不平等が最高裁に黙認される状況が2020年まで続いたのもまずかったですね。

司会——やはり国民の憲法への理解と主権者としての意識が支えだったわけですね。

A——そうです。

司会——他方でBさんは今回の総選挙で落選されて、政界からも引退されるとのことですが、本音のところで伺いますと、かなり無理をして全面改憲をしたのに、結局定着することなく再び全面改憲、実質的には旧（新）憲法に復帰することになった、さらに全面改憲を主導する政党が実質的に消滅することになるまで有権者の支持を失うことになったのはなぜだとおもいますか。

B（全面改憲時与党だった右派政党の元代議士）——まあ、国家とはなにか、憲法とは何かということの理解を国民と共有できなかったということが大きいと思います。厳しさをます国際政治状況と国際経済競争に生き残るために立憲主義の放棄こそが必須と主張しましたが、受入れられなかった。

A——自己犠牲や抑圧、不合理な格差や環境破壊を正当化しようとして国民主権、基本的人権の保障、平和主義まで投げ捨ててしまえばそうなりますよね。

キーワード解説

政治主導

1 憲法からみるあるべき政治主導　読者のみなさんの中には現在の政治状況に暗澹たる気持ちの方も多いと思います。しかし70年近く蓄積してきた立憲主義の考えと実践の力を過小評価するべきではありませんし、過剰に落胆して悲観的になるべきでもありません。そこで内閣や国会、参政権についての近年の重要な憲法問題を確認し、自民党改憲案のような形の憲法全面改定がなされた後にショートストーリーのような展開が開ける可能性を探ってみようと思います。まずこの20年ほど一貫して主張されてきたのは**政治主導**でした。1993年に発足した細川内閣の時代から大々的に主張されるようになったこの主張は、2001年に発足した小泉内閣の時代に本格的に実行に移され、2007年に発足した第1次安倍内閣の時に強化され、2009年9月から2012年12月までの民主党政権時も、多少趣向は違いましたが（この違っているところが実は重要でもあるのですが）基本的には受け継がれ、憲法65条で行政権の中枢に据えられた**内閣**と憲法66条で内閣の首長としてさだめられた**内閣総理大臣**の権限を一層強力なものとする内閣法の改正や内閣府の設置、省庁再編（2001年に1府22省庁体制から1府12省庁体制へ。ちなみに2007年に防衛庁から防衛省へ）、政治任用職の拡大（首相補佐官の定員拡大、政務次官の廃止に伴う副大臣と大臣政務官の設置など）が次々に行われてきました。しかし、原子力・核政策に対する行政側の巻き返し、社会保障の縮減に見られる厚生行政の後退、大企業や資産家の優遇、TPPの推進など行政側・官僚側の論理を過剰に助長する方向で「政治主導」がその力を発揮されている現状を見ると、内閣機能が本当に望ましい方向性に強化されたのかということを憲法から検討しなければならないと思いますがいかがでしょうか。自民党改憲案の首相権限の強化は以上のような政治主導を推し進めようとするものですが、それで議院内閣制での民主主義がよくなるとはとても思えません。

　政治主導が主張される背景には官僚主導型の政策決定過程・実施過程に対する不満が主に政権与党の側の方に積み上がっていたということがあるのでしょう。しかしこれは行政官僚制に対する政治の側の理解不足という意味では自業自得というべきものです。日本の政権は戦後一貫して保守政党がその中枢をしめてきました。例外的な事例である片山内閣（1947年5月~1948年3月）、村山内

閣（1994年）も社会党と保守政党との連立内閣であり、とくに後者は閣僚の過半数を自民党が構成する自民党主導の内閣であったわけです。1955年に結成された「自主憲法制定」を党是に掲げる自由民主党の力は絶大なもので、官僚主導型だったのは制度に問題があるというよりは、基本的に政治的権力獲得争いには精を出すが政策形成に関しては完全に官僚側に依存する習慣を持っていた保守政党の性質に、そして保守政党の政治家・国会議員のかなりの部分が業界とのつながりを背景にもった官僚出身者でしめられていることに大きな原因があったと言えるはずです。政治の側はそうした依存を官の側に求める代わりに、官の側のそれぞれの利害（省庁のもっている既得権益を維持・拡張すること、業界とのつながりをもち発展させること、官僚の天下りルートを確保すること、官僚を国会議員の候補者としてスカウトすること）を守り、いわば持ちつ持たれつの関係を構築していたわけです。複雑で巨大な現代社会においては国家の役割は、その機能の仕方を変えることはあっても、縮小することはありません。その国家機構を現場で支えているのは官僚ですので**官僚制**そのものは否定しようがありません。問題は官僚制を、取り込まれることなくうまく使いこなし、民主的な政治の側が基本的方向性をしめし、官僚（**行政各部**）に具体化と実行をうまくさせられるかどうかです。その点2009年9月に発足した民主党・社会民主党・国民新党連立政権は、「**新しい公共**」の理念の下にあるべき**政官関係**を模索し、部分的に実行に移したという点ではそれなりに評価されてもいいのではないでしょうか。東日本太平洋沖地震・福島第一原発事故の混乱に紛れる形で現在では名前を変えて（被災者支援各府省連絡会議→東日本大震災各府省連絡会議→各府省連絡会議→次官連絡会議）復活していますが、**事務次官等会議**も一時期廃止され、**国家戦略局**の設置が模索され（結局その準備段階としての**国家戦略室**は第2次安倍内閣の発足にともない**行政刷新会議**とともにまっ先に廃止された）、行政刷新会議を中心にした「**事業仕分け**」をすすめ、市民参加型の政策形成も模索され、民主党主導の「政治主導」がある程度実現し、官僚依存型ではない政官関係が見えそうになった段階での再度の政権交代ですべてがかつての自民党政権下の状態に戻ってしまったのです。

2 公文書管理制度　有権者の意識・意思とは明らかに方向性の異なる事態になっている一つの大きな原因が、**情報公開制度**を含む**公文書管理制度**の不備によって、政治による（とくに議会少数派・野党による）行政へのコントロール

> **キーワード解説**

がきかず、当然ながら議会を通じた有権者による民主的なコントロールもきかず、政権交代があったとしても重要な情報を官僚に隠されたまま政権運営にあたらざるを得ないという事情です。公文書管理制度について自公連立政権から民主・社民・国民新党連立政権への政権交代の直前の2009年7月に**公文書管理法**が公布され（2010年6月に施行）、情報公開制度に関しては1999年5月に**行政機関情報公開法**が公布（2001年4月施行）されてその後改正が繰り返されて一応は制度自体はあることはあります。ところが、前者は「特定歴史公文書」というカテゴリーのもとに行政が決める限られた公文書・データだけを保存・利用の対象とすることを基本としており、先進国では当然の公文書・データのすべての保存・利用を想定していませんし、公文書・データの廃棄についても十分な検証が行えるような法的条件がありません。後者は開示請求があったとしても情報自体の存否を答えないことも可能な例外がはばひろく認められており、その対象も行政が決め、おなじく先進国では当然のことになっている原則公開の方針がとられていません。しかも、現在公式・非公式を問わず公文書は基本的に電子化されていますが、公文書の閲覧・複写は紙ベースで行われるため、手数料が膨大なものになり経済的にも負担が重く、市民の情報開示請求への消極姿勢を助長し、市民の支持を得ているはずの政治の側の姿勢をなおさら消極的なものし、一層官僚依存を強める悪循環に陥っています。各種の**審議会**ではこの傾向は一層強まっていますし、政治・行政から独立しているはずの**独立行政委員会**ですら同様の問題を抱えています。情報を官僚に恣意的に操作されてしまえば、政治家はあっという間に官僚制の操り人形のようになってしまうのです。（特定）**秘密保護法**が施行されればなおさらそうなるでしょう。

3 近代的政党制　市民と政治の連絡のために機能する近代的な**政党**の存在、つまり社会の中に基盤を持ち行政に対抗できるだけの力量を備えた民主的な政治的会議体組織の存在が不可欠ですが、現行の**政党助成法**や**政治資金規正法**のあり方は、政策決定過程や党組織の民主化等を配慮するものではなく、むしろそうした近代的**政党制**の実現を抑制するかのような効果も持っています。政党の自治・自立・自律を十分尊重した上でということですが、党運営についての情報公開と候補者や党首・党幹部の選定や政策決定についての民主的運営が要求される政党法制が必要でしょうし、市民とメディアも社会に開かれた政党こそがあるべき政党だと考えるべきでしょう。

二院制

1 二院制の定義 日本国憲法では国会を衆議院と参議院という二つの院から構成される**二院制**（**両院制**とも。厳密には議会に二つの院が存在している議会制度を両院制、完全に独立した二つの議会が存在している議会制度を**二院制**という）として規定しています（42条）。多少は異なるとはいえ民主的な選挙のあり方にはそれほど大きな違いはありませんし、同じく選挙によって選ばれた（43条）議員から構成される院ですので、衆議院も参議院も同じ有権者団から選ばれるため同じようなものにならざるを得ません。同じようなものを二つ設けておく必要性、あるいは、その合理的な理由は何なのでしょうか。

2 二院制の意義・選挙制度との関連 これは、国会こそが憲法上は国民の**代表**（43条）として規定されていること、**国権の最高機関**として位置づけられていること（41条）、日本の政府が大統領制ではなく**議院内閣制**をとっていることが深く関わっています。まず憲法上の国民代表にはできるだけ社会の現実の政治的意見分布が反映される形になる必要がありますが（**社会学的代表**）、同じようなものではあってもその、選挙の時期、選挙区の定数、選挙方法（**小選挙区制**か**大選挙区制**か、**比例代表制**か**相対多数代表制**か、**単記移譲式**か、**拘束名簿式**か**非拘束名簿式**か**自由名簿式**か）のいずれかの要素が一つでも違うとかなり異なる意見分布、議席配分が見られることになります。二つの院が似ているけれども、それなりに異なることによって、院における討議にも違いが出てくることによって多面的な検討が可能になり立法においてもより国民の権利保障に資するようになる、異なる観点から行政の監督をすることができるようになり行政運営の公正性をより確実にすることができる、極端から極端に政策動向が振幅しにくくすることによって政治的な安定性が確保できるということが言えます。国権の最高機関（通説的には国民代表としての国会に対する政治的美称であってそれ以上の意味はないとされるが、憲法上明確に規定されている唯一の国民代表として国会の地位を軽視するべきではないと思われます）としての国会にはその権限と機能を慎重に行使することが求められます。二院制であればそれがしやすくなるはずです。議院内閣制の下では政権与党会派が政府・行政府と実質的には一体化しますので、行政に対する監督機能を機能させるために衆議院とは構成の異なる参議院の野党が十分に存在できた方が望ましいのです。

キーワード解説

3 一院制採用国の事情　こうした二院制は民主主義国の多くで採用されている議会制のあり方です。ヨーロッパに目を転じてみれば明らかなように、一院制を採用しているのは人口規模でいえば1000万人程度までの小国で、議会制以外の民主主義の経路（国民・住民投票や国民・住民参加型意見聴取手続や討議付き世論調査、地方自治、デモや集会、各政党内民主主義など）が充実しているか（デンマークやスウェーデン、国民投票については最近ではスロベニアなど）最近になって革命的経験をふまえて民主主義が活性化している国々（バルト三国や東欧諸国など）が多いということがわかります。

4 二院制の類型　これに対して西欧では二院制を採用している国が多数派です。個々に見ていくとそれぞれの国の歴史的背景をもった類型に分かれていることがわかります。現在ではヨーロッパではイギリス以外では見当たらない類型ですが身分や階級をそれぞれの院が代表する①**庶民院・貴族院型**、連邦制国家で国民代表の第一院と連邦構成国である州または邦（Landラントや Kantonカントン）を代表する第二院からなる②**連邦議会型**（ドイツ、スイス、アメリカなど）、同じく国民代表だが選挙方法や定数などを変えることによって異なる構成をもつ第一院と第二院から議会が構成される③**民主的第二次院型**（日本、フランス、イタリアなど）があるといわれています。このうち一つ目の庶民院・貴族院型は戦前の日本の二院制の類型でもありますが、身分制や階級制を維持している社会に適合的な二院制の類型です。しかしいまだに貴族がいるようなイギリス社会ですが、あからさまな形で貴族が封建的な支配力をもっているわけではもちろんなく、世襲貴族が貴族院議員である割合も大幅に減っており、現在では各分野の専門家や庶民院や政府での活動に功績があった高名な政治家が一代貴族として貴族院議員になっている場合が多く、現在の貴族院は身分代表というより専門家の諮問会議や職能代表のような様相を呈しています。2009年10月に最高裁判所が貴族院とは別に設置されたことによって、民主的第二次院型の中でも権限の弱い再考の府の第二院にかなり近づいてきたということもいえます。二つ目の連邦議会型は比較的説明がしやすいもので、国民と連邦構成国（州、邦）という異なるものをそれぞれが代表している院を持つことで議会に反映させるというものです。連邦制国家は歴史的には独立国同士が国を残したまま連邦を構成することになったため（州憲法があり、三権があり、場合によっては軍もある）州の独自性を連邦議会でもできる限り直接反映できる構造

が望まれるのです。日本の国会も採用している民主的第二次院型の二院制は、連邦制国家ではなく単一国家でとられる類型です。歴史的な経験から二院制をとった方が一方の院が他方の院を補完でき、より慎重な審議が期待でき、より多様な意見を反映できることがわかっているからこそとられている議会の類型です。興味深いことにアメリカ合衆国は国全体としては連邦議会型の二院制を採用していますが、ネブラスカ州を除く49の州で二院制が採用されており、いずれも民主的第二次院型となっています。

5 両院の不一致の調整

衆議院と参議院が異なる構成をとれば場合によっては意見が食い違うことは当然考えられます。といっても**首相指名議決**や**予算決議**などはどうしても決めなければならない時期がきます。衆議院と参議院の意見が食い違っても調整できるように、その調整が失敗した場合には調整をしないで衆議院の意見を国会の意見にする仕組みを憲法はあらかじめ用意しています（**ねじれ**への対処。どちらかの院で議案が修正されたときの回付については国会法83条を参照）。まず議案について両院が一致しないときには**両院協議会**を開いて成案を得るように努める機会があります（59条3項）。予算決議については両院の意見が一致しなかったときは必ず両院協議会を開かなければなりません（60条）。しかし現在の両院協議会は衆議院の多数派から委員が10人、参議院の多数派から委員が10人選出されることになっており、かつ成案は3分の2以上の**特定多数**によることになっているため現実には成案が得られることはほとんど考えられません（むしろ両院協議会で議論が深まることにこそ意義があると言えるでしょう）。そのため、憲法は一定の場合に**衆議院の優越**を規定しています。**首相（首班）指名議決**（67条2項）、予算決議（60条2項、衆院予算先議も60条1項に規定）、**条約承認**（61条）、**法律案議決**（59条2項）です。このうち法律案議決については**3分の2以上の多数**（特定多数）が必要になっており相当に難しいものになっております。政治的な空白が許されない首相指名議決や予算決議、国際組織や外国の都合もある条約承認の場合とちがって法律案議決はひとまずは国内関係だけのことを考えればいいのですこし慎重に考えて、最終的には「（討議による合意を）**決められる政治**」を確保しておくということです。**国政調査権**がそれぞれの院にあるのも**院の自律権**のためです（福島第一原発事故の**国会事故調査委員会**は国会に設置された）。

キーワード解説

参政権

1 参政権の内容
本来**参政権**は、選挙で投票するという意味での**選挙権（投票権）**だけに限定されているものではありません。選挙権のもう一つの側面である議員や首長の候補になって投票してもらう**被選挙権**も、国会や内閣、省庁に請願や要請に行くことも、政治的に言論活動をすることも、重要な政治的・社会的問題についての集会を開いたりデモンストレーションをすることも、**国民投票**（憲法上制度化されているのが**憲法改正国民投票・96条**）や**住民投票**（憲法上制度化されているのが**地方自治特別法についての住民投票**・95条）もすべて参政権です。いずれも重要な参政権なのですが、ここでは選挙権と政党制と国民投票・住民投票の問題を中心に考えてみることにしましょう。

2 選挙権についての憲法上の問題
まずは選挙権（投票権）が本当に平等に有権者に保障されているかという問題があります。これまで数多くの**定数是正訴訟**がおこされており2013年12月時点で衆議院議員総選挙について最高裁で2回違憲判決（最大判1976年4月14日、最大判1985年7月17日）が、4回違憲状態判決（最大判1983年6月26日、最大判1993年1月20日、最大判2011年3月23日、最大判2013年11月20日）が、参議院議員通常選挙について2回違憲状態判決が出ていますが（最大判1996年9月11日、最大判2012年10月17日）、いずれも選挙無効までは判示されておりません。衆議院議員選挙に関していえば、1994年以降公職選挙法の改正によって**中選挙区制**から**小選挙区比例代表並立制**に選挙制度（実際の選挙の実施は1996年から）が変わり区割りが新たに見直されたこともあり、**一人別枠方式**による限界はあったもののそれまで最大で5倍近くあった投票価値の不均衡はおおむね2倍強程度までに縮減され一定の改善はみられるということなのかもしれません。しかしそもそも区割り基準が投票価値の較差が2倍を超えない程度といったきわめて緩いものにとどまっていること、ほとんど合理的な根拠付けなしに過疎地への配慮や地域特性への考慮を認めていること、選挙制度が変わったとはいえ**投票価値の平等**という共通の問題が40年にわたって続いているにもかかわらず定数是正に必要な「**合理的な期間**」内にあると安易に認めることによって、国会が自主的に定数是正を行う必要性を感じなくなってしまっていることは大きな問題です。他の民主主義国の状況と比較してみると2倍を超えなければ許容するというのはわずかな例外

でしかありません。常識的には1.2倍か1.3倍程度といったところです。また地方、過疎地の声により耳を傾けるべきだというはなしも、一見もっともらしいのですが事実をふりかえってみればわかるように、投票価値の平等を犠牲にした結果地方が本当に大切にされているという結果があるとは思えません。本当に大切にされているなら、原子力発電所が過疎地にだけあるのはおかしいですし、水俣病やイタイイタイ病ももっと違った扱いを受けていたでしょう。仮に地方を大切にすることが認められるとしても、それならば大切にしなければいけないカテゴリーは他にもたくさんあります（たとえば経済的弱者、障害者、性的少数者、女性、人口動態から不利益を被っている若年者世代などなど）。それぞれ人口比例だけを基準にした選挙のあり方では、地方と同じようにすくい上げにくいものであり、全国民の代表として国会に議席をもたせるためにはそれなりに工夫が必要です。これらのカテゴリーについては政党制の中で（各政党の候補者の選考や選出の段階で）だけ配慮し、**選挙制度**の中では一切配慮しないというのもおかしな論理ではないでしょうか。

3 あるべき選挙制度の条件　憲法に適合した選挙制度にはさまざまなものがあり得、どのような選挙制度をとるかということは基本的に国会の裁量だということは否定しがいところではあります。しかし、それも裁判所がいう合理的期間内に十分な余裕をもって定数是正をする気が国会にあってのはなしです。小選挙区比例代表並立制が導入されて20年、技術的にはさして難しくない定数是正をする気は国会には全くないようです（しかも一人別枠方式は認められないということを判示されているにもかかわらず、公職選挙法の改正では衆議院の小選挙区についても、参議院の選挙区についても事実上一人別枠方式を維持したまま）。どのような選挙制度にするかは国会の裁量になるとしても、現行制度を改善して憲法に適合したものにすることが事実上望めないとすれば、すくなくとも現行の選挙制度は衆議院も参議院も憲法に適合していないと端的に判示し、何らかの形の比例代表制選挙に切り替えることを求めるべきでしょう。この意味で自民党改憲案47条の人口比例原則からの逸脱許容は真っ向から逆行するものといえます（有権者の範囲についていえば同15条の国籍要件も問題がおおきい）。

4 憲法により適合した選挙制度　1990年代の**政治改革**のころから選挙制度改革には、政権交代が実現しやすくなるもの（衆議院議員の選挙と同時に政権選択になるようなもの）、二大政党か二大政治ブロックがつくられやすいもの、

> **キーワード解説**

問題のある議員が当選しにくいものが、ただし多少は少数派に議席を用意する制度がいいということが主張され、そのためにこそ**小選挙区比例代表併用制**ではなく小選挙区比例代表並立制が導入されたことになっています。しかしいずれの目標もかなわず、極端な過剰代表と死票の問題は放置されたままです。実は他の制度（大選挙区制の比例代表制・単記移譲式投票）の方がいずれの目標も達成しやすくなります。衆議院議員選挙についてはブロック別自由名簿式比例代表制（名簿連結付き）を採用すれば、小選挙区制のように無理に集約することなく政策を軸にして政治ブロックが形成されますし、連立政権の交代もしやすくなります。また自由名簿式であれば**政党の民主化**の段階に関わらず、問題のある議員が当選しにくくなります。人口比例原則自体は参議院議員選挙でも同様に求められていますので、衆議院とは異なる選挙制度をとるとすれば、全国一区の比例区を残すかどうかは別として、ブロック別単記委譲式投票を採用すると、政党よりも人物を重視しつつ人口比例原則に適合できかつ衆議院とは自然と異なる構成になることが期待できますし**異党派投票**のありうる衆議院議員の選挙と同等かそれ以上に無所属の候補者も選挙に参加しやすくなります。いずれも少数派が過小代表される問題もありません。議会制民主主義は民意に基づく政治を本質としていますが、それはあくまで著しい偏りのないまともな選挙制度と運用、自由委任を基礎とした討議・熟慮に基づいて民意を実体化できる議員の存在が不可欠です。その条件なしにはいかに選挙を勝ち抜いてきた議員といえども、民意を体現する者と名乗ることは憲法上許されないのです。

5 直接民主制　参政権については**直接民主制**的制度も忘れるべきではありません。憲法上制度化されているものとしては**国民投票**では**憲法改正国民投票**（憲法96条）、**住民投票**では**地方自治特別法についての住民投票**（95条）があります。とくに後者はもっと活用されてもおかしくない制度です。また諮問的住民投票であっても討議的世論調査などとうまく組み合わせて**投票**できるような制度が実現すれば憲法上の参政権の実現に大きく貢献するでしょう。

6 政党制　参政権を現実化する、市民と政治をつなぐ回路としての政党制の問題も参政権にとっては重要です。アメリカで行われているようなオープンな**予備選挙**をうまく制度化すれば政党の民主化と近代化も進むでしょう。

（奥田喜道）

> Column 憲法ワンポイント知識

外国人参政権から見えてくるもの

2009 年の政権交代後、実現に向けて大きく前進するかに見えた政策の一つに外国人の地方参政（選挙・投票）権があります。鳩山首相の退陣、東北地方太平洋沖地震による地震・津波による災害、福島第一原発の破局的事故による原子力災害による日本社会からの経済的・精神的余裕の喪失、そして保守色が強い第二次安倍内閣の出現によって、全く話題に上らなくなりましたが、外国人参政権を認めるかどうかということを考えることは政治共同体の構成員（つまり憲法上の主権者である国民や住民）をどのように考えるか、民主主義とはだれのためのだれによるどのような政治システムなのかということを考える上で大きなヒントを与えてくれます。

特別永住者の選挙人名簿への登録を求めた訴訟で最高裁は、請求自体は棄却したものの、地方選挙（地方自治体の首長や議員など）の投票権を「その居住する区域の地方公共団体と特段に緊密な関係を持つに至った外国人」に認める法改正をすることは憲法によって禁止されていないと判示しています（最三判 1995 年 2 月 25 日）。国政の場合と異なり、地方自治の場合は国民主権のもとでも住民としての投票権は、憲法上要請されているわけではないが禁止はされていない、許容されているというわけです。

被選挙権、国政選挙でのあつかい、外国人の範囲といった論点がたくさんありますが、大々的に外国人に地方参政権を認めている事例として欧州連合の事例が挙げられます。1993 年の欧州連合条約（マーストリヒト条約）によって、地方自治レベルと欧州連合全体の市民権（国籍というより基本権・人権にちかい法概念）を（参政権だけでなく移動の自由や労働基本権、社会保障なども含めて）構成国の市民に、どの構成国に居住していても保障する欧州連合市民権が規定されました。その欧州連合市民権によって欧州議会選挙と各地方選挙の選挙権・被選挙権がみとめられているのです。まだまだ遠い将来の話でしょうが、欧州連合のような国際組織がアジアでもありうるのだとすれば、今からその準備として外国人参政権を実現しておくことがその基礎にもなりえます。日本国籍保有者と定住外国人が民主的にのぞましいかたちで統合された社会のほうがだれにとっても住みやすいベターな社会なのではないでしょうか。

（奥田喜道）

第6章 デモと冤罪と私

● 刑事手続

第31条〜40条

キーワード 虚偽自白、適正手続主義、取調べの可視化

ショートストーリー　福山マサコの「自白」

　私は福山マサコ。2年前に大学を卒業し地元の会社で働いている。今は2020年だけど、相変わらず日本は不景気なままだ。おかげで就活も大変でしたよ、ええ。エントリーシートを100通以上出して、やっと今の会社に拾ってもらった。だから、仕事は大変だし給料も安いが、会社を辞めるなんて考えられない。

　とはいえストレスはたまるわけで、それはもっぱら酒と買い物で発散するしかないわけです。で、私は日曜の昼間、地元駅前の大通りに買い物に来ていた。と、何か大きな音がする。どうやらデモをやっているようだ。こんな休みの日まで、本当にヒマだな……、いや、お疲れ様である。「原発」という声が聞こえるので、どうやら脱原発のデモらしい。2011年の福島原発事故の直後は政府も「脱原発依存」とか言っていたが、その後は手のひらを返したように「原発安心キャンペーン」を始めて、各地の原発を再稼動し、海外にも輸出しまくっている。え、私はどう思うのかって？　まあ、事故が起こったら危なそうだ。でも、原発がないと日本経済がよくならないとかいわれると、そんなもんかなとも思う。まあ、大学の憲法の授業でも表現の自由は大事だと習ったので（理由は忘れたけど）、デモはあってもいいと思いますよ。

　とか考えていたら突然、怒鳴り声と悲鳴が聞こえてきた。デモ隊と警察が揉めているようだ。あっ、デモの人が警察官に棒で殴られている。ひぇ〜、と思ったら、デモ隊が警察に追われてこっちに逃げてくる。怖すぎる！　思わず私は逆方向に走り出した。と、そちらからも警察官が大量に現れた。見事な挟み撃ちである。その後

は、もうグシャグシャ。デモ隊と警察に巻き込まれ、誰かが「その女も検挙だ！」と叫んだ途端、私は警察官にがっしりと体を捕まれ、有無を言わせず警察の護送車に乗せられたのだった……。

　車で運ばれてきたのはどこかの警察署の大会議室で、デモの参加者たちも大勢連れて来られていた。でも心配ない。だって私は単なる通りすがりの人間だから、誤解が解ければすぐに出られるに決まってる。しばらくすると、刑事ドラマで見たような取調室に連れて行かれ、そこではスギウエとカメカワという２人の刑事が待っていた。何を聞かれるかと思いきや、最初にスギウエ刑事から言われたのは「弁護士を呼びますか？」だった。でも、弁護士の知り合いなんていない。そもそも弁護士を頼むお金もないし、どうせすぐに出られるんだからと思い、「結構です」と答えた。次に聞かれたのは、「あなたには黙秘権があるので、自分に不利になるようなことを言う必要はありません。ただし、黙秘をした場合、あなたにとって不利益な推認が行われる場合があります」だった。前半は黙秘権ってやつだよね。後半はよくわからないけど、まあいいや。で、その後は、素直に名前と住所を答え、事件当時の状況を詳しく話した。これでもう大丈夫。

　するとカメカワ刑事は言った。「ウソをついているといつまでたっても出られないよ！？」。いやいやいや、正直に言ってます。早く出してくださいよ。今晩は友達と会う約束があるし、明日は会社なんです。するとカメカワ刑事は「そうやって言い逃れを続けていると、検事さんや裁判官の印象も悪くなるよ。あんたの容疑は警察官に殴りかかったという公妨だけど、最高刑は懲役３年だ。そんなの困るだろ。犯罪者が出たらご家族や会社に迷惑がかかる。知ってるかい？　正直にいえば検事さんが不起訴にしてくれるかもしれない。それがもしダメでも、司法取引制度というのが去年できたんだ。ちゃんと反省すれば罰金の執行猶予にしてくれるよ」。私は頭が真っ白になった。せっかく入った会社。実家の両親や友達の顔。どうしよう……。真っ青の顔の私を見て、もうスギウエ刑事は言った。「このままだと明日あたり、家と会社に強制捜索が入るでしょうね。そうしたら、会社にいられるか難しいんじゃなんですか？」。買い物に来ただけなのに、なんでこんなことになっちゃったんだろう……。思わず涙がこぼれ、私の中で何かが音を立てて切れた。「……すみません、私はデモに参加して警察官を叩いてしまいました。でもわざとじゃないんです、ごめんなさい……」。私の「自白」が始まった。

ショートストーリー　福山マサコの「自白」

71

キーワード解説

虚偽自白

1 刑事手続①（刑事裁判の前）

ただ買い物に来ただけなのに、マサコさんは大変なことになってしまいました。彼女はこの後どうなってしまうのでしょうか？

ところであなたは、犯罪が起こってから犯人が刑罰を受けるまで、どのような手続を経るか知っていますか？「発生した犯罪について捜査機関が捜査を行い、裁判所が刑事裁判を通じて被告人の処罰について判断し、行政機関が刑罰を執行する一連の手続」を**刑事手続**と呼びます。これは大まかにいえば「刑事裁判の前」「刑事裁判」「刑事裁判の後」という3つの段階から成り立っています。

まず刑事裁判の前の段階は、犯罪が発生するところからスタートします。マサコさんの場合はどうだったでしょうか。刑事は「あんたの容疑は警察官に殴りかかったという公妨だ」といってましたね。公妨というのは「公務執行妨害罪」（刑法95条1項）の略で、その内容は「公務員が職務を執行するに当たり、これに対して暴行または脅迫を加え」たというものです。要するに、マサコさんが警察官に殴りかかってその職務（デモの警備）を妨害した、ということのようです。

通常はそれに続いて、警察官や検察官などによって**捜査**が開始されます。要するに証拠を調べ、犯罪の全容を解明していくわけです。具体的には、関係者からの**取調べ（事情聴取）**、住居・建物などの**捜索**、証拠物の**押収**などといったものです。これらの捜査は、当事者の同意を得て行う場合は**任意捜査**、当事者の意に反する場合は**強制捜査**と呼ばれます。そういえば刑事はマサコさんに対し、「このままだと明日あたり、家と会社に強制捜索が入るだろう」と言っていました。マサコさんの同意を得ているわけではありませんので、これは強制捜査ということになります。

犯罪を犯したと疑われる者を**被疑者**といいますが、場合によっては被疑者の身柄（身体）を捕らえる、つまり**逮捕**することがあります（全ての被疑者が逮捕されるわけではなく、普通に生活しながら取調べを受ける被疑者もいます）。捜査と逮捕は順番が逆になることもあります。マサコさんも捜査が始まる前に逮捕されていましたよね。

逮捕に引き続き、**留置**や**勾留**といった身体拘束が最大23日間続くこともあります。マサコさんが置かれていたのは留置の状態で、あそこからさらに22日間も身体が拘束される可能性があるのです。
　そして捜査の結果、被疑者が犯罪を犯した可能性が高く、処罰を求めるべきであると検察官が考えた場合、裁判所に対して刑事裁判を開くことを求めます。「訴」えを「起」こすことから、この手続は**起訴**と呼ばれます。**不起訴**、つまり起訴しないとされた被疑者は釈放されます。他方、起訴された被疑者は**被告人**という身分に変わります。したがって、起訴されるかどうかは被疑者にとって重大な分かれ道になるわけです。果たしてマサコさんは起訴されてしまうのでしょうか？

2 虚偽自白と冤罪

　さて、ショートストーリーを読んで、あなたはどう思ったでしょうか？　こんなことあるわけないよ、という人もいるかもしれませんね。特に、刑事がマサコさんの言い分を全く聞いてくれない点と、マサコさんが最後にやってもいない罪を「自白」してしまった点は、納得いかない人が多いかもしれません。もしあなたが同じ状態に置かれたら、自分がやってもいない罪をやったと言ったりするでしょうか。自分がやってもいない罪をやったと自白することを「**虚偽自白**」といいます。無実の罪で捕まったり処罰されたりすることを**冤罪**といいますが、虚偽自白は冤罪の原因の一つです。たぶん、自分なら「自分に不利な嘘」なんて絶対つかないと思う方が多いのではないでしょうか。やってもいない罪を「自白」した場合、他人の罪をかぶって自分が処罰されることになります。それは一見すると不合理極まりない行動です。ですがよく考えると、虚偽自白は実は極めて「合理的」な行動とさえいえるのです。これからそのメカニズムを考えてみましょう。

3 虚偽自白のメカニズム

　もしあなたが刑事で、難しい殺人事件の捜査を行っていると想像してください。明らかに怪しい被疑者がいるのですが、凶器などの証拠がありません。任意捜査で事情聴取を繰り返しても、自分がやったとは言いません。どんな手段を使っても構わないのでその被疑者から犯行の自白を引き出せ、と上司から命令された場合、あなたならどうしますか？　被疑者を捕まえてきて**拷問**を行う、というやり方が一番手っ取り早そうです。ですが、憲法36条は「公務員による拷問及び残虐な刑罰は、絶対にこれを禁ずる」としていますので、残念ながら（？）この方法は使えません。しかしなが

73

キーワード解説

ら、拷問がなくとも虚偽自白が引き出されることがあるのです。

　捜査機関が被疑者・被告人を、長期間あたかも人質のように身体拘束することによって自白を獲得しようとする捜査のやり方は「**人質司法**」と呼ばれ、以前から批判されてきました。先ほども述べたように、現在の日本で被疑者の身体拘束が許されるのは最大23日間です。あなたはこれを長いと思いますか、それとも短いと思いますか。憲法38条2項は「……不当に長く抑留若しくは拘禁された後の自白は、これを証拠とすることができない」としています。つまり、長期間拘束して自白を得ても、それを法廷で証拠としては使えないのです。しかし、23日間の被疑者の勾留は「不当」な長さとは考えられていません。ところがこの程度の長さの身体拘束であっても、虚偽自白が引き出されることがあるのです。その一つの例が**足利事件**です。

4 足利事件の場合

　これは1990年に栃木県の足利市で2人の女の子が誘拐・殺害された事件です。容疑者として逮捕された菅家利和さんは、一旦は最高裁で有罪が確定しましたが、証拠のDNA鑑定によって無実であることがわかり、2009年に再審で無罪が確定しています。実は、容疑者として逮捕された菅家さんは逮捕された初日に虚偽自白を行っています。けれどこれは、菅家さんの気が弱かったという理由で片付けることはできません。菅家さんの取調べの様子は、たまたまカセットテープに録音されていました。それを聞いてみると、多少乱暴な言葉はあるものの、拷問が行われた様子はありませんでした。にもかかわらず、虚偽自白が起こってしまったのです。これは他の冤罪事件でも同じです。普通、「お前が犯人だろう」と聞かれたら「いいえ、違います」と答えます。しかし何度も何度も「嘘をつくな、お前がやったんだろう」と言われると、人間はそれに耐え切れなくなるのです。取調室で取調官と閉じ込められ、そこから逃げることはできません。学校や仕事があるのに、一体いつ出られるのかわからない。そうしてゴールが見えないままの状態が続くと、人は目の前の苦痛から逃げ出すことが最優先となります。長期的に見ればそれが自分を窮地に追い込むかもしれないということが考えられなくなるのです。また、目の前の取調官はわかってくれなくても、裁判官はきっと自分の無実をわかってくれる、と考えがちになります。このようにして、人は「自分に不利な嘘」をついてしまうのです。

参考文献　浜田寿美男『自白の心理学』岩波新書、2001年

適正手続主義

1 刑事手続②（刑事裁判）　それでは起訴後の刑事手続を見ていきましょう。刑事裁判では、被告側（被告人や弁護人）と検察側（検察官）に分かれて戦い、裁判官が両者の言い分を聞いて判決を下します。刑事裁判は大きく分けて、証拠調べと判決から成り立っています。

　証拠調べはその名の通り、証拠を法廷に持ち寄って、みんなで調べることです。事件の凶器（ナイフやバットなど）をみんなで見たり、事件の目撃者に来てもらって話を聞いたりします。マサコさんの場合はどうでしょう。おそらく検察側は警察官を目撃者として呼び、マサコさんが警察官に殴りかかったのを見たと証言させるでしょう（本当は殴りかかってはいないのですが）。それに対してマサコさんは、そんなことはしていないと証言してくれる目撃者を探すことになります。きっと警察官はそんなこと証言してくれないので、当時現場にいた一般の人々を探さなければなりません。これはとても大変なことです。

　そして証拠調べが終わったらそれを元に裁判官は、被告人が有罪か無罪か、もし有罪の場合は刑罰の重さについて、判決を下すのです。

2 無罪の可能性　被疑者の「自白」がある場合、起訴される可能性は高くなります。そこでマサコさんは起訴され、刑事裁判で自白を撤回して否認に転じた場合、マサコさんは無罪判決を勝ち取ることはできるのでしょうか。一般に、刑事裁判で被告人を有罪にするためには「合理的な疑いを差し挟む余地のない程度の証明」が必要であり、これは検察側が証明しなくてはなりません。したがって一見すると、マサコさんが無罪になる確率は高そうに思えます。しかし2012年の最高裁判所の統計によると、刑事裁判の第一審（地方裁判所の場合）における無罪率は0.15％、つまり、無罪判決を受けたのは1000人中わずか1.5人でした。この中には自白事件（被疑者が犯行を認めている事件）と否認事件（被疑者が無実を訴えている事件）が両方含まれていますが、否認事件に限った場合でも無罪率は3％程度であるといわれています。したがって、もしマサコさんが刑事裁判にかけられた場合、法廷で無実を主張しても無罪となるのは至難の業です。

　こうしてみると、刑事手続というのは被疑者・被告人にとって大変不利な制度に思えてしまいます。しかし、憲法はそこに全く配慮していないわけではあ

キーワード解説

りません。

3 世界の憲法における刑事手続

第10条から始まる日本国憲法の第3章をご覧ください。そこには「国民の権利および義務」という題名がつけられています。その中でも、31条から40条までが一般に「刑事手続に関する人権」などと呼ばれているグループです。それは第3章の3分の1を占めていて、一つ一つの条文も詳細です（例えば、憲法21条1項の表現の自由と比べてみてください）。日本だけでなく海外の憲法にも必ずといってよいほど刑事手続に関する条文が置かれています。なぜここまで憲法は刑事手続にこだわるのでしょうか？

身体の自由が保障されていなければ、表現の自由や職業選択の自由など、他の人権を行使することができません。その意味で、身体の自由は人権保障の大前提なのです。とりわけ刑事手続の中では、物理的強制力（つまり暴力）を使って捜査や身体拘束を行ったり、死刑をはじめとする刑罰の執行などが行われます。したがって、刑事手続は身体の自由が最も侵害されやすい場面なのであり、だからこそ、各国の憲法は刑事手続に関して、市民の人権が不当に侵害されないよう厳重なルールを定めているのです。とはいえ、日本国憲法における条文の多さ・細かさは、海外と比べても際立っています。実は、戦前の明治憲法にも「日本臣民は法律に依るに非すして逮捕監禁審問処罰を受くることなし」（23条）という条文が置かれていました。けれど、戦前の日本ではしばしば違法な拷問などが行われ、命を落とす人も少なくなかったのです。その反省に立って、現行憲法には刑事手続に関し厳重なルールが定められているわけです。

4 適正手続主義

ここまで紹介してきた刑事手続の大原則を定めているのが、「何人も、法律の定める手続によらなければ、その生命若しくは自由を奪はれ、又はその他の刑罰を科せられない」と定める憲法31条です。31条は、政府は「法の適正な手続（due process of law）」によらずに市民から生命、自由、財産を奪ってはならないと定める、アメリカ憲法の修正5条や14条をモデルにつくられたとされています。憲法31条には「適正な」という語句が抜けているなど、語句の違いがありますが、アメリカ憲法と同様、政府が人々に刑罰を科すためには「実体」と「手続」を法律で定めること、なおかつ、その「実体」と「手続」が「適正」なものであることが必要だと考えられています（これを**適正手続主義**といいます）。ここでいう「実体」は犯罪と刑罰の内容のことを、「手続」は捜査・裁判・処罰の実行過程のことを指しています。実体に関する法の

代表が刑法であり、手続に関する法の代表が刑事訴訟法です。それでは「適正」な刑事手続とはどのようなものでしょうか。その具体的ないくつかの内容は憲法32~40条で規定されています。

その代表例の一つが、強制捜査と逮捕に関する**令状主義**です。強制捜査と逮捕は、身体の自由、プライバシー、あるいは財産権などといった人権を強力に制限するものです。したがって憲法は、捜査機関が強制捜査や逮捕を行おうとする場合、裁判所に許可を求めることを要求しています（33条、35条1項）。いわばその許可証が令状なのです。令状主義には、裁判所という第三者がチェックすることにより、捜査機関が不必要な強制捜査を行うことを防ぐという狙いがあります。ただし憲法は逮捕に関して重大な例外を定めていて、現行犯（被疑者が現に犯行を行い、もしくは行い終わった場合）は令状がなくても被疑者を**現行犯逮捕**することができるのです。ここで令状が必要とされないのは、現行犯であれば犯人でない人を間違って捕まえてしまう可能性が低いからです。ただし、混雑した電車内での痴漢事件など、現行犯であっても犯人以外の人が逮捕されてしまうケースがあり、今回のマサコさんの場合も、これに当てはまります。

その他には、刑事裁判は**公平、迅速、公開**でなければならないというルールがあります（37条1項）。公平な裁判はいうまでもありませんね。拙速な裁判は問題ですが、遅すぎる裁判は被告人を不安定な立場に置き続けるため望ましくありません。また、外部からチェックが行えないよう秘密裏に裁判が行われた場合、不公平な裁判が行われる可能性が高くなるので、原則として裁判は一般に公開される必要があるのです。ただし日本の裁判所は裁判中の法廷の写真・テレビ撮影を認めておらず、海外と比べて閉鎖性が高いといえます（以前は法廷で報道機関以外の人がメモを取ることすら禁止されていました）。また、そのときにはなかったのに後からつくられた法律によって処罰されることは禁止され（**遡及処罰の禁止**といいます）、また、一度その犯罪で判決が確定した被告人について、もう一度起訴して刑事裁判で罪を問うことも禁止されています（**一事不再理の原則**）。ただし、有罪判決が一度確定した人に関し、その人が無実である証拠（別の真犯人など）が見つかった場合、刑事裁判をやり直す**再審**を行うことはできます。

参考文献　木谷明『刑事裁判のいのち』法律文化社、2013年

キーワード解説

取調べの可視化

1 黙秘権と弁護人依頼権　先ほど見たように、憲法は刑事手続で被疑者・被告人が不当な扱いを受けないよう、様々な規定を置いています。しかしながら近年でも足利事件（殺人）、志布志事件（選挙違反）、布川事件（強盗殺人）、そして村木事件（障害者郵便制度の悪用）など、様々な冤罪事件が発覚しています。志布志事件や村木事件では第一審の裁判所が無罪判決を出して確定しましたが、足利事件や布川事件では一度は最高裁で有罪が確定し、被告人たちは10~20年間、無実の罪で刑務所に収監されていました。なぜ現代の日本でも無実の人が捕まり、時には有罪の判決が下されることを防げないのでしょうか。実は先ほど述べた規定以外にも、憲法は冤罪を阻止するためのルールを置いています。

　例えば、憲法38条1項は「何人も、自己に不利益な供述を強要されない」と述べ、いわゆる**黙秘権**を保障しています。「罪を犯した者は事件の真相を正直に話すべきであり、無実であれば身の潔白を堂々と主張すればよいのだから黙秘権なんていらない」と考える方がいるかもしれません。しかし前にお話したように、拷問のない、しかも短期間の身体拘束であっても虚偽自白を行ってしまう人はいるのです。このことを考えれば、取調官との会話を一切拒否することで虚偽自白を防ぐという選択肢が被疑者に与えられることには、合理性があると考えられます（なお、ショートストーリーでは刑事がマサコさんに黙秘権を告知していますが、実際には告知が行われていないケースもあるとされています）。

　また、憲法34条と37条3項は、被疑者・被告人に対して弁護人を依頼する権利を保障しています（**弁護人依頼権**）。特に37条3項では、自分では弁護人を依頼できない被告人に対しては、国が弁護人をつけることまで要求しています。これが**被告人国選弁護人**の制度です。2006年からは勾留された被疑者に対しても、一定の範囲で国選弁護人の制度が開始されました（**被疑者国選弁護人**）。また、ここから外れる被疑者に対しても、初回は無料で**接見**（面会して相談を受けること）するという**当番弁護士制度**を、全国の弁護士会がボランティアで行っています。なぜ犯罪を犯した者にここまで弁護士サービスを提供をせねばならないのか、疑問に思う方もいるでしょう。しかし、家族や知人らとのコミュニケーションを一切奪われた人は、身体拘束の精神的苦痛に耐えられず、容易に取調官に迎合し、進んで虚偽自白を行うことがあるのです。そこで、弁護士が

接見を行うことによって被疑者・被告人と外部をつなぎ、孤立させないことは冤罪を防ぐために重要です。また、実際に罪を犯した人に対しても、適切な弁護を提供することは公平な裁判のために不可欠です。他方、刑事訴訟法39条3項は、証拠隠滅などを防ぐため、捜査機関が被疑者と弁護人の接見を制限することを認めています。しかし警察が逮捕直後の初回の接見を制限した措置に関し、最高裁はその接見が「弁護人の選任を目的とし、かつ、今後捜査機関の取調べを受けるに当たっての助言を得るための最初の機会」だったことを踏まえ、違法と判断しています（最三判2000年6月13日）。

2 取調べの可視化　憲法はこのような規定を置いていますが、それでもなお冤罪による身体拘束や有罪判決はなくなっていません。そこで近年では、**取調べの可視化**が提案されています。現在の日本において警察や検察の取調べの様子は、一切外部から見ることができません。そこで、取調べの様子をカメラで録画・録音したり、取調べに弁護士の立会いを認めたりすることで可視化しようというものです。これには不当な取調べが行われて虚偽自白が引き出されることなどを防ぐ目的があり、すでにイギリスやアメリカなどで実現しています。これに対しては捜査機関から、取調べを可視化してしまうと、取調官と被疑者の信頼関係を築くことが難しくなり、被疑者が正直に罪を告白して反省することが難しくなる、などといった反対論が根強くあります。

しかし村木事件および大阪地検の証拠改ざん事件などを契機に、これまでの日本の捜査は自白の獲得を重視するあまり過度な取調べや身体拘束が行われ、冤罪を引き起こしてきたのではないか、という批判が高まりました。そこで2011年6月、法務省に「新時代の刑事司法制度特別部会」という会議が設置され、村木厚子さん（村木事件の冤罪被害者）や、痴漢冤罪を描いた映画「それでもボクはやってない」監督の周防正行さん、そして法律家や学識経験者らが参加して、刑事手続のあり方を再検討することになったのです。当初は取調べの可視化が進むかに思えました。が、可視化に比較的前向きだった民主党から自民党への政権交代などを経て、2013年1月に出された報告書「時代に即した新たな刑事司法制度の基本構想」の内容は、当初の予想とはまるで違ったものになっていたのです。まず、取調べの可視化については、裁判員裁判に該当する犯罪で、被疑者が身体拘束されている事件に事実上限定されてしまいました。これは刑事事件全体の2％程度に過ぎません。また、同時に議論されていた、取

キーワード解説

調べへの弁護士の立会いは否定されています。これに対し、「取調べへの過度の依存を改め、証拠収集手段を適正化・多様化する」という名の下に、現在も認められている盗聴をさらに拡大することや、他人の犯罪事実を明らかにすることに協力した被疑者に対し、刑の減免を約束するという**司法取引**制度の導入が盛り込まれました。また、結果的には否定されたものの、被疑者・被告人が黙秘をした場合、裁判所が被疑者・被告人に不利益な推認を行うという制度の導入まで会議では提案されています。これは被疑者・被告人から黙秘権を奪うことになりかねない制度であり、憲法38条1項を事実上改正しようとするものです。スギウエ刑事がマサコさんに「黙秘をした場合、あなたにとって不利益な推認が行われる場合があります」といっていたのはこのことです。2012年の自民党改憲案では、刑事手続の部分はほぼ現行憲法のままとなっています。しかし、法律を変えることによって事実上憲法を骨抜きにするような動きが進行中であることには注意が必要でしょう。

3 刑事手続③（刑事裁判の後）

さて、もし有罪判決が確定した場合は刑罰が執行されます。刑罰の種類としては、**財産刑**（罰金）、**自由刑**（禁錮・懲役）、**生命刑**（死刑）があり、また、一定期間刑罰の執行を猶予し、猶予期間が無事経過した場合には刑罰を免除する**執行猶予**という措置などもあります。公務執行妨害罪の刑罰は3年以下の懲役もしくは禁錮または50万円以下の罰金ですので、最悪の場合、マサコさんは3年間刑務所に入れられる可能性があるわけです。一方で憲法は、無罪判決が確定した場合、国が元の被告人に対し、拘束期間などに応じて金銭を支払うことを求めています（40条）。これを**刑事補償**といい、具体的な内容は刑事補償法で決められています。

死刑に関しては「残虐な刑罰」を禁止している憲法36条に反するのではないかという批判が以前からありますが、最高裁は合憲と判断しています（最大判1948年3月12日）。しかし死刑が犯罪を抑止する効果には疑問があること、国際的に死刑を廃止する国が増えていること、また、一旦は死刑判決が確定しながら再審で無罪が発覚した死刑冤罪事件が戦後4件あることなどを考えると、死刑の存否は真剣に議論されるべきではないでしょうか。

参考文献 堀川惠子『裁かれた命 死刑囚から届いた手紙』講談社、2011年

（岡田健一郎）

Column 憲法ワンポイント知識

日本の死刑冤罪

2014年3月27日、袴田事件の再審開始が静岡地裁によって認められました。袴田事件とは、1966年に静岡県清水市（現静岡市清水区）で一家4名が殺害された事件です。本件では元プロボクサーの袴田巖氏が強盗殺人等の容疑で1966年に逮捕・起訴され、1980年に最高裁で有罪判決が確定しています。

しかしながら、袴田氏は取調べでは容疑を認めたものの裁判では否認に回り、その後は一貫して無実を主張してきました。当初から警察・検察側の証拠にも不審な点が多く、また、過酷な取調べもあったと指摘されてきました。死刑を言い渡した第一審の静岡地裁の判決でさえ、袴田氏の供述調書（自白の記録）45通のうち44通を証拠として認めなかったほどです。こうして袴田氏は約48年間にわたり身柄を拘束されてきました。けれど袴田氏の無罪を信じる人々は長年支援を続け、とうとう再審の扉をこじ開けたのです。

再審決定の中で静岡地裁は「捜査機関によって捏造された疑いのある証拠によって有罪とされ、死刑の恐怖の下で拘束されてきた」とまで指摘し、「これ以上拘束を続けることは耐え難いほど正義に反する」として再審開始と袴田氏の釈放を命じました（ただし、まだ無罪が確定したわけではありません）。

戦後日本の死刑冤罪事件（死刑確定後の再審で無罪が明らかになった事件）は、今のところ免田事件、財田川事件、松山事件、島田事件の4件だけです。しかし袴田事件を見ても、本当に死刑冤罪事件がこれ以上存在しないといえるのでしょうか（例えば、女児2名が殺害された飯塚事件では、冤罪の疑いが指摘されていたにもかかわらず、2008年に死刑が執行されています）。死刑が執行された後では、冤罪が判明しても取り返しがつきません。もし生存中に冤罪が判明して釈放されても、身体の自由を奪われた時間は元には戻りません（袴田さんの場合は48年間!）。冤罪を起こさない取組み、そして死刑制度の廃止をみんなで真剣に考える必要があるのではないでしょうか。

参考文献 現代人文社編集部＋水谷規男『冤罪を生まない刑事司法へ』現代人文社、2014年

（岡田健一郎）

第7章　家族は大切だけど、声高に強調するのは危ない

● 婚姻生活の自由

第24条

キーワード　家族の絆、家父長家族、個人の尊厳と両性の平等

ショートストーリー　美しい日本の、家族・夫婦・親子という絆

　2020年、民自党の阿部慎太郎首相の下で、それまで70年以上にわたって逆風を耐え抜いてきた日本国憲法が終に改正された。旧日本国憲法の全面改正として、新憲法には様々な新しい規定が設けられた。その一つ24条は、1項「国民は夫婦の協力と責任により、自らの家庭を良好に維持しなければならない」、2項「国民は自己の保護下にある子どもを養育する責務を有するとともに、親を敬う精神を尊重しなければならない」とする。悲願の憲法改正を成し遂げた阿部慎太郎首相は、記者会見で、やや緊張した面持ちながらも誇らしげに、次のように語った。
　「戦後我が国は、敗戦国として、日本国憲法という詫び証文で個人主義を押つけられました。その結果、親たちは自分勝手に離婚し、わが子を虐待し、子育ては無責任となり、子どもたちは親やお年寄り、目上の者を敬う気持ちをなくし、学力は低下し、少年犯罪は凶悪化の一途を辿りました。この結果、家族の絆はなくなり、醜い国になりました。かつて日本は美しかった。私はその美しい日本をこの手に取り戻したかった。国民の皆様のご理解とご協力により、この度、その第一歩を歩み出すことができました。今後とも国民の皆様とともに、この道をしっかりと歩んで参りたいと思っております」。
　国会周辺では老若男女が群れを成していた。左手にしたスマホで首相の記者会見に食い入っていたが、この瞬間、右手に持った日章旗の小旗を一斉に振りかざし、歓呼の声が上がった。サムライ・ブルーのユニフォームを着て頬に日の丸のペイントをした若者たちは、狂喜乱舞、欣喜雀躍していた。その群衆の中に、海斗（21

歳）と優奈（20歳）の若い大学生のカップルもいた。
　あれから20年、日本は美しくなったのか。この二人はどうなったのか。
　アベノミズムによる景気回復をその後の民自党政権は維持し、大学生の就職状況も改善、海斗は大企業に就職していた。女性活用路線のアベノミズムも定着、優奈も大手に総合職として就職した。仕事も交際も順調に進み、二人は結婚。しかし、新憲法の影響で企業は寿退社制を復活させ、優奈は専業主婦として二人の子を育て家庭を守り、海斗が一家の大黒柱として働いていた。正に新憲法の理想とする家族を体現しているかに見えた。
　「今日も遅かったじゃない」。
　優奈は洗い物をしていた手を止め、帰宅したばかりの海斗の方を向いて言ったが、その声は、優しく労うというよりは、難詰する含みを持っていた。
　「ああ、仕事で……」。
　「うそばっか！　何よ、これ！」。
　優奈は、スマホの画像を海斗に向けて言った。そこには、満面の笑みを浮かべて海斗と若い女性が腕を組んでお洒落な街を歩いている姿が映っていた。スクロールして更に数枚、同じような画像をこれ見よがしに優奈は海斗に見せつけた。
　「あなたを偶然見かけた友達が送ってくれたのよ。浮気してるなんて最低！」。
　「疲れて帰って来るなりうっせぇなぁ。ヘルシー志向よりカロリー志向でブクブク太りやがって、美貌を脂肪に変えるマジシャンか、お前は……」。
　「誰がそうさせたのよ！　毎日毎日、子ども二人抱えて買物行って、献立考えるの大変なの！　なのに、あなたは全然手伝ってくれないし！　私だってストレス溜まるの！　もう離婚よ。二人は私が引き取るから、慰謝料と養育費、ちゃんと払ってよ！」
　「何勝手なこと言ってんだよ！　うちの跡取りはどうなるんだよ」。
　「浮気なんかする人じゃ、子どもの環境に悪いわ」。
　険悪な夫婦喧嘩を心配そうに黙って聞いていた二人の子どもが居間で見ていたTVのCMからは、お茶で有名な佐藤園が募集した川柳が放送されていた。
　「もったいない／夫の服に／柔軟剤／必要なのは／ファブリーズ」。
　「年貢を納めて結婚したが／そろそろ一揆を起こしたい」。
　家族の絆に溢れた美しい日本。その現実は絆を断ち切る家族から成る醜い日本であった。憲法改正によってもそれは何ら変わらなかった。

ショートストーリー　美しい日本の、家族・夫婦・親子という絆

キーワード解説

家族の絆

1 「絆」と「絆し」 「夫婦の協力や責任により家庭を良好に維持し子どもを養育することや親を敬う気持ちを養うことは、常識であり、夫婦や親子の絆、**家族の絆**を大切にすることは、当たり前のことじゃないの？」と読者のみなさんは思うんじゃないでしょうか。私自身、絆が不要と思っているわけではありません。むしろ家族の中に絆がないことの方がおかしいでしょう。夫婦がバラバラだったり互いにいがみ合っていたり、食卓で家族の会話もなく、子どもはスマホ相手に食事していたり、子どもが警察に補導され両親が呼び出されているのに、警察署内でどっちの躾が悪いかで夫婦喧嘩を始めたりなど、どう考えてもこんな家族には絆は感じられませんし、自分の家族がこんなんだったらどうでしょうか。絆という言葉は、満ち溢れんばかりの深い情愛や、相手を思いやる心、暖かさ、温もり、時には相手を思っての厳しさも意味するかもしれません。いずれにせよ、絆には何か良いニュアンスが含まれています。

　ところで、次の漢字は何と読みどういう意味でしょうか。絆し、絆と同じ字を使いながら送り仮名の「し」が付いていますが、分かりますか。これは「ほだし」と読み、行動を束縛する手枷・足枷を意味します。つまり、絆とは真逆のニュアンスを含んでいます。ということは、家族の絆は大切だけれども、家族関係が絆しになることもあり、その場合、絆しは断ち切らないと大変なことになるということです。「家族が束縛なんて信じられない、ましてや家族を断ち切るなんて！」と思うかもしれません。それはたまたまあなたの家族が良好な関係であっただけで、日本国中全ての家族が良好な関係を維持しているわけではありません。みんながみんな、お父さんとお母さんの子どもに生まれてよかった、貴男（貴女）に出会えてよかった、なんて思っているわけではないのです。

2 痛ましいニュース　新聞やテレビで次のようなニュースを見聞きしたことはないですか。夫が妻を、夫婦喧嘩とか「俺の女房に俺がどうしようと俺の勝手だ」と称し、殴ったり蹴ったりしてきたため、漸く離婚して**DV**の夫の下から逃げたと思いきや、今度は**ストーカー**が始まり、警察に相談しようとしていた矢先、その元夫に殺されたとか、元妻の実家に元夫が立て籠もり、親兄弟やその子どもが殺されたとか。ヤンママが幼い子を何日も放ったらかして彼氏と遊びに行っている間に、子どもが餓死していたとか。義理の父親や内縁の

夫が、妻の連れ子を、自分に懐かないことや悪さをしたことに対する躾として、壁や布団に投げつけたとか「根性焼き」をしたという**児童虐待**事件。さらには、近所から羨ましがられる瀟洒(しょうしゃ)な家に住み、高級車を所有し、その子どもたちは勉強もよくできて……、と思われていたのに、「中学の頃から弟の〇〇君、なんだか元気がなくなったわねぇ、小さい頃は『おばちゃんおはよう』なんて元気に挨拶してくれていたのに、最近は下向いてさっと行ってしまって……」、と思っていた矢先に、バスジャック事件を起こしたとか親を殺して家に放火したという**少年犯罪**。なんであの子が……と近所で噂をしていると、週刊誌が競って取材合戦を繰り広げる。弟は家の中で、出来のよい兄といつも比べられ、英語の前置詞が分かってない、数学の因数分解ができないことを詰められ小突かれ、漫画もテレビもゲームも部活も禁止、勉強だけさせられてきたことを恨んでいたとか、テストの成績が悪いと、「お前の人生は終わりだ、負け組人生を行け」「だから母さんに言ったんだ、お前がお腹の中にいる時に、堕せって」。父親からそんな心無い言葉を吐きかけられ続けてきたなど。こちらの事例では、体にこそ傷はありませんが、心は傷だらけのズタズタであることは容易に想像できるでしょう。こういう子どもたちが、学校の美術の時間に造るオブジェは、粘土で作った心臓にカッターの刃が何十箇所も刺さっているものだったりして、教師や友達をドン引きさせたりするのですが、実は傷つき逃げ場を失った内面の表出でもあるのです。日テレのドラマ『ごくせん』でもこれに似た背景の回がありましたが、ドラマの中だけではありません。私の教え子の中には、世間的にいわゆるいい大学に通い、一見したところ何不自由なく親に育てられたと見える今時の学生が、講義のレポートで、「実は自分は……」「私の親は……」、と時々告白してきます。教師としての私を信頼してのことですから、どこの誰かはここで明らかにはしません。私が墓場まで持って行きます。

　痛ましく読むに耐えないでしょうが、屋上屋を重ねて、思春期の少女が、父親を殺したり売春や援助交際あるいは薬物で逮捕・補導された、というニュースはどうでしょう。この背景にも同じような、加えて女性特有の問題が潜んでいます。少女たちがこういう犯罪や逸脱行動に及ぶのは、愛されて育てられるべき家の中で、実の父、義理の父、母親の内縁の男、実の祖父から強姦まがいの**性的虐待**を受けていることが少なくないからです。母親が留守の間にあるいは寝静まった夜中に、これらの男が彼女たちの部屋のベッドに忍び込んできて

> **キーワード解説**

蛮行に及ぶのです。母親に相談できない少女たちはこんな家には帰りたくないのでコンビニや繁華街を深夜徘徊し、そこで優しい顔をした実は怖いお兄さんたちに出会い、信頼して付いてくと、シャブを打たれて中毒になり、覚醒剤のお金を稼ぐために援助交際や売春をさせられるのです。そういう非行に走れない少女たちは、思い余って父親を殺したりします。学校で憲法を習うと、かつて刑法200条では親殺しは死刑か無期懲役刑でしたが、それを憲法違反とした**尊属殺重罰規定違憲判決**を学ぶかもしれません。この事件も、娘さんが父親を殺した背景には今述べたことがありました。北大路欣也主演の『事件』というテレ朝2時間ドラマのある回でも、この問題がプロットでした。

3 絆しの切断 一部ではあってもこうした家族の実態からは、絆とは程遠い現実が見えてきます。夫婦仲良く子どもは親を尊敬してと言えば言うほど、そのような家族でない一部の家族を、周囲は「あり得ない」の一言で片付け、その原因究明を怠らせ、家族の中で苦しむ本当の被害者の救出を遅らせてしまう。周囲から孤立し放ったらかしにされ、一番弱いところにしわ寄せが行くことになります。その最終的な矛先は女性や子どもです。殴るような夫でも仲良く、虐待する親を尊敬しろと言われたって……。ですから、夫婦の協力や責任により家庭を良好に維持し子どもを養育すること、親を敬う気持ちを養うことを憲法で規定するのは、場合によっては、不都合な真実を隠蔽するだけです。不都合な真実なら明るみに出し、本人たちに認識させ解決させることが必要です。自分たちの努力だけで対処できないなら、周囲の力を借りなければなりません。行政や警察、NPOやその他の民間のボランティア団体の力も借りなければならないでしょう。家族が絆ではなく絆しとなってしまった場合には、夫婦・家族水入らずの中にこうした第三者の手が「割り込む」ことで、絆しを切断することが必要です。そうしなければ、最も弱い存在が息苦しい家族の中で生き苦しさを抱えて肉体的にも存在論的にも殺されていくことになるからです。だから、例えば、**児童（子ども）の権利に関する条約**では、「締約国は、児童がその父母の意思に反してその父母から分離されないことを確保する」としつつも、「ただし、その分離が児童の最善の利益のために必要である……場合は、この限りではない。……父母が児童を虐待し若しくは放置する場合……において必要となることがある」（9条1項）としています。

家父長家族

1 家父長論の源流　家族の絆を憲法で国民に命令・強制することは、さらに、天皇陛下を尊敬し陛下のために戦争で死ぬことまでも意味していると言ったら、余りの飛躍に、目をぱちくり、耳を疑い、口はポカ～ン、表情はキョト～ン、ではないでしょうか。

ロバート＝フィルマーという人が17世紀のイギリスにいました。彼は国王陛下万歳の王党主義者（日本なら、天皇陛下万歳の尊皇主義者）で、イギリス国民はそうあるべきだと、『**家父長論（パトリアーカ）**』という論文を書きました。ん？　国王陛下万歳と家父長家族とが何で関係するの？　一方は、16～17世紀の国王が主権者の国家（日本なら、戦前・戦中の天皇主権）の話、他方は、夫・父親が大黒柱で、妻・母親は良妻賢母として父より一歩下がって家事と育児をし、子どもも姉や妹、弟よりも長男が一家の跡取りとして大事にされるという家族の話で、全然話の内容が別じゃないのか。フィルマーはこう考えます。神は、アダムを創りアダムからイブを創った時に、そして、アダムとイブがカインとアベルの兄弟を設けた時に、父・夫アダムに地上の全被造物（人も物も）の支配権を、兄カインに弟アベルの支配権を与えました。イブは妻として、カインとアベルは子として、夫・父のアダムに服従しました。これが後の世代に相続され、国家の王が君父として君権によって国家・人民を所有し、各家族の父・夫が家父長として父権・夫権によって家産と子女を支配しました。こうして、国家において人民は君主に服従し、家族にあっては子女は父・夫に服従し弟は兄に服従する、という形で政治形態と家族形態が繋がったのです。

2 庶民の家族道徳の究極の頂点に天皇家　それってキリスト教の話じゃないの？　確かにそうですが、日本でも事情は同じです。天皇と人々との関係は、道徳的には君臣関係でも、情愛の上では父子関係であるとする「義は君臣、情は父子」という諺があり、主君に対する家臣の忠義と子の親孝行とは根本的には同じで、「**忠孝一本**」と言われました。また、江戸時代の『女大学』という女子教育の書は、父母・夫・舅姑に仕えるべき女性の服従道徳を説いていますし、長幼の序列という年上・目上を尊敬するべき年下・目下の服従道徳の義務は、21世紀の先進国日本で、学校の体育会、職人・芸人、ヤクザ・ヤンキーの世界では未だに通用しています。こうした庶民の家族道徳の究極の頂点

キーワード解説

に天皇家があります。大日本帝国憲法1条は、「大日本帝国ハ万世一系ノ天皇之ヲ統治ス」としていますが、これは日本という国は天皇家が代々相続してきた**家産国家**だということです。その相続は、現在の皇室典範1条でも、「皇位は、皇統に属する男系の男子が、これを承継する」、2条「皇位は、左の順序により、皇族に、これを伝える。　一　皇長子」として、長男優先の**長子相続**です。だから、天皇制とは、庶民の家族の家父長制の、特別な別称でしかないわけです。この意味で、庶民の家族の家父長制を規定する旧民法と大日本帝国憲法の定める天皇制とは、密接不可分に連関します。それらを円滑に連結させるのが『**教育勅語**』です。「我カ臣民克ク忠ニ克ク孝ニ億兆心ヲ一ニ……セルハ此レ我カ國體ノ精華ニシテ教育ノ淵源……此ニ存ス」「爾臣民父母ニ孝ニ兄弟ニ友ニ夫婦相和シ……一旦緩急アレハ義勇公ニ奉シ以テ天壤無窮ノ皇運ヲ扶翼スヘシ」「是ノ如キハ獨リ朕カ忠良ノ臣民タルノミナラス又以テ爾祖先ノ遺風……ハ實ニ我カ皇祖皇宗ノ遺訓ニシテ……之ヲ……朕爾臣民ト倶ニ拳々服膺……センコトヲ庶幾フ」(〔天皇たる〕私の家来たる国民が忠義と孝行の道徳で皆が心を一つにしてきたのは、この国の真髄であり、教育の根本もここにある。汝ら家来国民よ、両親に孝行し、兄弟仲良くし、夫婦は互いに仲睦まじくし、〔この国が〕一旦危機に陥った時には正義と勇気を持ってこの国と私のために尽くし、それによって、永遠なる天皇家の運命に力を尽くしなさい。このことは、ただ単に私の忠実で善良な家来国民だけでなく、汝らの先祖の残した教えは実に天皇家に代々伝わる教えでもあり、これを、私は汝ら家来国民とともに、肝に銘じて常に忘れないでいることを希望する──筆者口語訳)。

3 家族関係で説明される国家の支配服従関係

如何でしょう。夫婦仲良く子は親孝行という家族道徳の延長で天皇への服従を説いていることが、読み取れますね。やっぱり、絆は絆しなのです。

このように、キリスト教と神道という宗教の違い、フィルマーのイギリスと戦前戦中の天皇制支配の日本という国の違いは、特に重要ではありません。洋の東西も時の古今も問わず人間の考えることなんて同じ、国家における支配服従関係を家族関係で説明していたのです。だから、家族のあり方次第では天皇制支配の再来も十分あり得るわけで、両者の間に論理の飛躍はありません。

それでも、子どもは親を敬うのは当たり前だ、近頃の子どもは親の言うことを聞かなくなったから、少年非行など問題ばかり起こしている、と言いたい人

もいるでしょう。普通の家族の中で普通に乳幼児が児童・少年・青年・大人へと成長発達していく過程では、もちろんそうです。私もよく悪戯をして親にも先生にも叱られました。しかし、国家における支配服従関係を家族内での人間の成長で説明することは、絆ではなく絆しへと転化し、人間を苦しめ、最悪の場合命をも失わせることになることに、改めて注意しなければなりません。

　例えばヤクザ。彼らはよく言います。「親分が白い物でも黒と言ったら子分にとっても黒だ」。最近はヤクザ映画は流行らなくなりましたが、『仁義なき戦い』から『極道の妻たち』を経て『静かなるドン』まで、そんな台詞が出てきます。その結果、カチコミ（反目する組への殴込み）やヒットマンに親分が狙われるシーンで必ず出てくるのは、子分が親分の盾（ダンチョキ：防弾チョッキ）になって撃たれる場面です。子どもは親を尊敬し親の言うことを聞け、一般庶民の普通の家族道徳が、裏社会では容易に支配服従関係の道徳へと変質します。

　それはヤクザ社会の話で、俺たちカタギ（表社会の一般人）には関係ないと言いたいですか。でも違います。「剣」による神風特攻隊から「回天」による人間魚雷を経て戦艦「大和」による海上特攻まで、日本人は「天皇陛下の御盾となって」死地に行かされました。なぜなら、忠孝一本、「爾臣民父母ニ孝ニ兄弟ニ友ニ夫婦相和」すことと、「我カ臣民克ク忠ニ克ク孝ニ億兆心ヲ一ニ……一旦緩急アレハ義勇公ニ奉シ以テ天壌無窮ノ皇運ヲ扶翼ス」ることは、一本で繋がっているからです。日本という国は、天皇が親で臣民は子という**家族国家**なので、子＝臣民は親＝天皇を敬い親の言うこと＝命令を聞くのは当然、特攻命令が出れば絶対に行かねば（逝かねば）ならなかったのです。

　子どもを使って親が命を永らえようとする家族がどこにあるのでしょうか。親なら自分の命に代えてでも子どもを守ろうとします。「代われるものなら代わってあげたい」、事件や事故に巻き込まれあるいは病気のため、今まさに命が消えようとしている我が子を見守りつつ、己の無力を思い知らされている親の発する言葉です。それが普通です。ところが、親を敬い親の言うことを聞くという家族の道徳が政治に応用（悪用）されると、子は親のために死なねばなりません。だから、政治家が家族の絆を憲法で国民に命令・強制してくることは、危ないのです。みなさんは、家族を大切に思っているでしょうが、「だから」お国のために死にたいですか。家族の絆とは、やはり、不都合な真実を隠蔽し、それに代えて、支配者・権力者に好都合な価値観を押し付けるものなのです。

キーワード解説

個人の尊厳と両性の平等

1 24条の出発点となる家族観 現在の憲法24条は、「婚姻は、両性の合意のみに基づいて成立し、夫婦が同等の権利を有することを基本として、相互の協力により、維持されなければならない」（1項）、「配偶者の選択、財産権、住居の選定、離婚ならびに婚姻および家族に関するその他の事項に関しては、法律は、個人の尊厳と両性の本質的平等に立脚して、制定されなければならない」（2項）、と規定しています。夫婦相互の協力による婚姻・家族の維持は、自民党改憲案と同じですが、発想の出発点となる家族観や家族像が全く異なります。

元々、24条の原案は当時22歳の**ベアテ・シロタ（・ゴードン）**という若き女性によって起案されました。彼女は父親の仕事の関係で幼少期から10年日本で生活していました。その時日本の家父長家族の中で女性や子どもが如何に虐げられているかを目撃し、その原体験に基づき、世界の憲法も参考にして、さらに、本国アメリカ自体がトルーマン大統領の下で保守化していく中で、自分の母国でも不可能な先進的なものを彼女は起草したのです。天皇家の家産国家、天皇に対する臣民（人々）の**忠孝一本**に基づく家族国家とは、月とスッポン、雲泥の差です。現行憲法では両性の「合意のみ」とあります。男が優れていて女が劣っているから（**男尊女卑**）劣等の女性が優等の男性に従うのではなく、男と女、性別に違いはあれど、人間個人としては価値に違い・優劣はないので、女性が男性の言うことに従わねばならないわけではない。同等だからこそ、一方の申込み（プロポーズ）に対して他方が承諾を与えることで、結婚は成立するのです。人間個人としては価値が同等というのは、2項にあるように、「両性の本質的平等」であり、その根底に「個人の尊厳」があります。だから、日本の伝統的な家族にありがちな夫唱婦随、雌鳥歌えば家滅ぶ、男は外で女は内という男女の**性別役割分業**も、既定・固定ではなく、二人の相互の協力のあり方の「一つ」として、二人で納得の上合意したものでしかありません。**女子差別撤廃条約**は、前文で、「この条約の締約国は、……社会及び家庭における男子の伝統的役割を女子の役割と共に変更することが男女の完全な平等の達成に必要であることを認識し」なければならないとしています。家族が絆しではなく絆であるべきならば、現在の憲法はそこに優劣に基づく支配服従があってはならないと考えています。しかも、単に夫婦二人についてだけでなく、家族に関するその

他の法律も個人の尊厳に基づかねばならないということは、夫婦以外の家族構成員の中にも優劣に基づく支配服従関係を認めない、ということです。

2 個人の尊厳　男女の本質的平等に基づく家族関係だって価値観の押しつけではないのか、と批判したくなるかもしれません。確かに個人主義も一つの価値観ですが、憲法24条の家族像が、13条の個人の生命・自由・幸福追求の尊重を受けて、家族一人ひとりがその人生を自らの意思に従って自分の幸せに向けて全うすることを認めることは、家族をバラバラにさせるのではなく、むしろ幸せな家族の固い絆を保証するのです。親や夫から虐待され、年老いた親の年金を当てにして働きもせずパチンコやキャバクラ通い、高校出て就きたい仕事があっても、大学くらいは出なきゃダメだとかこういう大学でなければダメだとか、結婚するならこういう仕事をしたこういう人でなければならないとか、自分の人生のレールを親が勝手に敷いてしまう家族の中で生きることは、本当にその人にとって幸せでしょうか。いつも夫の機嫌を伺い常に親の顔色を伺っている家族で、本当に寛げるでしょうか。家族の絆の形はいろいろあり、その人の幸せを他人が決めることはできないとしても、みなさんはこのような家族の中で暮らしたいですか、将来結婚してこのような家族を作りたいですか。No！と言うとしたら、それはそのような家族が幸せでも絆でもないからです。

3 多様な婚姻関係　さらに、24条1項が「両性」の合意としていることから、男女間の異性婚を憲法は前提としています。そのため、LGBT（Lesbian, Gay, Bisexual, Transsexual）と言われる**性的マイノリティ**の人たちの結婚は認められない、同性婚を認める法律は憲法違反になるから憲法を改正しなければダメだ、と言う人がいます。苦しむ当事者の主張もあるのですが、一部改憲に誘導するために主張する人もいます。ただ、1項で異性婚を前提としつつ、それとは異なる同姓婚も認める法律を作ったとしても、それは性的マイノリティの人たちの幸福追求を促進するので、個人の尊厳に基づく家族関連法を規定する2項からすれば、何ら問題ありません。そうすると、そのような法律は「日本の」家族を壊すことになると、「日本の」保守派の右翼の人は主張するのですが、実はこうした意見は日本に特徴的なものではありません。キリスト教的異性愛・異性婚に基づく家族を守るため、同性愛行為を禁止する**"ソドミー法"**というものも諸外国にはあります。だから、問題は次の一点次第です。人を苦しめてでも伝統を守るのか、人を苦しめるような伝統は旧来の陋習だから、人を犠牲にすることのな

キーワード解説

いよう新しい試みに挑戦するか。人を苦しめる家族とは何なんでしょうか。家はあってもその中に家庭のない家族とは何なんでしょうか。仮に同性婚を認める法律を作っても、そうでないストレートの人たちに異性婚を禁止し同性婚を強制するわけではありません。異性愛者は依然として異性婚をすればいいだけです。誰も困りません。実際先進国では既に、同性愛者の事実婚や法律婚を認める**シビル・ユニオン法**や**パックス法**、**同性婚法**を制定しています。

同じことは**夫婦別姓選択制**についても言えます。民法750条は、性別に中立的に、**夫婦同氏制**を規定しています。しかし、事実上妻の方が夫の氏に変更せざるを得ない状況です。苗字を変更することの不利益や手間の煩雑さ、これまで培ってきたアイデンティティの喪失は、女性のみが負担せざるを得ません。従って、夫婦別姓「選択制」を採用すれば、事実上苗字の変更を強制されている女性にとって生きやすくなる上に、結婚によって苗字が変わることに家族や夫婦としての絆を見出す人はこれまで通りで構いません。誰も犠牲になりません。この他に、婚姻年齢に男女の差異を設ける民法731条や女性にだけ6カ月の**再婚禁止期間**を規定する民法733条も、同じ問題を含んでいます。

このように、個人の尊厳、男女の本質的平等に基づく家族を促進し、それを妨げる障害を取り除く法律を作りさえすれば、別に憲法を改正して政治家が家族の絆を強制しなくても、夫婦仲良く子育てに責任を持ち、子は自然と親を尊敬するようになり、そのような家族の絆は、絆しに変わることなく、堅いものとなるでしょう。人間は無人島に独りで生きているわけでありません。他人とともに国家や家族、その他の社会関係を形成している一人ひとりの**かけがえのない個人**が生きているのです。その時、国家や家族という器の維持のみに汲々とするのか、器の中身の一人ひとりの人間を大切にするのか。現在の憲法は、日本の伝統的な家さえ存続すればそれでいい、とは考えていません。親密な共同生活空間の中で生きる一人ひとりの幸せを考えています。家族の絆とか親を敬うとか男は外で働き女は家庭を守るという家族の特定のあり方は、素晴らしいことですが、政治家や権力者の側が言ってきたら要注意です。何故なら、

① 家族は絆だけれども、絆しという実態もあるから。
② 家族の絆を政治に応用する発想は、権力者に下心や二心があるから。
③ 家族は個人の幸せのためにあるから。

（井上知樹）

> Column 憲法ワンポイント知識

現代版『楢山節考』——恩と怨(おんとおん)の間で

「お父さん、お母さん、今日まで育ててくれてありがとう。お父さんとお母さんの子どもに生まれて、本当に良かった」。これは、結婚式の披露宴で新婦が両親に宛てて読む手紙の常套句ですが、必ず出席者の涙を誘うものです。親に対する報恩の情が日本人の琴線に触れるのだと思います。

第7章では家族の絆は絆(ほだ)しであると述べましたが、このコラムでは、親に対して子が感じる「育ててもらった恩」に着目します。というのも、この「恩」も権力者や政治家が語る場合にはトラップになり、その罠に引っかかると人生を破滅させる危険性さえあるからです。

介護保険財政が行き詰まる中、介護の「家族回帰」を促進するために、親子の情愛、育ててもらった恩を権力者が利用する構図が見えます。その典型が自民党改憲案です。家族の助け合いや親を敬う気持ちを憲法で国民に強制し、国は福祉から手を引き家族に丸投げ、という発想です。国民側はこれに正面切って逆らうことは難しいものです。親を蔑ろにすることになるからです。その結果、生真面目な国民は、老親介護を家族内で自分の手で担おうとしますが、必ずしわ寄せがどこかに向います。

まずは、実の娘や息子の嫁という女性にほぼ確実にしわ寄せが行きます。仕事中に介護施設の職員に呼び出されたり、夕食を作るためにデートを早々に切り上げて帰宅したり、そのため、仕事も辞め結婚適齢期を逃し、老親を介護する毎日になります。募る不満は親に対する暴言や虐待となって噴出します。息子の嫁ならなお大変です。仕事を辞め家に入っても、「義理」の娘である以上、溜まる不満の捌け口がない分、夫の親に憎しみを感じ、介護に非協力的な夫にも怒りを感じるようになります。実の息子の場合、ニュースになるような高齢者虐待「死」事件の多くは、彼らが引き起こしています。

お偉いさんが国民を管理支配するために、親に対する報恩を強制しても、我々一般庶民は人間です。精神的にも肉体的にも経済的にも疲弊して、追い込まれ背に腹はかえられなくなれば、不承不承にも魔が差して、怨から思わぬ行動に出るものです。深沢七郎の『楢山節考』の世界がこの現代日本で歪んだ形で再現しているのです。

(井上知樹)

第8章 職場に憲法なし

●勤労の権利

第27条〜28条、第30条

キーワード 勤労権・労働基本権、ブラック企業、規制緩和

ショートストーリー 久しぶりの再会

　2019年3月、小泉晋三は浮かない顔で居酒屋の個室にいた。
　朝は6時30分には家を出て、夜中を過ぎて家に帰るのが当たり前の生活になっていた。
　正直、体はかなりきつい。
　仕事中、目まいがすることも多く、疲れ果てて電車を乗り過ごすことも少なくない。
　こうした生活で給料でも高ければまだ救われるかもしれない。
　しかし、晋三の働く会社は小さい企業で、給料は40歳で手取り30万円程度。
　ボーナスも夏と冬に1カ月分だけ。
　残業しても、残業手当は全く出ない。
　それでも周りの友人からは、「いいな、お前は正社員で。俺は非正規社員だから月の給料は手取りで20万程度だし、ボーナスもない。出世頭だ」などと言われると「そうかな？」と思ってしまう。
　しかし、体の疲れは半端じゃない。こんな状況ではいつか体を壊す。
　そう思いつつも、居酒屋にいる晋三は気分を変えようとしていた。
　大学を卒業して以来、久しぶりに親友の石原俊雄に会えるのだ。
　俊雄とは笑顔で昔の思い出話などを語りあいたい。
　そう思い直そうとしていた時、石原俊雄が「晋三、久しぶり」と笑顔で部屋に入ってきた。

しかし、晋三は俊雄を見て仰天した！

声で俊雄だと分かったが、頭ははげているし、歯も欠けている。

学生時代、甘いマスクで女性にもてた俊雄の面影は全くない……。

そうした晋三の心の声を察したのだろう。俊雄は「この顔か、実は」と話を切り出した。

俊雄も大学を出て就職したが、そこの社長のパワハラがひどく、3カ月で仕事を辞めた。

その後も仕事を探したが、2015年10月に消費税が10%になったことで中小企業の倒産が増え、非正規社員がますます増えた。

ハローワークで正社員の職を探したけど、ひどい条件の仕事しかなかった。

正社員の職もなく、ふらふらしていると、やくざのような男から「いい仕事があるよ」と誘われたのが原発内の労働であった。

そして原発の定期検査中、1時間ほど放射能を雑巾で拭きとる作業をしただけで5ミリシーベルトのヒバクをしていた。

その後、髪の毛は抜けおち、歯も欠けてしまい、倦怠感に襲われた。

こうした症状は「原発ブラブラ病」と言われるのだという。

体がこんな状況になったのは、原発労働のせいだとして俊雄は会社を訴えようとした。

ところが裁判を断念せざるを得なかった。

というのも、病院に行って診察をしても「異常なし」とのことだった。

あとで事情を知ったのだが、「異常なし」との診断をするように医師には100万円の「謝礼」を渡されていた。その医師は後日、自責の念に駆られて自殺した。

さらには俊雄の家族が暴力団員に脅されたため、裁判を諦めた。

原発があるところでは「原発反対」の運動があるが、そうした反対運動をする人を暴力団員が脅したり、さまざまな嫌がらせを受けることは普通だという。

何もなかったかのように俊雄は話すが、聞けば聞くほど晋三は辛くなった。

「自分も辛いけど、俊雄に比べれば大したことはない」。

晋三はこう自分を慰めていた。

＊俊雄ですが、実際の原発労働者の事例をほとんどそのままストーリーにしています（樋口健二『環境破壊の衝撃1966-2007』〔新風舎文庫、2007年〕193頁）。

ショートストーリー　久しぶりの再会

> キーワード解説

勤労権・労働基本権

1 勤労の権利・労働基本権が必要？ 憲法27条2項では「賃金、就業時間、休息その他の勤労条件に関する基準は、法律でこれを定める」という**勤労条件法定主義**が採用されています。19世紀の**消極国家・夜警国家**の下では、合理的な判断のできる人は自分に不利な契約をするはずがないので、契約は各個人に任せればよいとされました（**契約の自由**）。私人間の契約に国家が介入することは、個人が自分に有利な契約をする機会を奪い、個人の自由を侵害すると考えられてきました。ところがこうした考え方は現実的でないと思われるようになりました。みなさんがアルバイトや就職の面接に行ったとき、使用者から提示された金額をみて「時給をもっと上げてほしい」「給料が安いからもっと給料を上げてほしい」と言えるでしょうか。

「時給をもっとあげてほしい」などと思っていても、実際に契約をするときに使用者に言うのはなかなか難しいのではないでしょうか。現在でも、たとえば正規社員になろうとすれば、給料や勤務時間などについてかなり不満だと思ったとしても、企業の提示した条件を受け入れてしまうのが現実ではないでしょうか。19世紀もそうでした。労働者は職を得なければ生活できないので、どんなに不利な契約であっても資本家の提示する条件で契約せざるを得ませんでした。その結果、たとえばフランスでは、両親と子ども2人で1年間に必要な経費が860フランだったのに対し、労働者の平均賃金は1日15時間働いても2フランしか稼げませんでした。こうした長時間の劣悪、低賃金労働の結果、ナポレオンが戦争をしていた1806年でもフランス人の平均寿命は28歳だったのに、産業革命が峠にさしかかる1840年には平均寿命が20歳にまで下がったとのことです（杉原泰雄『憲法の歴史』〔岩波書店、1996年〕130〜140頁）。人間らしい生活を送ることができないのは、個人が怠け者でも能力がないからでもなく、給料や労働時間がどんなにひどい内容であっても、労働者は使用者が提示した条件を受け入れなければならない状態に置かれたためであることが明らかになってきたのです。そこで憲法では、「人間に値する生存」を確保するために「賃金、就業時間、休息その他の勤労条件に関する基準」を法律で定めるべきと定められています（この点についてはあとで紹介します）。

また、労働現場で子どもが酷使された歴史的反省を踏まえ、憲法27条3項で

は「児童は、これを酷使してはならない」と規定されています。憲法28条では「勤労者の団結する権利及び団体交渉その他の団体行動をする権利は、これを保障する」と定められています。労働者が給料や労働時間などに関してひとりで使用者と交渉するのはとても大変です。そこで労働者が実質的に対等な立場で交渉できるようにする労働基本権が憲法28条で保障されています。労働基本権の具体的内容を紹介すると、労働者が団体を結成したり、そうした団体に加入する団結権、労働組合が代表者を通じて、給料や勤務形態などの労働条件について使用者と交渉する団体交渉権、ストライキ等の争議行動をする争議権（団体行動権）が憲法上の権利として認められています。

2 どのような法律？
では労働者の地位を守るために、どのようなことが法律で定められているのでしょうか。

まずは**労働基準法（労基法）**を紹介します。憲法27条2項を具体化する労基法は「人たるに値する生活」（労基法1条）を労働者に保障することを目的としています。そのため、たとえば給料ですが、労基法28条では「賃金の最低基準に関しては、**最低賃金法**（昭和34年法律第137号）の定めるところによる」とされています。「賃金の低廉な労働者について、賃金の最低額を保障することにより、労働条件の改善を図り、もつて、労働者の生活の安定」などを目的とする最低賃金法では、たとえば「使用者は、最低賃金の適用を受ける労働者に対し、その最低賃金額以上の賃金を支払わなければならない」（4条1項）と定められています。給料の差別もなくすため、労基法3条では「使用者は、労働者の国籍、信条又は社会的身分を理由として、賃金、労働時間その他の労働条件について、差別的取扱をしてはならない」とされています。労基法4条では「使用者は、労働者が女性であることを理由として、賃金について、男性と差別的取扱いをしてはならない」と**男女同一賃金の原則**が定められています。

労働時間などについてですが、労基法32条1項では「使用者は、最低賃金の適用を受ける労働者に対し、その最低賃金額以上の賃金を支払わなければならない」、2項では「使用者は、1週間の各日については、労働者に、休憩時間を除き1日について8時間を超えて、労働させてはならない」と定められています。休憩時間に関しては「使用者は、労働時間が6時間を超える場合においては少くとも45分、8時間を超える場合においては少くとも1時間の休憩時間を労働時間の途中に与えなければならない」（34条1項）と定められています。

キーワード解説

　つぎに、会社を辞めた場合について紹介します。「労働者が失業した場合及び労働者について雇用の継続が困難となる事由が生じた場合に必要な給付を行う」（雇用保険法1条）ことなどを目的とする**雇用保険法**では、一定の要件を満たせば失業した際に失業給付金を受け取ることができます。私も働いていた会社が倒産したことがありますが、その際には1カ月後から失業給付金を受け取ることができ、大変助かった覚えがあります。自己都合で退職した場合には原則として3カ月後から「失業給付金」を受け取ることができます。

　最後に職場での**セクシュアル・ハラスメント**についても「事業主は、職場において行われる性的な言動に対するその雇用する女性労働者の対応により当該女性労働者がその労働条件につき不利益を受け、又は当該性的な言動により当該女性労働者の就業環境が害されることのないよう雇用管理上必要な配慮をしなければならない」（男女雇用機会均等法21条）とされ、いわゆるセクハラを受けないで、良好な職場環境を維持することが事業主の義務とされています。日本で最初にセクシュアル・ハラスメントの違法性が本格的に争われた「**福岡セクシュアル・ハラスメント事件**」（福岡地判1998年4月16日）をはじめとして、セクハラで企業の責任が問われる事例があります。

3 自民党改憲案　労働者の基本権ですが、自民党改憲案では「公務員については、全体の奉仕者であることに鑑み、法律の定めるところにより、前項に規定する権利の全部又は一部を制限することができる」とされています。いまの憲法では、労働者が使用者と実質的に対等な立場で交渉できるようにする権利として、労働者が団体を結成したり、そうした団体に加入する「**団結権**」、労働組合が代表者を通じて労働条件について使用者と交渉する「**団体交渉権**」、ストライキ等の争議行動をする「**争議権**」（「団体行動権」）が憲法上の権利として認められています。しかし、警察や消防などの公務員には「団結権」すら認められないなど、先進諸国といわれる国では考えられないほど公務員の労働基本権は制限されてきましたし、憲法学説でも批判されてきました。自民党改憲案のような憲法改正が実現すれば、公務員の労働基本権が認められないという状態が憲法的にも正当なものとされます。

ブラック企業

1 過労死　ただ、実際は憲法や労働法の理念が守られてはおらず、「職場に憲法なし」という状況が長い間、続いてきました。最近、ブラック企業という言葉をよく聞くかもしれませんが、「**ブラック企業**」は最近になって発生したわけではありません。昔からありました。**サービス残業・セクハラ**などは当たり前の状況になっています。

　2008年、全国的に展開している有名な居酒屋で1カ月の間に141時間の残業をさせられたことが原因で、入社して2カ月の26歳の女性が自殺しました。2010年にも、1カ月で200時間のサービス残業、家に帰れずに店で寝泊まりしていた東京のステーキ店の24歳の店長が自殺しました。「過労死」は国際語にすらなっている状況です。こうした長時間残業、残業をしても賃金を払わない「サービス残業」も当たり前のように行われています。「**労災隠し**」なども問題になっています。2014年6月28日、厚生労働省は労働災害の請求件数、認定件数を発表しました。職場でのストレスや「パワハラ」などで発病した場合にも「労災」が認められますが、2013年度には「うつ病」などの「心の病」で労災請求をした人は1400人を超えました。436人が「労災」認定され、自殺者や自殺未遂者が63人もいました。

　また、「くも膜下出血」や「心筋梗塞」など、「脳・心臓疾患」で労災認定された人も306人もおり、133人が死亡しています。「脳・心臓疾患」で労災認定された人は3年連続で300人を超えています。

　そして労災認定された人ですが、8割以上が「過労死の危険ライン」とされる月80時間以上の残業をすることを余儀なくされていました。労働者が「サービス残業」の「**未払賃金**」を求める交渉を使用者としようすると、被害を受けた労働者への脅しのために弁護士が企業側の交渉人として登場し、挙げ句の果てには企業から訴訟を起こす「**恫喝的訴訟**」すらあります。

2 ブラック企業対策　労働基準法で定められた労働時間（1日8時間または週40時間）以上の労働があった場合、企業は「2割5分以上」、1カ月で60時間以上の残業をした場合、60時間を超えた分については「5割以上」の割増賃金を払わなければなりません（労基法37条1項）。そうした残業代を支払わない場合、「未払賃金」となります。

キーワード解説

　未払賃金の請求をする人はほとんどいませんが、請求した事例もあります。ここでは**労働基準監督署**、**労働組合**、裁判という手段を紹介します。

　未払賃金などの支払いを受けるため、労働基準監督署（労基署）へ申告をして未払賃金の支払いを求めることができます。労基署は企業に対して調査、指導、勧告をおこないます。労働基準監督官は警察と同様に、逮捕、送検する権限があります。未払賃金を払わないことは犯罪であり、送検されれば「6箇月以下の懲役又は30万円以下の罰金」（労基法119条）の可能性が出ます。労基署からの指導が入れば、通常、企業は残業代を払うことになります。

　つぎに、労働組合を通じての対応を紹介します。労働組合は賃金未払等に関して企業に団体交渉を要求します。労働組合から「団体交渉」を申し込まれれば、企業は拒むことができません（労働組合法7条）。労働組合は団体交渉を通じて残業代が支払われていない場合には証拠を示して支払いを求めたり、違法な解雇があれば撤回や賠償金の支払いを交渉します。ふつう労働者は労働問題に関する知識もなく、1人で企業と交渉するのはとても大変ですが、労働組合は労働問題に関する専門的なノウハウをもっています。地域の**ユニオン**には一人でも加盟できます。たとえば安全面で疑問を呈した原発労働者が解雇された事例ですが、労働組合に相談し、組合と会社との団体交渉の結果、雇用保険に遡及的に加入することが認められ、解決金160万円を勝ち取った事例もあります（日本弁護士連合会編『岩波ブックレット　検証　原発労働』〔岩波書店、2012年〕33〜34頁）。

　最後に紹介する手段は裁判です。労基署の権限は大きいですが、未払賃金の支払いを企業に強制することはできません。そこで企業が労基署の要求を無視した場合、労働組合による解決か裁判という手段になります。裁判になった場合には未払賃金と同一額の「付加金」の請求、つまり「未払賃金」の2倍の請求ができます（労基法114条）。「付加金」以外に遅延賠償金も発生しますので、実際の請求額はより高額になります。2009年6月、元力士が関わる飲食店での未払いの裁判で、元従業員6人に対して合計2600万円の支払いを命じる判決が京都地方裁判所で言い渡されています。

3 原発労働者

「ひどい労働」といえば、「**原発労働者**」もそうです。電力会社からは5万円〜10万円ほど支払われているにもかかわらず、原発→元請け→下請け→孫請け→ひ孫請け→親方（暴力団を含む）→日雇い労働者（農民、漁

民、被差別部落民、大都市寄せ場など）といった、何重にもわたる「ピンはね」のため、実際に原発労働者が受け取る賃金は7000円〜1万3000円程度でしかありません。

　原発を稼働させるに際しては、除染や廃棄物の運搬、配管のさび取りなどの作業は直接人が行わなければならず、そうした作業をおこなう原発労働者はヒバクします。一般の人が1年間に浴びることが法令で認められている量は1ミリシーベルトですが、原発労働者は5年間の平均で20ミリシーベルトとされています。一般の人よりもかなり高い基準です。こうしたヒバクが原因で、原発労働者は将来がんや白血病にかかる確率が高くなります。一定量以上の放射線を浴びると作業ができないことから、企業は正社員ではなく非正規社員を採用しています。そのため、企業は原発労働者を健康保険や雇用保険、厚生年金などの社会保険に加入させないのが通常です。外国人労働者や、暴力団員が3人の高校生を働かせてピンハネしていたこともあります。そして今までに数十万人もの原発労働者が「ヒバク」しています。

　原発事故が起これば原発周辺の住民の「生存権」（25条）や「幸福追求権」（13条）、「財産権」（29条）や「職業選択・営業の自由」（22条）、「環境権」（13条、25条）が侵害されることは福島第一原発事故が証明しましたが、原発が個人の生命や健康を脅かすのは事故の時だけではありません。ここで紹介したように、原発を稼働させれば原発労働者の生命と健康はつねに危険にさらされます。福島第一原発事故以降、原発労働者の問題も一般的に知られるようになりましたが、それでも法に反する労働がなされています。たとえば2013年10月、福島県の富岡労働基準監督署は元請けの東芝やその下請け企業18社に対し、労働基準法違反で是正勧告を出しました。原発での労働はかならず「ヒバク」するため、たとえ労働者と使用者が合意したとしても、通常の8時間のほかは2時間の残業しか認められていません。ところが、福島第一原発事故の現場責任者は、9時間半でアラームが鳴るように設定されている「線量計」をいったん管理施設に返却させたのち、再び線量計を労働者に渡して仕事をさせました。憲法的に言えば、「個人の尊厳」（13条）も否定され、生命や健康も脅かされ、「生存権」を侵害されているのが「原発労働者」です。

> キーワード解説

規制緩和

1 規制緩和の流れ　労働法による規制は労働者を守るためであり、労働法の規制を緩和することは労働者に不利になる場合があります。たとえば「契約の自由」を前提とすれば、「労働契約」は企業と労働者が自由に交渉して決めればよいとされます。しかし、企業と労働者は実際には対等ではなく、企業と労働者の当事者だけで契約内容を決めるのでは、労働者に不利な内容になる可能性が高くなります。雇用の形態で言えば、企業にとって都合のよい**非正規社員**が増える可能性が高くなります。非正規社員の状態では十分な賃金を得ることができず、「人間に値する生活」を送ることができない状況におかれるかもしれません。だからこそ、アジア・太平洋戦争後の日本では**企業の直接雇用**が原則とされました。そして「**労働者派遣制度**」は、派遣業者により中間搾取がなされること、労働者の収入が低下し、雇用が不安定になり、正社員と派遣労働者の差別をもたらすなどの理由で、「中間搾取の排除」(労働基準法6条)や「労働者供給事業の禁止」(職業安定法44条)といった規制がなされてきました。ところが1985年の「**労働者派遣法**」の成立以降、労働者を直接雇用すべきという「規制」が次々と緩和されてきました。そして企業は利益のため、正社員でなく派遣社員や非正規社員を採用するようになりました。とりわけ小泉内閣での「構造改革」「規制緩和」「民営化」の結果、こうした傾向に拍車がかかりました。たとえば2003年の労働者派遣法の改正により、1年の派遣期間が3年に延長され、製造業についても正規社員でなく、派遣社員で採用することも可能になりました。

　こうした規制緩和の結果、女性労働者の半分以上、25歳以下の労働者の約半分が非正規社員になりました。非正規社員は正規社員よりも給料は格段に低く、年収200万円以下の者も少なくありません。「格差問題」が顕在化し、一生懸命働いても、生活保護を受けている世帯よりも収入が低い**ワーキング・プア(働く貧困層)**や**ネットカフェ難民**が問題にされるようになりました。2013年9月に国税庁が発表した「平成24年分　民間給与実態統計調査」では、年収200万円以下の人は1000万人を超え、非正規社員の平均所得は168万円と発表されました。平均すれば、1カ月14万円の給料です。これで生活をして、将来に向けて貯金などができるでしょうか。たとえば男性のみなさんに考えてほしいで

すが、月14万円の給料しか稼げない状況で、ためらうことなく女性にプロポーズできるでしょうか。今度は女性のみなさんに聞いてみたいですが、相手の男性の年収が168万円、月14万円の給料と聞いた際、男性が好きだから結婚すると無条件で答えられるでしょうか。自分の親家族を説得させられるでしょうか。いま、日本社会では「少子化」が問題となっていますが、教育費にも多くの費用がかかると言われている現在、「子どもを2人生んで育てる」などと言えるでしょうか。

篠原涼子さんが主演するドラマ「ハケンの品格」を書いた脚本家である中園ミホさんは、「多くの派遣社員を取材したが、現実はあまりにも悲惨で深刻だった」ことを踏まえ、「彼女たちは一見、明るく、たくましく、けなげに頑張っている。でも本当は叫び出したいくらい不安を感じている。だから制作発表で思わず『安倍首相にぜひ見て欲しい』と言ったんです」と言っています(『朝日新聞』2007年7月14日付)。

実際、2008年の「リーマンショック」後には**派遣切り**が問題となりました。正社員と違い、派遣社員は会社の都合で簡単に解雇されました。企業からすれば「派遣社員」はまさに「使い捨て」でしかなく、「個人の尊厳」(13条)などは考慮されませんでした。

そこで2012年、民主党政権の下では「日雇い派遣の原則禁止」や「労働契約申し込みのみなし制度」など、派遣労働者の雇用安定と処遇改善に向けた法改正がなされました。

ところが第2次安倍内閣では、ふたたび労働法分野での「規制緩和」「構造改革」がすすめられようとしています。成長戦略との名目で審議を行なっている「産業競争力会議」では、安倍首相が議長の下で「限定正社員」や正社員の解雇をしやすくする「解雇規制緩和」などが検討されています。「労働者派遣法」の分野でも、通訳などの専門26業務以外では上限を3年とされている現在の規制を緩和して無制限に企業が派遣社員を採用できるようにしたり、どんな仕事でも派遣労働者に任せることができるようにすることが目指されています。こうした「労働者派遣法」の改正がなされれば、ますます派遣社員が増える可能性が出ます。

いま、いろいろな業種で「非正規社員」が増大していますが、こうした流れは政治、とりわけ小泉、第1次安倍内閣の下で作られました。その結果、「非正

> **キーワード解説**

規社員」が増大し、「働けど働けどわが暮らしよくならず」という状況が生じるようになりました。みなさんが正規社員として就職できないとしたら、「直接雇用の原則」の規制緩和をしてきた、小泉、第1次安倍自公政権の政策が一因です。途中で安倍首相が退陣したために実現はしませんでしたが、第1次安倍内閣、舛添要一厚生労働大臣の時、いくら残業をしても企業が残業代を払わなくてもよくなる「**ホワイトカラー・エグゼンプション**」制度を導入することも検討されていました。この「ホワイトカラー・エグゼンプション」を「家族団らん法」「早く帰ろう法」などと言っていましたが、メディアなどで「残業代ゼロ法」「過労死促進法」との批判を受けて断念しました。しかし第2次安倍内閣の下でも、2014年4月22日、安倍首相自身が座長を務める政府の産業競争力会議が再び「ホワイトカラー・エグゼンプション」の導入を提言しました。

　こうした政治、みなさんはどう考えますか？　自分たちの労働状況、ひいては「人間に値する生存」を守るためには、主権者として選挙などで適切な意志表示することが必要です。

2 自民党改憲案と労働者の権利　2012年4月、自民党は「日本国憲法改正草案」（自民党改憲案）を発表しました。もし憲法改正によりこの草案が実現されればどのような状況が生じる可能性があるでしょうか。

　まず、「財政の健全性は、法律の定めるところにより、確保されなければならない」（自民党改憲案83条2項）との規定です。小泉・安倍政権では「財政の健全性」の名目で「**構造改革**」「**規制緩和**」「**民営化**」が進められてきました。そうした「構造改革」「規制緩和」「民営化」のため、日本社会に「非正規社員」が増大してきました。83条のような規定が導入されれば、「財政の健全化」を名目として、労働者を保護してきた法律の規制を緩和し、ますます労働者の条件が悪くなったり、非正規社員を増加させるような政策を進めることが憲法的にも許されることになります。

　こうした政治をどう考えますか？

参考文献　日本弁護士連合会編『岩波ブックレット　検証　原発労働』岩波書店、2012年
　　　　　福澤徹三『もうブラック企業しか入れない』幻冬舎新書、2013年
　　　　　今野晴貴『ブラック企業ビジネス』朝日新聞社、2013年

（飯島滋明）

> Column 憲法ワンポイント知識

ホワイトカラー・エグゼンプションとは?

労働基準法では、原則として1日8時間、1週間に40時間という労働時間の規制がなされています。こうした労働時間の規制を緩和し、働いた時間に関係なく賃金を支払う制度が「ホワイトカラー・エグゼンプション」です。2014年5月23日、田村憲久厚生労働大臣は記者会見で「成果をしっかり測ることができるのであれば、効率的に働けばワーク・ライフ・バランスが良くなる」と発言しています。

ただ、「ホワイトカラー・エグゼンプション」には反対論も根強くあります。最近のメディアでも「『残業代ゼロ』導入検討」(『産経新聞』2014年5月23日付)と言われているように、「ホワイトカラー・エグゼンプション」が導入されれば、長時間働かされても残業代も支払われないことになります。ただでさえ、今の日本は長時間働かされても残業代が支払われないことが多く、「未払賃金」「ブラック企業」「過労死」が社会問題になっています。「ホワイトカラー・エグゼンプション」が導入されれば、「長時間労働」「過労死」がますます増える可能性が出ると、「ホワイトカラー・エグゼンプション」に反対する人は主張します。「ホワイトカラー・エグゼンプション」の導入に賛成する人は、「効率よく働けば自由な時間が多くなる」などと主張します。しかし労働者が仕事の量を決められるわけではありません。結局、普通の人であれば8時間では処理できない量の仕事を企業から押し付けられ、長時間労働をせざるを得ない状況に置かれる可能性があります。そうした状況になっても、「本人に能力がないから長時間働くことになった」とされ、残業代が支払われないことになります。

安倍首相は「ホワイトカラー・エグゼンプション」の導入に積極的であり、第1次安倍内閣の時にも導入を目指しました。その時には「残業代ゼロ法」「過労死促進法」などと批判され、法案の提出を断念しました。しかし第2次安倍内閣は、2015年の通常国会で労働基準法の改正案を提出し、「ホワイトカラー・エグゼンプション」の導入を目指しています。人間らしい働き方のできる「労働環境」を守るためにも、私たちは政治に真摯に向き合うことが必要です。

(飯島滋明)

第9章 学問と教育は誰のもの？

● 学問の自由・教育を受ける権利

第23条、第26条

キーワード 学問の自由、教育を受ける権利（教育権）、「教育改革」「大学改革」

ショートストーリー　ある大学教授の午後

　時は2035年、憲川（のりかわ）は、東京郊外のある私立大学の「インターナショナル現代アーバン情報文化ウェルフェア学部・21世紀グローバル人材プロフェッショナルキャリア養成学科」教授である。所属を書く時はいつも「記入欄、小さ過ぎ！」と心の中で叫ぶ。ちなみに彼自身は「文学部」出身、学歴を書くのは楽である。

　さて、今日の午後最初の講義は、一年生を対象とした「入門演習」である。受講生は5人しかいないので、いつも憲川の研究室でくつろいだ雰囲気でやっている。今年の新入生たちは、原則全員が中学一年次から毎年の全国学力テスト受験を義務づけられた最初の世代である。これと同名のテストは以前からあったが、今は校内だけではなく、都道府県別、さらには全国レベルでの順位や偏差値が一目でわかるようになっている。そして、そのデータは、高校での進路指導はもちろん、大学入学者の選抜、さらには入学後の学生指導にも用いられている。

　ゼミが終わって学生たちが帰った後、憲川は早速パソコンに向かった。いろいろと仕事が溜っているのである。仕事とは何か。締切日を1カ月過ぎた原稿が2本あるが、それは後回しである（と言ったら編集者が激怒するから、間違っても口には出さない）。まず片づけなければならないのは、この一年間の大学の教育実践の自己評価報告書である。それも、「地元産業界との連携をいかに意識し、講義に取り入れ、かつ成果を挙げたか」という観点から評価しなければならない。この負担がハンパじゃない。感覚的には、講義の準備の数倍の労力を要する。

　しかも、これは「自己」評価といいつつも、事実上の強制である。というのも、こ

の報告書を提出しないと、国からの様々な補助金が受け取れないからである。それなら「自己」の二文字を削ればよさそうなものだが、「大学の自治」とやらのせいで、タテマエとしては大学の「自発的」な取組みということにしなければならないらしい。しかし、その「大学の自治」とは何なのかよく知らないし、同僚や先輩の研究者たちから聞かされたこともない。いずれにせよ、「自発性を強いられる主体」なんて、学生時代に読んだフーコー（フランスの哲学者）の近代批判を思い出すな——そんなことを考えつつ、憲川は一つため息をついた。

　ところで、今日の夕方には「大学マネジメント改革会議」の予定が入っている。「改革」か。——思えば、自分は大学教員になってからずっと「改革」をやっているような気がする——憲川が学生の頃、よく指導教授が「最近は大学改革の仕事ばかりで、研究や教育に専念できない」と愚痴をこぼしていた。それから30年以上経ったのに、日本の大学ではまだ改革が続いているのである。永続改革。まるで、走り続けないと倒れる自転車のようだ。ここで憲川は、学生時代に読んだトロツキー（旧ソ連の政治家）の「永続革命論」を連想し、ひとり苦笑した。

　その時、研究室のドアをノックする音が聞こえた。「どうぞ」と言うと、一人の若い男性警察官が顔をのぞかせた。一時間くらい前に女子学生がキャンパス内で不審者から声をかけられたので、念のため研究棟を巡回しているのだという。昨年キャンパス内に設置された交番に配属されている警察官である。職員や学生たちからは概ね好評で、しかも、警視庁が推進する「キャンパス犯罪撲滅作戦」協力の見返りとして都から助成金も交付されているので、大学側の負担は実質ゼロである。大学正門横の掲示板には、地元の警察署長と学長がニコニコしながら握手する写真のポスターが、色褪せながらもまだ貼られたままになっている。

　そうこうしているうちに、例の改革会議の時間となった。この会議には、「学外有識者」として地元企業の経営者や自治体職員も出席している。以前、ある経営者が「今の時代、教養程度としてはよいかもしれませんが、大学生が文学を専門に学ぶ意味って何かあるんでしょうかね？」と発言していた。——文学の意義を教養「程度」にしか認識しない企業人が増えたら、いよいよ日本は滅びるな。いや、もう滅びつつあるか——。「企業を見習って大学もコスト感覚を持て」「企業を見習って大学もトップダウンで事業を進めろ」……会議の中身は、いつも大体こんな感じになる。憲川はまた一つため息をついた。

> **キーワード解説**

学問の自由

1 大学の現状　以上のショートストーリーを読んで、みなさんはどう思ったでしょうか。ここに登場する「文学の意義を教養『程度』にしか認識しない」企業人とは、少なくとも筆者は直接会ったことはありません。しかしながら、このストーリーはまったく根拠のないデタラメな予測、妄想というわけでもなく、実は部分的に現実化しています。いま日本の大学、そして教育現場では何が起き、そして、どこに向かっているのでしょうか。

　まず、**大学**の法律上の定義を確認しておきましょう。それは「学術の中心として、広く知識を授けるとともに、深く専門の学芸を教授研究し、知的、道徳的及び応用的能力を展開させることを目的とする」機関のことです（学校教育法83条1項）。ここでいう「学芸」、つまり学問とは真理を探究する営為のことであり、個人の人格形成にも社会の発展にも不可欠なものですが、それには自由な研究や教授の保障が欠かせません。つまり、国家や大企業、宗教といったあらゆる権力や権威から自由であることが学問の条件だと言えるのです。逆に、学者たちが国家や大企業と連むと何が起きるか、最近の事例としては、いわゆる「**原子力ムラ**」を想起すれば明らかでしょう。

2 明治憲法下の「学問の自由」　しかしながら学問は、しばしば既存の考え方や常識に疑問を提起し、それらを克服しようとするため、時の権力や多数派から危険視され、さらには禁止されることさえあります。実際、日本国憲法と異なり、明治憲法には「学問の自由」を保障する条文はなく、戦前の大学での学問研究に対しては国家権力から様々な形で干渉がなされ、時には弾圧も加えられたのです。その代表的な事例を2つ挙げます。1つは**瀧川事件**（1933年）といい、瀧川幸辰・京都帝国大学教授の刑法学説があまりにも自由主義的であるとして休職を命じられたことに対し、教授団が辞表を提出して抗議した事件です。もう1つは**天皇機関説事件**（1935年）といい、天皇を国家の一機関と位置づけた学説が国体に反するとされ、その主導者である美濃部達吉・東京帝国大学教授の著書が発売禁止処分となり、美濃部教授自身もすべての公職から追放された事件です。

　そのような戦前への反省を踏まえ、日本国憲法は「学問の自由は、これを保障する」（23条）と定めました。びっくりするくらい簡潔な文章です（どうでも

よいことですが、日本国憲法の全103ヵ条中、65条に次いで二番目に短い！）が、ここには様々な意味が込められています。

3 日本国憲法の学問の自由
では、その具体的な内容をみていきましょう。通説は、①学問研究の自由、②研究成果の発表の自由、③研究成果の教授の自由の3つを挙げます。このうち①は内面的精神活動の自由＝思想・良心の自由（憲法19条）、②と③は外面的精神活動の自由＝表現の自由（同21条1項）によっても保障されうるものです。しかし、上で述べた歴史的経緯をも踏まえ、日本国憲法は、精神的自由一般とは区別する形で学問の自由を手厚く保障したものと解されています。

まず、①**学問研究の自由**について、その研究が内心に留まる限り他者の権利を侵害することはない（頭の中だけならどんな妄想もOK！）わけですから、公共の福祉による制約なしに完全に認められる自由だといえます。とはいえ、たとえば医学や薬学の実験のように、他人の生命・身体に損害を与える、あるいは環境を破壊・汚染するおそれがある研究は当然制約を受けます。加えて、近年その進歩が著しい先端科学技術研究（たとえば遺伝子組換え、クローン、体外受精の研究等）については、それが生命・健康にもたらしうる危害、あるいは「人間の尊厳」に与える影響の大きさに鑑み、最低限の法規制はすべきだとの見解もあります。なお、学問研究の自由は、いわゆる「研究者」だけではなく、一般市民にも保障されると考えられています（**東大ポポロ事件**〔最大判1958年5月22日〕）。

それに対し、②**研究成果の発表の自由**は、個人の内面に留まらない対外的な活動であるため、表現の自由一般と同様に、公共の福祉による制約に服します。さらに、研究者の発表であってもそれが研究成果とはいえないもの、たとえば政治学者が執筆した小説、あるいは物理学者の反戦平和活動は、学問の自由ではなく表現の自由一般の問題とされます。とはいえ、政治学者が自身の研究成果を踏まえて憲法問題を論じたり、物理学者がその学問的営為の延長として反原発運動に関わること等もあるので、その判別はしばしば困難です。

③**研究成果の教授の自由**も、②と同様に公共の福祉による制約に加え、学問成果の教授を受ける側（学生等）の権利、つまり「教育を受ける権利」による制約に服します。ここでの論点は、この自由を享受できるのは高等教育（大学）の教員に限られるのか、それとも初等中等教育（小・中・高等学校）の教員も含

キーワード解説

まれるのかということです。これについて、初期の判例（東大ポポロ事件）は大学教員に限られるとしましたが、**旭川学力テスト**（憲法の先生たちは縮めて「**学テ**」と言います）**事件**（最大判1976年5月21日）では、小中高の教員にも「一定の範囲における教授の自由が保障されるべき」と判例が変更されました。

とはいえ、大学と異なり小中高では、教授内容に対する児童・生徒の批判能力の欠如（ということは、大学生にはその能力が備わっているということですね）、児童・生徒に対する教員の影響力・支配力の強さ（大学の先生は小中高の先生ほど学生に対して影響力がないというのは、その通りだと思います…）、大学と比べると小中高段階では学校や教育の選択余地が乏しいこと、より教育の機会均等と全国的な教育水準の確保が求められること等から、大学教員と同レベルの自由を小中高の教員に認めることはできないとされています。

さて、研究教育に関わるこれらの自由は、他の自由権と同様、基本的には個人に保障される自由です。しかし、研究教育がなされる場の多くは大学であることに鑑み、「大学」という制度そのもの、すなわち**大学の自治**の保障（いわゆる「**制度的保障**」の1つ）も23条の目的であるとされます（東大ポポロ事件）。そして、その自治を担うのは主として**教授会**であるというのが通説です。その内容としては、①学長・教授その他の教員人事の自治、②施設・学生管理の自治、③研究教育の内容と方法の決定権、④予算管理といった財政面の自治等が挙げられます。原則としてこれら大学の自治権に国家の介入は許されません。とはいっても、大学のキャンパス内は無法地帯というわけではなく、学問の自由と関係ない事柄については一般社会と同じ法令に服します。また、教員人事や学生の懲戒処分等も、一定の範囲内で**司法審査**の対象となります（**昭和女子大学事件**〔最判1974年7月19日〕、**富山大学事件**〔最判1977年3月15日〕）。

ここでしばしば問題となるのは、警察作用と大学の自治の関係です。というのも、大学はしばしば既存の体制・権力に対して批判的な態度をとるため、とりわけ**警備公安警察**の監視下に置かれることがあるからです。この点について、大学に対する警備公安活動は許されませんが、令状主義に則った犯罪捜査活動については、大学関係者の立会いの下に認められると解すべきでしょう。また、大学の対応能力を超えるような事態に際して、大学側の責任ある判断に基づいて警察の出動を要請することは大学の自治に反しませんが、警察独自の判断で大学構内に立ち入ることは許されないと考えるのが相当だと考えられます。

教育を受ける権利（教育権）

1 教育を受ける権利（教育権）とは何か　次に、大学以外にも眼を向け、広く教育一般と憲法の関係についてみていきましょう。日本国憲法は、「すべて国民は、法律の定めるところにより、その能力に応じて、ひとしく教育を受ける権利を有する」、「すべて国民は、法律の定めるところにより、その保護する子女に普通教育を受けさせる義務を負ふ。義務教育は、これを無償とする」（26条）と定め、「教育を受ける権利（教育権）」を保障しています。なお、憲法は、教育権の享有主体から成人を排除するものではありませんが、主として想定されているのはやはり未成年の児童・生徒の権利なので、ここでも専ら子どもの権利の問題としてみていきます。

ところで、「教育権」という語は、教育を受ける側の「権利」のみならず教育を施す側の「権限」という意味でも用いられます。というよりも、教育権を保障する現行憲法が施行され、それに則って**教育基本法**が制定・施行された1947年からおよそ30年の間、教育学・教育法学界では、専ら教育を施す権限としての「教育権」の所在が関心の的だったのです。そう言うと、これは教育を受ける子どもたちではなく、教育を施す大人たちの目線での議論のように思われるかもしれません。実際そのような疑問は学者たちの間にもあり、今は子ども目線での問題（たとえば体罰・いじめ問題）も活発に論じられています。しかしながら、今の日本で教育権限の所在を論じることが無意味になったというわけではありません。それどころか、後にみるように、教育に対する国家介入が強まる昨今、その議論は一層重要性を増しているとさえ言えるのです。

その意味で重要なのが、先述した旭川学テ事件です。1961年から1964年まで当時の文部省が実施した**全国中学校一せい学力調査**を教育権の侵害、および教育基本法が禁じる「**不当な支配**」（旧10条1項）、すなわち教育に対する政府の不当な介入と考えた教師たちがその実施の実力阻止を試み、建造物侵入・公務執行妨害等の罪で起訴される事件が全国各地で相次ぎました。そのうちの1つが、戦後日本の重要憲法判例として名を残すことになったのです。

その主たる争点は、教育を施す側の教育権＝教育内容決定権は誰にあるのかというものでした。これについて、多くの中学校教員・教育学者・教育法学者らによって主張されたのが「**国民の教育権**」論、すなわち、子どもとその親か

111

> 🔑 **キーワード解説**

ら付託を受けた現場の教師にその権限（および教授の自由）があるというものです。反対に、それは文部省（国）にあるというのが「**国家の教育権**」論です。前者では教育内容決定権は憲法で保障される人権とされるのに対し、後者ではそうではない（国家に人権はありません）という違いがあります。また、前者では、国の権限は学校の施設設備の充実や教員の勤務条件の確保といった教育の外的条件の整備と教育内容に関する指導助言に限られるとされます。

　以上の争点に対し、最高裁は「国民の教育権」論と「国家の教育権」論の両者とも「極端かつ一方的」だとして斥けました。そして、先述したようにそれまでの判例を変更し、限定的とはいえ小中高の教員にも憲法23条による教授の自由を認めた一方で、政府も教育内容決定権をもつものの、「誤った知識や一方的な観念を子どもに植え付けるような内容の教育を〔……〕強制するようなことは、憲法26条、13条〔……〕からも許されない」と、その権限を限定しました。そのうえで、学テの根拠となっている**学習指導要領**は、全体としては「大綱的基準」（大まかな目安）に収まっているので教育基本法が禁じる「不当な支配」にはあたらず、全国の中学校教育の機会均等を図るためであるから、学テの実施は文部省の権限に属するとの判断を下したのです。

　この意味での教育権をめぐってもう1つ、活発に議論されたのが「**教科書検定**」問題です。その争点は、教科書の内容を決定するのは教師・教科書執筆者か、それとも国かというものでした。この問題が初めて本格的に問われたのが、いわゆる「**家永訴訟**」です。これは、高校用教科書『新日本史』の検定不合格処分や条件付き合格処分に対し、著者である歴史学者・家永三郎氏が、文部省による教科書検定制度の違憲性と個々の検定処分の違法性を主張して提起した処分取消訴訟と国家賠償請求訴訟です。この訴訟は全部で3次にわたり、「国民の教育権」論を支持した判断（**第2次家永訴訟第一審判決**〔東京地判1970年7月17日〕）が出されたこともあれば、逆に「国家の教育権論」を支持した判断（**第1次家永訴訟第一審判決**〔東京地判1974年7月16日〕）が出されたこともあります。なお、最高裁は、検定制度自体は合憲との判断を示しています。

　ところで、学習指導要領は、法的には文科省の「告示」ですが、最高裁はその法的拘束力を認めています。しかし、内実それは「大綱」に留まらず、細部にわたって教育内容を定めるものとなっており、こういった文科省による教育統制の手法には批判もあります。さらに、後述するように、近年の学習指導要

領は、とりわけ国旗国歌法の制定（1999年）以降、入学式・卒業式などでの国旗掲揚・国歌斉唱の義務づけを徹底する方向に進んでいます。

2 親の教育権　教師・国に続いて、親の教育権もみてみましょう。親（親権者）には、民法によって「子の監護及び教育をする権利」（820条）が認められていますが、日本も含め現代の国々の多くでは、子どもは学校で教育を受け、学校教育制度の整備やその内容の決定への国の関与が認められていることから、その限りにおいて親の教育権は制限されています。このことは、憲法の「すべて国民は……その保護する子女に普通教育を受けさせる義務を負ふ」という規定（26条1項）によっても裏づけられています。

3 子どもの教育権　次に、いよいよ子ども本人の教育権をみていきます。その性質については、①生存権的教育権説、②学習権説、③主権者教育権説の3つが有力ですが、これらは互いに相容れないものではありません。

　まず①**生存権的教育権説**は、とくに「**義務教育の無償**」（26条2項）に着目し、憲法は、困難な状況にある子どもが教育を受けられるよう経済的その他の援助を行う義務を国に課しているという考え方であり、いわば生存権（25条）理解の教育版です。とりわけ今世紀に入ってから「**子どもの貧困**」問題が深刻化（国連児童基金〔UNICEF〕によると、日本の子どもの相対的貧困率は先進20カ国中4位！）し、親から子への「**貧困の連鎖**」現象が指摘される現下の日本においては、あらためてこの説の意義が認識されるべきだと思われます。

　それに対し②**学習権説**は、憲法26条の主旨は経済的援助というよりも、子どもの「学習権」または「発達権」、言い換えれば学習を通じて子どもが成長し、人格を全面的に発達させる権利の保障にあるという考え方です。最高裁判例もこの説を取り入れており、同条には「国民各自が、一個の人間として、また、一市民として、成長、発達し、自己の人格を完成、実現するために必要な学習をする固有の権利」（旭川学テ事件）という考え方が存するとしています。

　もう1つ、③**主権者教育権説**は、教育権とは日本国の主権者たる国民となるための教育を受ける権利であるとする考え方です。もちろん教育の内容は「主権者教育」に留まるものではありませんが、民主主義の発展には意識の高い国民＝主権者＝有権者の存在が必須であり、近年シティズンシップ教育が注目されていることにも鑑みると、この説の意義も小さくないと言えます。

キーワード解説

「教育改革」「大学改革」

　以上みてきたことは概ね戦後30年間ほどの動きですが、1980年代以降、教育、そして大学は、新たな、そして根本的な変動にさらされるようになります。この変動は一般に「教育改革」「大学改革」と呼ばれますが、その実態は国家権力と経済界の教育への介入であり、その根底にある考え方は新自由主義と復古的な国家主義だといえます。以下、そのことを確認していきましょう。

1 「教育改革」の歴史と現状

　今にいたる教育改革の流れの先鞭を付けたのは、英サッチャー政権（1979〜1990年）や米レーガン政権（1981〜1989年）にならって新自由主義路線を推進した自民党・中曽根康弘政権（1982〜1987年）が設置した**臨時教育審議会**（臨教審）です。その第一次答申（1985年）は、戦後教育は「ややもすれば我が国の伝統文化の特質・長所の否定、徳育の軽視、権利意識と責任意識の不均衡などをもたらした面があった」と評価し、その復古的な姿勢を露わにしました。

　そのような国の復古的な姿勢を端的に示すのが、教育現場における「**日の丸**」「**君が代**」の扱いです。その起点となったのが、1985年、当時の文部省が全国の公立小中高の卒業式と入学式での国歌斉唱と国旗掲揚の実施率を公表し、その徹底を周知したことです。1989年、文部省はさらに新学習指導要領で国旗掲揚と国歌斉唱の義務化に踏み切ります。そして、1999年、広島の公立高校長の自殺事件等をも奇貨とし、政府は**国旗国歌法**制定を強行したのです。

　これ以降、教育現場における国旗国歌の強制は一気に強まります。たとえば東京都では、2003年の都教育委員会の通達「入学式、卒業式等における国旗掲揚及び国歌斉唱の実施について」（俗に「**10・23通達**」といいます）に基づき、翌年からこれに従わない教員の大量処分が始まりました。また、一部の公立校では「口ぱくチェック」、つまり教員がきちんと国歌斉唱しているかどうか監視するという、冗談みたいなことまで起きました。ちなみに、ある劇作家がこの話を戯曲化してイギリスでの公演を持ちかけたら、先方から「こんなバカげた話、イギリスの観客には理解されない」と言われ、ボツになったそうです。

　さらに、今の教育現場を支配する息苦しさの原因は、国旗国歌強制だけではありません。たとえば2006年、都立校において職員会議での挙手・採決を禁止する通達が出され、教員が自由な意見を言いにくくなりました。また、2009年

には、その実効性が疑わしい**教員免許更新制**が導入され、いたずらに教員の負担が増えました。現場の日々の苦労を知らない人たちの思いつきのような制度です。他にも教員の雑務は増え続ける一方で、子どもたちとゆっくり向き合う時間もろくにとれず、その多忙さゆえに心身を病んで休職する教員の数はうなぎ登りです。一体何のため、誰のための教育「改革」なのでしょうか。

2 教育に対する公的支援

ところで、日本の教育が抱える諸困難の最大の原因は、実ははっきりしています。ズバリ、おカネです。要するに、日本では教育に対する公的支援額がびっくりするくらい低いのです。経済協力開発機構（OECD）の調査によると、2010年の日本の国内総生産（GDP）に占める教育機関への公的支出の割合は3.6％、加盟国で比較可能な30カ国中最下位でした。ちなみに、最下位は4年連続です（4年連続チャンピオン！……涙）。なお、OECD加盟国の平均は5.4％、日本と同様に新自由主義的傾向が強いイギリスは5.9％、アメリカは5.1％、日本と並んで家庭の教育費負担の重さが深刻な韓国でさえ4.8％です。日本のことを知らない外国人がこの数字だけを見ると、「日本人って、教育をあまり大切にしないんだな」と思うかもしれません。

3 「大学改革」の歴史と現状

さて、以上のような「教育改革」と並行し、1990年代以降「大学改革」も進行していきます。その象徴的な出発点は、**大学設置基準の大綱化**（1991年）です。その主旨は、大学のカリキュラムを設置段階で強く拘束してきた規制を緩和し、各大学の「自主性」「自律性」を強化するというものでした。ちなみに、学部・学科名が原則自由化されたのもこの時です（ショートストーリーの例は、悪ふざけが過ぎますが……笑）。

しかし今、各大学の「自主性」「自律性」は本当に強化されたのでしょうか。まず1991年に努力義務として導入された「**自己点検評価制度**」は、1999年からその実施と公開が義務化されました。それに加えて7年に1回、文科相が認証した評価機関による認証評価（**認証評価制度**）を受けることも各大学に義務づけられています。他にも**ファカルティ・ディヴェロップメント（FD）、シラバス（授業計画）**等の新しい試みが矢継ぎ早に導入されました。これらの効用もないわけではないのですが、その準備等に割かれる教職員の時間と労力は相当なものです。これらに共通するのは、表向きは各大学の「自主的取組み」と位置づけられるも、現実には法令・財政等の手段を通じた文科省による大学支配強化に資しているということです。こうして日本の大学は、常に何かに追い立て

キーワード解説

られ、憑かれたように「改革」し続ける組織になりさがりつつあります。今では、大学関係者の間で「**改革疲れ**」という言葉さえ聞かれるほどです。

その一方で、この「自主性」と引き換えに、高等教育に充てられる公的支出は減少の一途を辿りました。たとえば、2004年に**独立行政法人**化された国立大学に配分される**運営費交付金**は、毎年ほぼ1％ずつ削減されています。同様に私立大学に対する**経常費補助金**も削減傾向にあります。そして、このような公的支出の減少は、先進国の大学としては異常ともいうべき授業料の高さにそのまま跳ね返っています。この高い学費を払うために、日本の大学生の半分以上は「奨学金」という名の借金（今の日本の奨学金の多くは利子付きの返還義務を課す貸与制であり、給付制は僅かです）を背負うことになるのです。

そのような中、その公約の1つに「教育再生」を掲げる第2次安倍政権は、大学改革にも積極的な姿勢を見せています。たとえば、同政権が設置した**教育再生実行会議**の第三次提言「これからの大学教育等の在り方について」（2013年）は、「グローバル化に対応した教育環境づくり」「社会を牽引するイノベーション創出のための教育・研究環境づくり」を提唱しています。一見すると悪いことではなさそうですが、その内実は、教育という「人格形成」の一環というよりも、新自由主義的な、経済産業政策としての「人材養成」です。

また、同提言は、このような人材養成機関としての大学を効率的に運営するため、「教授会自治」をも槍玉に挙げています。つまり、教授会が「抵抗勢力」となって大学改革を妨げているというのです。そして2014年の学校教育法改正により、とうとう教授会の役割は、その対象を教学関係に限定されたうえで、それらについて学長が決定する際に「意見を述べる」（93条）に留まるとされてしまいました。ここで確認されるのは、先に見たような「大学の自治」の意義に対する恐るべき無理解・無知ぶりです。

ところで、日本の大学運営に関する議論の多くは「学長・理事長を中心とする執行部 vs.教授会」という図式を前提としており、そこに学生の存在はほとんど意識されていません。しかし、大学にとっての学生は、企業にとっての顧客・消費者とは違います。日本の教育関係者の間にはかつての大学紛争の記憶がいまだに強いのかもしれませんが、本来学生も「大学の自治」の当事者です。いや、大学に限らず、学問と教育は本来誰のものなのか、今こそ冷静かつ真摯な省察が求められる時ではないでしょうか。

（石川裕一郎）

> Column 憲法ワンポイント知識

どうする？　どうなる？　教育委員会

最近の教育改革の大きな論点の一つとして、教育委員会制度に注目が集まっています。その大きなきっかけは、2011年に滋賀県大津市で起きた中学生いじめ自殺事件の際に明らかとなった市教育委員会の無責任ぶりと隠蔽体質でした。また、2009年に橋下徹・大阪府知事（当時）が、全国学力テストの結果公表に消極的だった府下の市町村教育委員会を批判する際に「クソ教育委員会」という表現を用いたことも、メディアで大きく取り上げられました。教育委員会改革の議論は以前からありましたが、広く一般の関心を惹くようになるのはこの頃からです。

そして、2014年6月、今までの教育委員会の性格を大きく変える法律（改正地方教育行政法）が成立しました。その主な内容は、①上記大津市の事件をも意識し、従来の教育委員長（教育委員会の長）と教育長（教育委員会の事務方の長）を統合して新たに「教育長」職を設けること、②その教育長は、議会の同意を得て知事と市区町村長（首長）が直接任免すること、③首長が主宰し教育委員が参加する「総合教育会議」を新設し、教育行政の大綱やいじめ問題等について協議することです。総じて教育行政に対する首長の権限強化が企図されています。

しかし、そもそも教育委員会は、教育の政治的中立性維持と、教育への地域住民の主体的参加を図るために構想された制度です。問題は、現状がそうなっておらず、文部科学省初等中等教育局を頂点とし、その下に都道府県教委、さらにその下に市区町村教委が位置する、上意下達の中央集権型ピラミッドが形成されていることにあります。そのピラミッド構造には手をつけず、頂点を首長に置き換えたり、教育委員会だけをいじくったところで、問題が解決するようには思えません。

大事なことは、このピラミッド構造そのものを根本から見直すことです。具体的には、文科省や首長の意図を体現するのではなく、現場の教員の声が直接的に反映される仕組みを構築し、各学校および市区町村レベルでの透明かつ民主的な意思形成・決定プロセスをいかに確保するかが課題となるでしょう。とりわけ、教科書採択と人事権については、そのことが切実に求められているといえます。

（石川裕一郎）

第10章 格差社会をもたらす新自由主義改革

● 経済的自由・生存権

第22条、第25条、第29条

キーワード 経済的自由、生存権、新自由主義的改憲論

ショートストーリー 「新東京人」・ヤスオ

「今年も充実した1年だったな」。
　年末恒例のテレビの歌合戦をBGMに、都心の高層マンション最上階からライトアップされた東京タワーを眺めながら、ヤスオはワインを傾けた。大学在学中に立ち上げたIT企業が、年々成長を続けているからである。2016年に自民党政権が仕掛けた衆参同日選挙によって自民党は圧勝し、2012年に同党が公表した「日本国憲法改正草案」に基づく憲法改正も実現。これにより以前は制約のあった営業の自由に制約がなくなり、市場は完全な弱肉強食に。ヤスオが経営するIT企業は次々と企業買収に成功し、売り上げが伸びていたのである。また、ヤスオは結婚をして、ヤスオが「勝ち組」の象徴として尊敬する橋下徹元大阪市長に負けるものかと、8人の子どもがいる。そんな「勝ち組」としてのヤスオ。
　一方で、ヤスオは他人への思いやりや正義感を忘れていない。労働法制も規制緩和が進んだため、労働者に占める非正規雇用労働者が5割に達し、社会保障費を削減する新自由主義改革によって、今年も東京の日比谷公園では「年越し派遣村」の取組みが行われていた。これにヤスオはポケットマネーから100万円の寄付をしたのである。プライベートでもヤスオは慈善家として満足していた。
「まさに『新東京人』だね」。
　マスコミでも「新東京人」の象徴して紹介されることもあるヤスオ。ところで、この「新東京人」とは何か。
　2000年に石原慎太郎東京都知事は、「心の東京革命行動プラン」と「東京構想

2000―先客万来の世界都市をめざして―」を発表する。まず前者は、「社会の『きまり』や人との約束を守る」「思いやりをもつ」「自ら律することができる」「責任感、正義感をもつ」「人々や社会のために役立つことに喜びを見いだす」という5つの「子どもの育成方向」に基づき、東京都が家庭、学校、地域そして社会全体で行ってきた教育政策である。後者は、首都東京が都民にとって生活しやすい都市であるだけでなく、東京を舞台に活動する国内外の人々にも開かれ、東京の魅力を世界に向けて発信していくエキサイティングな都市として、活力と魅力にあふれ、人、もの、情報等が交流する21世紀の東京を「先客万来の世界都市・東京」と名付け、50年先を展望した構想であった。

そして、「東京構想2000」では、「先客万来の世界都市・東京」を築いていく人間像を「新東京人」と名付ける。この「新東京人」は、「どんな生き方をしたいかという『ライフビジョン』と、どんな働き方をしたいかという『キャリアビジョン』を持ち、自ら望む生き方を実現させている人」「自ら選んだ分野において、高い使命感をもって行動し、社会に貢献できる人」「公共の福祉と個人の利益との調和を考え、個人の義務や責任を自覚して行動できる人」「わが国や外国の文化・伝統を尊重し、日本人としての誇りとアイデンティティを持って、国際的視野に立ち行動できる人」とされた。まさにヤスオのことである。

ヤスオは2000年代の新自由主義的教育改革で導入された「理科拠点校」の小学校で「できる子特別授業」を受け、都立の中高一貫校に進学。ここでは日本人としての誇りを持つ教科書と徹底した英語による国際教育を受け、旧帝国大学の国立大学に進学。しかし、単なるエリートではなく、弱者への配慮も欠かさない。それが経営人だけでなく、慈善家としてのヤスオを生み出しているのである。

ヤスオは考える。「人間も動物である以上、生存競争・弱肉強食の中でもまれるのはやむをえない。優秀な人間が日本を引っ張り、優秀な遺伝子を残すのは当然。自分がここまで来ることができたのだから、誰だって努力すればできるはず。非正規雇用労働者になってしまうのは自己責任だ。仮に生活に困っても、国防軍に志願すれば、生活が保障されるのだし。とはいえ、全部が全部自己責任にしてしまうのも酷だし、やはり人間は動物とは違うのだから、助け合いも必要。破綻した夕張市のようにならないように、自治体も国も財政の健全性の確保が重要。自治体や国ではなく『勝ち組』が困っている人を支援すればいいのだ……」。

キーワード解説

経済的自由

1 財産権の不可侵から制約へ

憲法の人権規定を大きく分けると自由権、社会権、受益権（国務請求権）、参政権に分けることができます。このうち自由権とは、主に18世紀を中心とする市民革命後に保障されるようになった権利で、それまで国家が個人に干渉していた事柄について、そのような干渉をさせないことで保障される権利です。そのため、自由権は「国家からの自由」という表現もされます（これに対して、社会権は国家が国民に何かをすることで保障される権利のため、「国家による自由」と表現されます）。この自由権はさらに3つに分けることができ、人身の自由、経済的自由、精神的自由があります。この章で扱う経済的自由は、日本国憲法では22条に規定されている**居住・移転・職業選択の自由**と、29条に規定されている**財産権**です。

市民革命は資本を使って生産活動を行うブルジョアジー（市民）が中心になって起こした革命であったため、当然、ブルジョアジーたちは自分たちの財産を守るために財産権の保障を求めました。これにより市民革命後に財産権の不可侵が原則になったことは、その後の資本主義経済の発展を支えることになります。具体的には、個々の国民はその財産権につき国家による侵害を受けないことになりました。また、個人の財産権が保障される制度＝**私有財産制度**を制度的に保障することにもなりました。このように、財産権の不可侵や私有財産制度を原則として保障する憲法は**資本主義（ブルジョア）憲法**であると位置づけられ、日本国憲法もその1つです。資本主義諸国の資本家が共産主義に敵対してきたのは、共産主義が私有財産制度を否定するからです。

しかし、契約自由の原則や私的自治を保障する市民革命後の憲法は、資本家と労働者の関係に国家が介入しない、何か問題があっても当事者にその解決を委ねることから、資本家と労働者との格差を野放しにすることも黙認しました。その結果、立場の弱い労働者はますます劣悪な環境の下で働かされることになり、格差も拡大します。そのような矛盾が拡大する中、19世紀末から労働運動・社会主義運動が盛り上がり、1917年には初の社会主義革命であるロシア革命が成功します。この影響を受け、ドイツでも革命の危機が迫る中、1919年に**ワイマール憲法**が制定されました。このワイマール憲法は、財産権の制約と国家が社会的弱者を救済するための社会権を憲法上確立します。後者の典型は生

存権規定であり、日本国憲法なら25条で規定されているものです。

ドイツのワイマール憲法の誕生を説明する場合、財産権の制約と生存権の保障は、上部構造（政治・法と哲学・思想などのイデオロギー）から考えれば、労働運動・社会主義運動といった労働者階級の運動の成果と、資本家階級の革命防止という妥協の産物と捉えることができます。高校の社会科レベルであれば、説明はここまでですが、実はさらに説明が可能です。すなわち、一方で、下部構造（難しく言えば「生産力と生産関係の矛盾」、やさしく言えば経済構造）から考えれば、ワイマール憲法は**修正資本主義**の容認とも言えますが、それは資本主義の延命策と捉えることもできます。このような考え方を受けて、憲法も社会化条項によって財産権が相対化・社会化（修正）されたのです。

２ 財産権　日本国憲法の場合、先にも触れたように、経済的自由は22条と29条から構成されています。ここでは逆の順番からより詳しく見ていきましょう。

まず、29条1項は、「財産権は、これを侵してはならない」としています。これは原則として日本国憲法も近代市民革命後の資本主義憲法として、市民革命が獲得を目指した重要な柱である財産権の不可侵を基本としていることを明らかにしたものです。

これに対して、29条2項は、「財産権の内容は、公共の福祉に適合するやうに、法律でこれを定める」、3項は、「私有財産は、正当な補償の下に、これを公共のために用いることができる」としています。

ここで少し、2項と3項に出てくる「**公共の福祉**」について説明しておきましょう。憲法12条や13条、22条、29条にあるこの文言にはどのような意味があるのでしょうか。確かに、「公共」という言葉は誤解されやすいもので、「公共」を「国家」と同視して、「公共の福祉」を国家の論理で国民の人権を制約する概念と考える人が結構いるかもしれません。現に法律の専門家自体がそうで、戦後当初の学説や最高裁の判決には、そのような解釈の仕方もありました。

しかし、この考えでは国家の論理で人権制約を簡単に行うことが可能になってしまいます。現に法律で憲法上保障された人権が簡単に制限されてしまうという大日本帝国憲法（明治憲法）下での「法律の留保」と変わらない考え方です。そこでその後、「公共の福祉」を人権と人権が衝突した場合の調整原理と考える学説が多数説になっていきます。例えば、憲法21条で表現の自由が保障されて

> **キーワード解説**

いますが、野放しの表現の自由は許されず、他人のプライバシー権や名誉権を傷つける表現は制約されます。喫煙の自由は憲法13条の幸福追求権から保障されますが、周りにタバコが苦手な人や発作を起こす人がいる場合は喫煙すべきではありません。「公共の福祉」は英語だと public welfare のことですが、publicの名詞形には「人々」「民衆」の意味があるように、「公共の福祉」に「社会的利益」の意味があるとしても、「国家的利益」の意味はないのです。

公共の福祉に適合するように一般に財産権の内容を定め、制限するのが憲法29条2項の規定であるのに対して、3項は公共のために特定の財産権者に対して特別な犠牲を課す場合に正当な補償を行うという規定です。この「正当な補償」の意味については、当該財産の客観的な市場価格を全額補償すべきとする考え方（完全補償説）がもちろん望ましいです。しかし、判例では農地改革事件最高裁大法廷判決(1953年12月23日)で、当該財産について合理的に算出された相当な額であれば市場価格を下回っても「正当な補償」と考えるとしました（相当補償説）。

3 職業選択の自由と居住・移転・外国移住・国籍離脱の自由

憲法22条1項は、「何人も、公共の福祉に反しない限り、居住、移転及び職業選択の自由を有する」と規定しています。封建制社会では、人は親の身分を引き継ぐという形で身分が固定されただけでなく、農奴は土地にも縛り付けられ、移動の自由が制限されていました。だからこれに対して、近代憲法では人の職業選択の自由と移動の自由を保障することになったのです。実際に、これらを保障することで、農村部から都市部へ労働力が移動し、大量の労働力を確保することで資本主義経済を下支えすることになりました。

そして、職業選択の自由には、自己の従事する職業を決定する自由と、自己の選択した職業を遂行する自由（**営業の自由**）が保障されていると考えます。後者は、根拠条文に憲法29条も加えて考える立場もあります。この営業の自由も公共の福祉の制約を受けるため、ヤスオのような時代を憲法は想定していません。

また、2項は、「何人も、外国に移住し、又は国籍を離脱する自由を侵害されない」と規定しています。ここから、**外国移住・国籍離脱の自由**が保障されることになりますが、この中に一時的な**海外渡航の自由**も含まれると考えるのが多数説・判例の立場です。

生存権

1 生存権保障の歴史　憲法25条は、1項で、「すべて国民は、健康で文化的な最低限度の生活を営む権利を有する」と規定し、2項で、「国は、すべての生活部面について、社会福祉、社会保障及び公衆衛生の向上及び増進に努めなければならない」と規定しています。市民革命直後の憲法では、このような権利保障は考えられませんでした。なぜなら、憲法は国家権力を縛るために制定したものですし、公と私を分離して国家は私的領域に介入しないことがよいことだと考えられていたからです。

しかし、**契約自由の原則**や**私的自治**の保障は、国家が労資関係に介入しないことで資本家と労働者との格差拡大を助長し、資本家にはますます豊になる自由が、労働者にはますます貧乏になる自由が保障されたにすぎませんでした。

このような状況の中で、ヨーロッパなら教会の活動もあり、増えつつある貧民対策に乗り出します。しかし、資本主義の発展はますます格差と貧困層の拡大をもたらし、社会問題化もしていく中で、国家が初めは恩恵的政策として貧民対策に乗り出します。さらに労働運動・社会主義運動が拡大する中で、例えばドイツでは1883年以降社会保険制度が導入され、1919年のワイマール憲法では憲法に生存権が規定されるにいたります。国際社会でも貧困問題は無視しえず、1966年の国際人権規約ではB規約（自由権規約）で自由権を保障したのみならず、A規約（社会権規約）で社会権も保障するにいたるのです。

ただ、もちろん憲法で生存権を保障することは財産権の制約と同様、下部構造的には修正資本主義の容認・資本主義の延命策と捉えることができます。

2 生存権の法的性格　この憲法25条の法的性格をめぐっては、3つの代表的な考え方があります。

1つ目は、**プログラム規定説**と呼ばれるものです。これは、国家が生存権実現のための政策を実行すべきという責務の宣言（プログラム）にすぎないと考えるものです。そのため、国家が必要なことを何もしないこと（不作為）が憲法違反だとしても、国民が国家に具体的な請求をする権利はないとされています。

2つ目は、プログラム規定説の対極にある**具体的権利説**と呼ばれるものです。これは、国家の不作為が直ちに現実的具体的な権利侵害になると考え、国民は不作為の違憲確認訴訟が可能であると考えるものです。

> 🔑 **キーワード解説**

　3つ目は、プログラム規定説と具体的権利説との間の考え方で、**抽象的権利説**と呼ばれるものです。これは、生存権規定を具体化する法律（例えば、生活保護法など）がまず存在していることが必要であり、その法律に基づく訴訟の中で国の行為は25条違反であると主張できるもので、学界の通説になっています。

　日本国憲法の生存権規定は、日本の敗戦後の憲法論議の過程で、GHQの草案にはなかった規定ですが、制憲議会で社会党が要求したため、憲法に盛り込まれたものです（したがって、このことをもっても、「憲法はアメリカの押しつけだ」とは言えません）。しかし、その後の資本の利益を代弁する保守政権の下で、生存権規定の実現は消極的でした。

　とはいえ、やはり憲法に生存権が規定された意味は大きいです。これにより、国民は国家に具体的な立法などを要求して生存保障を求める権利（**作為請求権**）があると捉えることができますし、25条は生存保障の法分野の原則規範として、これに反する法規範は無効になると解釈もできます。確かに、25条から一概に「健康で文化的な最低限度の生活を営む」金額を算出するのは困難かもしれません。しかし、居住地域の物価や世帯人数などにより、世帯ごとのおおよその毎月の生活費は算出可能で、これを明らかに下回る場合は憲法違反になるといえるでしょう。

❸ 生存権保障のための制度

　25条の生存権を具体化するには制度的な保障が必要です。これには以下のようなものが考えられます。

　1つ目は、**公的扶助**です。これは最低限度の生活ができない人に補助するもので、生活保護制度が典型的です。日本では芸能人の母親の生活保護受給に対するバッシングや暴力団による不正受給問題などから、生活保護受給者への目が厳しくなっています。また、規制緩和や民間活力の活用など「小さな政府」を柱とする新自由主義改革の中で、自治体は生活保護の支給を渋る傾向にありますし、生活保護の受給資格を制限する生活保護法の改悪もありました。しかし、資本主義社会では失業者の存在は避けられませんし、小泉純一郎政権の構造改革以降、非正規雇用労働者が拡大し若年層の給与は低く、年金が不十分な高齢者も増えています。女性差別により女性労働者の所得が低いことから、母子家庭の生活は厳しいです。先天的な障がい者にいたっては、本人の意思とは別のところで生活に困ります。これら社会的弱者の存在をすべて自己責任とするのではなく、社会が生み出した弱者には社会全体（実際には社会に代わって国

や自治体）が生活を支える責務があります。現にみなさんが大学を出ても正社員になれないかもしれませんし、女性ならシングルマザーになる可能性もありますし、今の高齢者が受け取っているような手厚い年金制度はもう望めず、25条問題は他人事ではないのです。

　2つ目は、**社会保険**です。これは私企業による生命保険などではなく、国・自治体が責任を持って運営する公的な保険制度であり、医療費の自己負担額を軽減する健康保険制度、老後の生活を支える年金制度、失業時などの生活を支える雇用保険制度、通勤・勤務中の死傷事故などを補償する労災保険制度などがあります。健康保険制度について言えば、主にヨーロッパのように税金で医療費を無料にする国もありますが、日本のように公的な健康保険制度が整備されている国もありますし、アメリカのように国民全員に公的な健康保険制度が整備されていない国もあります。日本では会社員本人の健康保険の自己負担がかつてはゼロでしたが、1984年に1割負担、1997年に2割負担、2003年に3割負担になりました。2003年は小泉政権の構造改革の結果です。もちろん、国民にとって一番望ましいのは税金で医療費を無料にするか、健康保険制度でもなるべく本人の自己負担額が少ないことです。しかし、マイケル・ムーア監督の映画『シッコ』（2007年、アメリカ映画）が興味深いですが、日本もじわじわとアメリカ化が進んでいます。

　3つ目は、**社会手当**です。これは育児・障がいなど特定の人に必要なお金を支給する制度です。

　4つ目は、社会福祉です。これは金銭的解決で不十分な場合、施設や専門家の整備などで対応するものです。

　5つ目は、**公衆衛生**です。これは住民の健康の維持に当たるための都道府県による保健所の設置、資本主義経済の下で利潤追求が難しい地方や過大な投資を必要とする医療分野での不足をカバーするためからも行われる国・自治体による国公立病院の設置、自己負担にすると低所得者層で整備が困難になることからそれを防ぐための自治体による上下水道の整備やゴミ処理などがあります。

　6つ目は、**公害規制**です。これは事前の各種規制と事後の賠償があります。

　ヤスオの時代では、国民・住民の生存権保障のために国や自治体が責任を持たない体制になっているのですが、このままそのような方向に向かっていいのでしょうか。金持ちの慈善活動は景気に左右されやすく、危険です。

キーワード解説

新自由主義的改憲論

1 野放しの営業の自由　2012年4月に自民党が発表した「日本国憲法改正草案」という改憲案の人権規定の中で、まず最初に目に付くのが、日本国憲法12条・13条・29条に出てくる人権制約原理の文言である「公共の福祉」を2005年に自民党が発表した新憲法草案と同様、「公益及び公の秩序」に変えていることです（後で説明するように、22条では制約原理自体なくしています）。

この「公益及び公の秩序」という表現もわかりづらいですが、自民党の改憲案を説明するQ&Aでは、「『公の秩序』とは『社会秩序』のこと」だと説明しています。これでも少し抽象的ですが、2005年の自民党の改憲案（「新憲法草案」）を発表する前の段階の自民党新憲法起草委員会各小委員会要綱では、「**国家の安全と社会秩序**」と表現していました。こちらの方が自民党の本音がはっきりと現れているでしょう。これにより、今後は「国家の安全」のためなら人権より国家の論理が優先し、人権の制約を簡単に行うということを強調することになります。

例えば、日本でも2001年の「9・11事件」以降、「テロ対策」が進んでいます。そのような中で、入国審査時に外国人（特別永住者を除く）の指紋採取と写真撮影を行っています。国民に対しても、1990年代からの「治安の悪化論」により、銀行やコンビニエンスストア、駅などに限らず、警察も街頭や道路に監視カメラを設置してきています。2013年の秘密保護法の制定に向けた議論の中でも、自民党議員から国民の知る権利よりも「国家の安全」の方が優先するという意見も出ました。これらは外国人・国民のプライバシー権や肖像権、知る権利と衝突する問題なのに、「国家の安全」や「社会秩序」の方が優先するという論理で人権の制限が正当化されています。このような流れにお墨付きを与え、助長するのが憲法改正草案のこの規定なのです。

これとは逆に、こっそり22条から「公共の福祉」を削除していることは巧妙です。自民党の改憲案は全体的に復古色が前面に出ていますが、新自由主義改革に適合的な規定もあります。その1つが22条です。22条は居住、移転及び職業選択の自由を保障した規定ですが、日本国憲法では「公共の福祉」による制約を受けるのに、改憲案ではこの「公共の福祉」という文言を削り、「公益及び公の秩序」によっても制約しないとしました。これは22条から保障される営業

の自由に制約を課さないということを意味します。したがって、既に2000年に**大規模小売店舗立地法**の制定によって大型店が個人経営の小売店を圧迫する事態が生じていますが、今後は大企業の営業の自由を制約している**独占禁止法**を「改正」し、ヤスオの企業活動を正当化するような弱肉強食の自由な経済活動を保障することになってしまう可能性があります。

2 生存権の後退と家族の強調

同じく巧妙な改憲案の規定が24条です。24条には、1項に「家族は、社会の自然かつ基礎的な単位として、尊重される。家族は、互いに助け合わなければならない」という規定を新たに入れています。ここでも国家が私的領域に口出しをしており、近代という価値観の否定問題があります。確かに、家族は道徳的には助け合わなければならない場合もあるでしょうが、それは憲法に書くものではありません。DV被害に遭っている女性や幼少期に虐待やネグレクトされていた子どもに、それでも夫や親を助けろと言うのは酷です。家族内の関係はそれぞれの家族が決める問題のはずです。また戦後、日本国憲法24条の下で、戦前の家長を頂点とする家制度の解体も目指したはずなのに、今時家族を強調するとは復古的とも言えます。

さらにこの規定は、育児・介護については本来国や自治体が支える必要があるのに、家庭に押しつける考え方を政策として肯定する効果もあります。これは最近はやりの社会保障など**「公助」の後退**と、**「自助」「共助」の強調**を憲法で実現することになります。結局、多くの場合、妻・娘・母親としての女性がその役割を担わされることになると同時に、まさに、社会保障費を削減する新自由主義改革に適合的な規定でもあるのです。

3 財政の健全性確保

憲法83条は、「国の財政を処理する権限は、国会の議決に基いて、これを行使しなければならない」と規定することで、財政問題を国民の代表機関である国会が中心になって決めていくという「財政国会中心主義」を原則にしています。自民党の改憲案では、この83条に新たに2項として、「財政の健全性は、法律の定めるところにより、確保されなければならない」という規定を追加しています。

また、改憲案の96条3項で、「第83条第2項の規定は、地方自治について準用する」としています。これにより、地方財政においても財政の健全性が求められるのです。しかも、改憲案の96条1項は、「地方自治体の経費は、条例の定めるところにより課する地方税その他の自主的な財源をもって充てることを

キーワード解説

基本とする」としています。

これについて自民党のQ&Aでは、「具体的な健全性の基準は、わが党がかつて提出した『財政健全化責任法案』のような法律で規定することになります」と説明しています。2010年に自民党が国会に提出した「財政健全化責任法案」を見てみると、2条で、「財源の安定的な確保に向けた消費税を含む税制の抜本的な改革」を求め、4条で、「地方公共団体の財政の自主的かつ自立的な健全化」を求めています。もちろん、無駄な公共事業などで財政赤字が拡大するのは問題であるとはいえ、憲法にこのような規定を入れることで、安易な社会保障費の削減や消費税などによる増税を招くことになりかねません。人口の少ない財政力の乏しい自治体では住民の負担が増大するか、合併の道を選ばざるをえなくなってしまうでしょう。ヤスオの生きる時代も、このような改憲後の社会の話なのです。

4 将来の国民への権利保障の否定

他にも、自民党改憲案の11条には、修正としては小さいですが、意味としては大きな変更があります。それは、憲法11条が、「この憲法が国民に保障する基本的人権は、侵すことのできない永久の権利として、現在及び将来の国民に与へられる」と規定しているのに対して、単に「侵すことのできない永久の権利である」としたことです。これに関連して、憲法97条は、「この憲法が日本国民に保障する基本的人権は、人類の多年にわたる自由獲得の努力の成果であつて、これらの権利は、過去幾多の試錬に堪へ、現在及び将来の国民に対し、侵すことのできない永久の権利として信託されたものである」と規定しているのに、自民党改憲案はこれを全部削除しました。

この97条の前半部分は、基本的人権がこれまでの市民革命や労働運動・社会主義運動などによって獲得されたことを確認したものです。そして、97条の後半部分は、憲法11条の規定を再確認した部分ですが、自民党改憲案では**人権の永久不可侵性**を弱め、将来の国民には現在の国民と同じ人権が保障されない可能性を示しているのです。このことから、自民党は97条をばっさりと切り捨てることで、人権の歴史性を否定し、永久不可侵性を弱めたいのだと推測できます。具体的には、ヤスオが生きている時代がそうであるように、今後の財政状況から25条の生存権は将来の国民には保障されていない可能性があるのです。

(清水雅彦)

> Column 憲法ワンポイント知識

個人に対する「お節介法」

　私は煙草は大嫌いですが、それ以上に健康増進法（2002年制定）に嫌悪感を感じます。なぜなら、健康増進法2条は、「国民の責務」として、「国民は、健康な生活習慣の重要性に対する関心と理解を深め、生涯にわたって、自らの健康状態を自覚するとともに、健康の増進に努めなければならない」としているからです。

　確かに、多くの人にとって健康であることは望ましいことでしょう。しかし、健康に生きることは「責務」なのでしょうか。憲法論からすれば、「健康に生きる権利」は当然ありますが、本人の自己決定による結果なら不健康に生きる生き方もあるはずです。もちろん、周りに煙草が苦手であったり、特に発作を起こすような人がいる場合は吸うべきではありません。しかし、誰もいない野原や、自室で煙草を吸うのは自由でしょう。

　また、健康増進法の下でメタボ規制が進んでいますが、一律ウエスト85センチ以上の男性は「メタボ」「不健康」といえるのでしょうか。私が所属する日体大の相撲部員は「不健康」なのでしょうか。これでは肥満体の人は生きづらい社会になりかねません。

　似たような法律としては、少子化社会対策基本法（2003年制定）が、6条で「国民の責務」として、「国民は、家庭や子育てに夢を持ち、かつ、安心して子どもを生み、育てることができる社会の実現に資するよう努めるものとする」と規定しています。本来、結婚するか否か、子どもを持つか否かといった問題は個人の自己決定のはずですが、この法律で結婚をして子どもを持つのがいいかのような雰囲気が作られかねません。

　また、食育基本法（2005年制定）も、13条で「国民の責務」として、「国民は、家庭、学校、保育所、地域その他の社会のあらゆる分野において、基本理念にのっとり、生涯にわたり健全な食生活の実現に自ら努めるとともに、食育の推進に寄与するよう努めるものとする」と規定しています。この法律によって、「朝食食べようキャンペーン」を行う大学もありますが、朝食を食べた方がいいとしても、それも個人の問題です。

　近代市民革命によって公と私を区別し、公権力は私的領域に介入しないという原理を確立したはずなのに、それを無視するかのような「お節介法」がいくつもできています。日本は市民革命を経験していないからか、公権力の介入に疑問を持たない人が多すぎます。

（清水雅彦）

第11章 報道の自由は何のためにあるのか

● 表現の自由

第21条

キーワード 秘密保護法、デモ・集会、実名報道

ショートストーリー　50年後の秘密漏洩事件

　全面改正が実現し、新新憲法の21条2項には「前項の規定にかかわらず、公益及び公の秩序を害することを目的とした活動を行い、並びにそれを目的とする結社をすることは、認められない」と規定された。この条項は全面改憲時の政権与党によって拡大解釈され、全面改憲より数年前に制定され、段階的に改悪を重ねてきた特定秘密保護法の適用をより厳しいものにしていた。かつての「経済大国」としての面影をすっかり失い、国力の衰退した日本の生き残る途は対米従属しかないという政権の意向から、「日米同盟の強化のため」、「日米の国際安全保障のための連携の強化のため」、「日米の情報に関する相互協力」の名目でアメリカへの一方的な情報提供と国民に対する秘密事項の拡大が進む。前年の大統領選挙で久しぶりに勝利した共和党の外交政策は、1990年代に戻ったかのようなものであった。もうとっくに終わったはずの覇権主義的軍事介入がある国に行われようとしており、ある隠された条件（密約）の下に日本はそのために全面的に協力させられることになっていた。そのような中でこの事件はおこったのだ。

＊

　報道NPOの記者ムラヤマはなんとかして今回の軍事介入における密約を暴こうと奮闘していた。表向きは経済的な混乱のすえに無政府状態になり反欧米・反ロ・反中テロリズムの拠点となった東アジアの某国に国連安保理決議にもとづき軍事介入するというものであった。だが、人口250万、経済力も非常に小さく、実際にテロリストがうようよしていることは確かだったが、彼らを支援するほどの余裕は全

くない某国が脅威であるとはとても見えない。しかも国際的なテロ対策の進展でサイバーテロもふくめて現実にはテロの脅威など取るに足らないものであったし、アメリカが主張する第二次世界同時多発テロは2000年代初頭の第一次世界同時多発テロの数十分の一の規模のものに過ぎなかった。実際にはすでに破綻しどうしようもなくなっていた原発事故対処と放射性廃棄物処理のための場所と作業人員を確保するために、その某国の土地と人民を利用しようという密約をともなったものであった。アメリカはアメリカで原子力ルネッサンスなどとっくの昔に忘れられ、100基を超えた商業用原子力発電所もすでに数基までに減っており、全く決まっていなかった放射性廃棄物の最終処分場の問題がより切実な問題になっていた。国内の市民の反対があり、アメリカ国内のどこにも最終処分場を作れないまま膨大な放射性廃棄物がたまっていたのである。もちろん国連加盟国である某国の人々も国際人権規約をはじめとする国際人権を保障されているはずで、そのようなことが許されるはずもなかったし、放射性物質の国際移動はすでに国際法上禁止されていたので、建前とは別にそのような目的をもって軍事介入をするという密約があるということであれば、日米に対する国際的な信用の失墜は必至、その後国際社会では日陰者として生きざるを得なくなってしまう。ほんとうにそのような密約があるのかどうかを確かめ、実際にあるならそれを暴き、やめさせなければならない。

　環境省から外務省に出向して駐アメリカ総領事館で書記官をしていた官僚のヨシダはこの密約の折衝に関わっていた。地震国である日本で原子力発電所を運用すること自体に無理があったし、地層処分による最終処分など全く非現実的、どこか引き受けてくれる外国を探してどうにかするしかないというのはわからないではない気もするが、福島第一原発事故でただでさえチェルノブイリ原発事故以上の地球規模の放射能汚染を引き起こした日本がそのような密約をアメリカと結んで、他国と他国の人民の犠牲の下に多少とも時間稼ぎをするといったことがゆるされるはずがないではないか……。

　この密約はもちろん特定秘密に指定されていて、これをヨシダが内部告発の形で暴露すれば、ヨシダは懲役10年は確実に食らうことになるのはわかっていたが、悩んだ末にムラヤマに情報を証拠の文書とともに渡した。核廃棄物処理密約は報道され、すぐにムラヤマもヨシダも逮捕されたが……。

キーワード解説

秘密保護法

1 表現の自由の意義

表現の自由は日本国憲法でも最重要の人権として確認されていることはみなさんもご承知のことかと思います。憲法21条は1項で「集会、結社及び言論、出版その他一切の表現の自由」を保障し、2項で検閲を禁止し、通信の秘密を「侵してはならない」という強い表現で保障しています。大日本帝国憲法の下では、「信書」(26条)と「言論著作印行集会及ビ結社」(29条)の自由が法律の範囲内で認められていました。しかしいわゆる法律の留保によって自由とは呼べないほどに縮減されてしまいました。そのため意義がほとんどなくなってしまったことに対する反省として、日本国憲法では明確に、表現や表現のための活動(集会や結社)の形態や種類を問うことなくすべてを表現行為として認め、また、法律による制限も加えることなく保障することによって、表現の自由を憲法上の人権として保障しているということを確認したのです。

表現行為は、個人が他の個人とコミュニケーションをとることによって社会を形成することそのものでもあります。社会的なこと、公共的なことを話し合い、必要なことがあればその話し合いの中で決める。住民総会のような政治集会の中で(集会民主制)、選挙をして議会をつくり代表者に討議をさせて(議会制)、市民間と議会における討議を経た**国民投票・住民投票**によってなんらかの政策決定をする際には、十分な市民間の政治的コミュニケーションが、つまり表現と表現を受け取る相互の活動が必要であり、保障されていなければならないのです。しかも、ひとたび表現の自由が制約されてしまうと、人権を侵害するような何らかの政策があった場合に、表現行為を通じて、政治過程によってそれを修正するということが不可能になってしまいます。さらに、現代社会では、政治的コミュニケーションは多くの場合は代表者を通じての討議になり、それを報道を通じて国民が知るという間接的なものになります。代表者は「**世論**」を背景にしなければ説得力のある活動・討議をすることはできません。このことは**表現の自由の参政権としての側面**をよく表しています。**国民の知る権利**も、それを補完するための**報道の自由・取材の自由**も、それら自体が単独で成り立っているわけではなく、表現の自由に内包されているといえます。

2 秘密保護法の制定　2013年12月6日の参議院本会議で（特定）**秘密保護法**が可決され、1年以内に施行されることが決まりました（早期の施行は可能。特定秘密の指定・解除、適性評価の運用基準については公布と同時に施行）。この法律はその内容も、手続にも問題が多く、審議過程自体も前例のない異常なものです。第2次世界大戦後、日本国憲法下でまがりなりにも立憲主義の歴史を積み重ねてきたはずの日本の憲政のもっとも大きな誤りとして記憶されるでしょう。制定過程での問題としては、極端に短い審議時間、強引な議事進行、「野党」の自民党へのすりより、与党議員による耳を疑うような質疑、「質疑対応」だけで執行権限のない担当大臣による無意味な答弁、官房長官と首相の非現実的な想定による無責任な答弁（「一般の人が特定秘密に関与することはまずあり得ない」とする首相が「第三者的関与」をすることが「重層的チェック機能」を果たすことになる）、政府や党幹部のデモをテロと同視する発言や表現の自由を制約することをほとんど無根拠に肯定しそのような運用になるとする発言、参議院可決直前に外部的監査・監督を完全に排除する形で登場してきた特定秘密指定に対する監査・監督機関（可決から1週間後の12月13日に内閣情報調査室が中心になってこれらの設置のための第三者機関準備室ができたが、そこで検討される内閣官房に置かれるという保全監視委員会も、内閣府に置かれるという独立公文書管理官と情報保全観察室も政府の中に置かれ独立性がなく、身内の甘いチェックになることが予想される）など枚挙にいとまがありません。さらに法案が可決されてから、国会にもチェック機関を設けようという意見が与党から出たり、与党議員がこの段階になってドイツやイギリスの議会による統制について視察してくるという全くあべこべの事態になっています（このことについて2013年12月11日の外国特派員協会の記者会見で「法制定前ではなく、なぜ今になって秘密指定に関する国会の統制システムという基本的なことを調べにいくのか」という外国人記者の質問に中谷元自民党副幹事長は、もっと早く調べに行くべきだったが、基本的には行政がチェックするので問題はなく〔外部監査はそもそも想定していない〕、また国会での秘密指定に関わる統制にも秘密保全のために制約を課すことが重要だという驚くべきことを答えている）。

3 秘密保護法の内容　内容の面でも、秘密保護法は非常に問題が多いものです。広範不明確に、すべての行政機関に秘密を指定する権限を与えていること、「国の安全」「外交」「特定有害活動」「テロ防止」に限定しているとしつつ実際には秘密の対象が事実上限定されていないこと、適性評価の名の下に、

キーワード解説

必要以上に、特定秘密に関わる人たちのプライバシーが侵害され差別的な取り扱いが起こることが容易に想定されること、規制される対象が、公務員だけでなく、報道機関、**ジャーナリスト**、一般市民（つまりすべての人）にも拡大されていることがまずあげられます。次に他の情報保全法制と比較しても罰則が重すぎます。加えて独立した外部機関や議会による統制が全くなく、行政による恣意的な運用を防ぐシステムが欠如していることです。恐るべきことに、国会で十分に審議されたことになっている報道の自由は、22条1項で配慮するだけで保障はしておらず、しかも2項では「正当な業務による行為」という言葉を使ってあたかも法律の留保によってどのようにでも規制しうるようになっているのです。アメリカやドイツにも秘密保護法制はありますがここまでひどいものはもちろんありません。

　現在のような限定的な**公文書管理法制・情報公開法制**ではなく、すべての行政文書（公務員がつくったメモなども含めて）を完全に保管し原則的にすべて情報公開・開示の対象にする新しいまともな**公文書等管理法**と**情報公開法**を制定した上で、厳密に限定された必要最小限の範囲を対象にし、罰則規定も国際的な比較からも妥当なものにしている法律であれば許容可能かもしれません。実際少なくとも先進国ではそのような条件を満たした上で情報保全法制が制定されています。しかし、そもそも現行の国家公務員法、**自衛隊法**では秘密保全ができないなどということはまったくありません。また、日本自体・単体で秘密保護法のような異常な立法をもってしてまで守らなければならない秘密・機密などありません。**外務省機密漏洩事件**（最一判1978年5月31日）で問題になった**機密・秘密・密約**は、それ自体は今から見れば安全保障には全く関係のない単なる政治家にとっての不都合な事実の秘匿に過ぎませんでした。戦前の治安維持法、軍機保護法、国防保安法のもとでも安全保障にかかわる秘密でも何でもないことで有罪判決が下され重罰が科されることが数多く起こりました（**レーン・宮澤事件**など）。1980年代の**国家秘密保護法案**ではできなかった**共謀罪**の導入や、核施設の秘密の強化と報道規制、国政調査権への制約、報道規制によって**エイズ薬害事件**や**福島第一原子力発電所事故**と同様の過ちが起る可能性が高まるなど関連する問題も数多くあります。自民党改憲案21条2項を先どりするこの法律の施行後も運用を限定させ、廃止する努力が求められていると言えます。

デモ・集会

1 デモ・集会の意義とデモ・集会にたいする抑圧の構造

日本は、とくに1960年代後半からは他の民主主義国とちがい、大きな政治問題があったり、議会で重要な法案審議が行われている時に、大規模な**デモ**や政治**集会**がすくなく、表だっては、あたかも政治的問題がないかのような社会に見えてきました。これは自然にそうなっているわけではもちろんありません。まず文化的に、デモや政治集会をするような人はいわばおかしな人であって、聞くに値しない意見を言っている人なのだという印象操作を行います。そうして政治的言論自体が萎縮するように仕向けているのです。多くの場合、議会制の外で、街頭や公園、公民館などで政治的言論や集会を行うことによって世論を喚起しようとするのは、少数派の側、権力を持っていないため抑圧される側の人々であるわけです。抑圧される側の者のための主張を異常な主張であると思わせ、権力側が巧妙に抑圧される側を分断し、団結させないようにするわけです。法的にも憲法21条で保障されているはずの表現行為であるデモや集会を合法的に規制するための枠組みが何重にも用意されています。デモは多くの人々が行き交い、多くの人々の目に触れ耳に聞こえる場所、つまり公共の場で行う必要があります。つまり、道路や公園（法的には私有地であっても事実上道路、通路として扱われたものを含む）で行わなければならないわけですが、道路交通法や各都道府県で制定されている**公安条例**によって、道路の使用を届け出制ではなく許可制とし、デモにたいする必要以上の規制権限を警察に与えます。警備を名目に、デモを行っている側を威嚇するかのように警官が随行するなどといったことは当たり前のように行われています。また地方自治法で公の施設の利用権が保障され不合理な差別的取り扱いが禁止されているにもかかわらず、「混乱が生じる可能性がある」「（他の）市民に危険が及ぶ可能性がある」といったほとんど理由にならない理由で施設利用を拒否することもよく行われています。公務員については、勤務時間外であってもなんらかの政治的問題に関するビラを配布することが**国家公務員法**によって禁じられている政治的行為に該当するとして処分したり、逮捕して訴えたりすることが実際に起こっているわけです（デモと道路使用については新潟県公安条例事件〔最大判1954年11月24日〕、東京都公安条例事件〔最大判1960年7月20日〕、徳島市公安条例事件〔最大判1975年9月10日〕、

> 🔑 **キーワード解説**

エンタープライズ号佐世保入港事件〔最三判1982年11月16日〕、公園の使用に関しては皇居前広場事件〔最大判1953年12月23日〕、集会施設と集会の自由については泉佐野市民会館事件〔最三判1995年3月7日〕、国家公務員の政治活動制限については猿払事件〔最大判1974年11月6日〕などを参照)。しかもデモや集会のようなより積極的な表現活動ではない市民団体のビラや政党のビラの集合住宅への配布・投函(公務員宿舎にたいしては**自衛隊イラク派兵問題ビラ配布事件**〔最二判2008年4月11日〕、民間分譲マンションにたいしては**葛飾政党広報ビラ配布事件**〔最二判2009年11月30日〕などを参照) についてさえ、表現内容ではなく表現手段にたいするもので「他人の権利」を侵害するものへの規制には表現の自由に謙譲を求め、教員の起立拒否とはまた別の日の丸君が代訴訟(最一判2011年7月7日)のように非常にセンシティブで歴史的にも論議が大いにあり得る日の丸君が代を伴った卒業式に反対する行為を威力業務妨害とする判決が出ていることからもわかるように、政権にすこしでも反抗的な態度をもつと表現行為が封じられるシステムが司法の上からも固められています。

2 デモ・集会の定着・活性化とその意義

このようにしてデモや集会などをしにくいような法制度・運用を構築し、文化的にもあたかも日本はデモがないことがいいことであるかのような雰囲気・空気・ムードをつくって表現行為の抑圧・正当化にそれを利用するという構造がいまでも続いています。しかし、そのような有形無形の抑圧をはねのけて、やむにやまれぬ状況からデモをすることを市民に促した事件がみなさんもご承知の2011年3月から現在まで続き、これから半永久的に日本と世界の諸個人を、地球上の生命を苦しめ続けることになる福島第一原子力発電所事故であり、2012年の再政権交代後、とくに2013年7月の参議院通常選挙後に壊憲政策を本格させてきた安倍内閣の秘密保護法案の国会への上程でした。

前者についてのデモは**脱原発デモ・集会**です。地球規模の原子力発電所事故をおこしながら、実効的な対策も十分な賠償もなく、また事業者も政府も関連業者も関係する研究者も大学も研究所も責任をとることもない。原子力の推進と規制の分離が不十分で、規制基準も避難計画も全く不十分ななかで、なし崩しに原発を再稼働させようとする。そうした事態への切迫した危機感から、脱原発と抜本的なエネルギー転換、さらに、より開かれた民主的な公論の形成とそれをくみ取る政治システム、それを可能にする市民社会を求めて起こされて

いるものです。しかも、どこかの特定の、少数の政治団体が主導する形ではなく市民が自主的にはじめ、現在も続いているものです（もちろん3・11以前から原子力発電所にたいする反対運動はずっと存在し、いわゆる原子力ムラを構成する側から排除されてきたのだが、核兵器禁止運動や他の環境運動や市民運動とも連携することによって3・11を契機に顕在化した面も無視できない）。

　後者についてのデモ・集会は2013年10月15日から12月8日までの会期で開かれた第185回国会で審議され12月6日に可決された秘密保護法に反対する市民が中心になったデモ・集会です（秘密保護法の内容・問題については前のキーワード参照）。両者とも規模でいえば安保闘争の時以来の規模・期間で行われ、今も続いています。前者については1986年のチェルノブイリ原発事故の際にもあるにはありました。しかし、1年もしないうちに日本では下火になってしまいました。今回の脱原発デモ・集会をはじめとするさまざまな運動・表現活動は、持続的に、しかも広範に、いろいろなバックボーンをもった多くの諸個人・団体によって行われている点でチェルノブイリ原発事故の時とは相当に異なります。後者については、これまで**国家秘密法案**にたいする反対運動、共謀罪導入反対運動が法律家や法学研究者を中心にしてありましたが、秘密保護法に反対する動きは、法律家や法学研究者のような、いわば狭い範囲の特殊な専門家だけではなく、作家や映画監督のような表現者・芸術家、新聞・雑誌・放送・インターネットなどのメディア・報道関係者・ジャーナリスト、原子力問題や米軍基地問題に取り組む市民運動、そしてこれまで政治的なことには積極的に関わってこなかった普通の人々によって担われている点でこれまでとは大きく異なります。

　ここまで広範な人々が参加することはかつての安保闘争の時にもなかったのではないでしょうか。もちろん地域的に限定された形ではありますが反基地運動や原子力発電所設置反対運動はこれまでも現在も活発に行われていますし、その効果があったからこそ沖縄以外の米軍基地の規模が現状程度ですんでいることや、30基以上の大型商業用原子炉が設置されずにすんでいることは忘れるべきではありませんが、全国的な動きという点では戦後初といってよいでしょう。他の先進国、民主主義国に比べて言論が陰に陽に押さえられている日本ですが、市民の側からこの状況を変える機運が出てきているとすれば、まだまだとはいえ希望があるでしょう。

キーワード解説

実名報道

1 実名報道の現状　これまでは表現の自由・報道の自由・知る権利を十分に保障するための支障になっていることを中心に説明してきましたが、ここからはすこし趣がことなるはなしをしたいと思います。最後で扱うヘイトスピーチと同じように本来表現の自由としてそのまま扱うことが適切ではないような表現行為・形態についての問題です。実名報道もその一つだといえます。一見、表現の自由・報道の自由・知る権利を制約するはなしのように聞こえるかもしれませんが、この問題を検討することは、そもそも表現行為や報道は何のためにあり、どのようなものかということを明確にすることによって、表現の自由・報道の自由・知る権利をより実効的に保障することにつながる重要な意味をもっています。以下で述べるように実名報道を制限することは筆者としては表現の自由・報道の自由・知る権利を制約するものではないと考えています。

　実名報道（顕名報道）とは公職者や社会的に重要な地位・立場にある人物ではない人について、事件や事故や自然災害、犯罪などが起こったときに、当事者・関係者（重要参考人、容疑者、被告人、受刑者、加害者、被害者や犠牲者、それらの家族や親しい友人、仕事上の上司や同僚、部下など）として本人の名前をだして報道することです。殺人事件でだれが被害者でだれが容疑者なのかということや火事で亡くなったのはだれでその建物はどのようなものだったのか、交通機関の事故でだれが亡くなったのかということは大事なことだし、関係者にとってはどれも痛ましいことだからせめてお名前だけでも、というふうに考えれば自然なことのように感じられるでしょう。東京や大阪に住んでいて、三大全国紙（朝日・毎日・読売）しか購読していない、あるいはニュースはスマートフォン上のウェブニュースしか見ていないということであればむしろ当然であるように感じられるでしょう。実際全国紙や主要放送局は当然のことのようにいわゆる**社会面**記事を実名報道しています。

2 実名報道の問題点　しかし実はさまざまな問題があります。まず広い意味での**プライバシーの権利**（自己情報コントロール権、情報に関する自己決定権）が守られなくなってしまう問題があります。個人は一人一人尊厳を持った存在ですが、自らの意思に反したかたちでむやみに自分の情報を国家から覗かれたり、公衆の（好奇）の目にさらされたり、追悼名目でも実際には興味本位

で消費されるようなことがあっては尊厳を失い、正常な精神状態ではもはやいられなくなってしまいます。たとえば火事で亡くなったという人がいて火事自体は報道されているとします。火事で死ぬというのは、煙に巻かれて焼け死ぬ前にすでに死んでいても、脱出できず生きたまま焼け死んでいても、大変悲惨なことで、想像を絶する痛みと苦しみと無念の中での死です。だからといって無条件にいつでもすべての人が公衆に自分の名前を公表して欲しいとおもうかというと、そんなことは全くありません。人にはそれぞれ事情があり、自分の生死に関する情報もできれば自分のコントロール下に置きたいと思うものです。社会的には好ましくない場所やいないはずの場所でなくなった場合にはとくにそうでしょう。また殺人事件などで有罪判決はおろかまだ被告人ですらない逮捕された被疑者の段階からあたかももうほとんど有罪判決を受けた者と同じであるかのように実名報道をするということが日本では当たり前のように行われていますし、この場合被害者も実名報道されるのが当然のようになっています。

3 実名報道を限定する根拠 しかしこれはおかしいのです。本来なんらかの犯罪行為が本当にあったかどうかということが、つまり有罪だったということが法的に判明するのは裁判で判決が言い渡されてからということになります。判決が言い渡されるまでは被告人は有罪判決を受けた者（犯人）ではなく無罪の人として扱わなければ公平な裁判などできません。この意味で不必要な**実名報道**は憲法上の原則でもある**無罪推定原則**に反した行為であるといえ、報道の自由の一環として無条件に肯定できるものではないということがいえます。そもそも裁判所ではなく、また刑罰権のない報道機関や社会がいわゆる**社会的制裁**を行うことがなぜ許容されるのか理由はよくわかりません。さらによく考えてみると情報に関する自己決定権は有罪判決を受けた者・受刑者・在監者にもあります。刑期を終えた後もいつまでもいわゆる前科者として扱われることが続けば、まともな社会生活など営めないでしょう。有罪判決を受けた者・受刑者・在監者にも**社会復帰の権利**と**忘れられる権利**があるので実名報道は基本的には許されないはずなのです。1970年代からはイギリスを除く西欧・北欧諸国では基本的に実名報道をしておりません。実名報道は公共性のある問題（政治家などが関わる事件）に限定するように**ジャーナリスト憲章**で自治的に決め、**プレス評議会**で話し合って自治的に対処するのです。それは報道の役割である権力監視に集中するためでもあります（実名報道については飯島滋明編『憲法から

キーワード解説

考える実名犯罪報道』〔現代人文社、2013年〕を参照）。

4 ヘイトスピーチ　実名報道と同様に本来表現の自由の問題としてそのまま扱うことが適切ではない問題として**ヘイトスピーチ**の問題があります。現在世界中で、**人種差別**、**民族差別**、移民にたいする反感から多数派の住民による少数派住民にたいする**差別的言論**が繰り返し行われています。経済の**グローバル化**の中で、低所得者層の所得がますます低下する現象が世界のどの国でも起こっています。経済格差も拡大し、人々がやり場のない怒りや憤りを比較的弱い移民や少数民族・少数宗派に属する者に向ける結果です。本来、虐げられている者同士、連帯とまではいかなくても協力して、間違った国政運営をしている権力者に立ち向かうべきなのに、権力者はつよく刃向かいづらいので、またインスタントなナショナリズム的な気分で高揚感を味わい、ひとときの憂さ晴らしもできるので、弱い者がより弱い者をいじめるわけです。ヘイトスピーチ自体は昔からありましたが、**ブログ**や**ツイッター**といったネット上の情報通信、表現が広く普及し、だれもがなにかを表現しようと思えば表現できるようになって、より起こりやすくなり、ヘイトスピーチによって誘発された民族差別を公然と主張するデモまで行われるようになりました（それに対抗する**カウンター行動**まである）。いわゆる**けんか言葉**や中傷表現、名誉毀損表現、わいせつ表現とおなじようにヘイトスピーチも表現行為である以上、表現の自由の保障範囲内には一応は入るともいえます。ですから一方では**ヘイトクライム**にまでならなければわいせつ表現や名誉毀損にたいするのと同じように対処するべきだとされます。その立場からはヘイトスピーチ規制法で対処するのは望ましくないことになります。よく引き合いに出されるドイツなどの人種差別表現規制はホロコーストに対するもので例外中の例外というわけです。他方でヘイトスピーチ自体が暴行や傷害に該当する犯罪・ヘイトクライムであり、人種差別撤廃条約や、先住民の権利宣言など人権条約でも法規制が要請されているとすれば、当然立法による対処がいることになります。ただ、**イスラム風刺漫画掲載事件**のようにどちらともとれるケースや、多数の職業ジャーナリスト以外の普通の市民が言論空間に参画する**インターネット時代の表現行為**としてのヘイトスピーチの問題をどう扱うのかといった未解決の問題が数多く残る分野で悩ましいところです。

（奥田喜道）

憲法ワンポイント知識

原発事故に関する「国会事故調」の役割

2011年3月11日に始まった東北地方太平洋沖地震は、地震・津波による災害だけでもここ百年ほどの間では最大規模のものでしたが、東京電力福島第一原子力発電所の破局的な事故による原子力災害によって（もっとひどくなることも十分ありえましたし、これからそうなる可能性も残っているのですが）これまでの大規模災害とは量的にも質的にも比べものにならないものになってしまいました。

原発輸出の推進まで行っていたにもかかわらず十分な事故対応ができなかった政府・民主党も、世界中の地震の10分の1が起こり、津波も火山噴火も頻繁に起こる日本で潜在的な核兵器製造能力を維持するという裏の目的を隠しつつ大規模な商業用原子炉を全国に57基も設置するという今から考えてみれば異常で愚かな政策を推進してきた自民党も、高まる国民からの批判に耐えかね、衆参両院で全会一致で東京電力福島原子力発電所事故調査委員会法を可決し、国会に設置されたのが東京電力福島第一原子力発電所事故調査委員会（国会事故調）です。文書提出請求権をもち場合によっては国会の国政調査権をつかってでも調査をする権限をもつ強力な調査委員会でした。

限定された調査条件と調査対象、6か月という短い調査期間の制約はありましたが、国会事故調の活動は、これまで日本社会に必要とされていながら放置されてきた政策課題をあらためてはっきりさせたものです。細かい技術的なことについては議論の余地があるかもしれませんが、すくなくとも国会事故調の結論と提言（国会の監視、政府危機管理体制の見直し、被災住民対応、電気事業者への監視、規制の虜にならないような新しい規制組織の要件、原子力法規制の見直し、独立調査委員会の継続と活用）は真摯に受け止め実際の政策に反映させるべきものといえるでしょう。憲法上も現代社会での知る権利の確保のための手段としての国会の調査委員会の意義、科学技術（規制）と政治のあるべき関わり方、マスメディアによる報道の両面的機能（国民の知る権利を実現する面と、実質的に政府のプロパガンダをしてしまう面）、実際には専門能力が欠如している「専門家」が独占している分野を民主的に統制することの重要性を明示したことはきわめて重要だったといえるでしょう。

（奥田喜道）

第12章 「心」に国家権力が入って来てもいいの？

● 精神的自由

第19条～20条、第89条

キーワード 心の自由、君が代・日の丸、信教の自由・政教分離

ショートストーリー 「国民は国旗と国歌を尊重しなければならない！」

　2040年3月15日、さぁ卒業式がはじまる。体育館には高校生たちが入場してきた。ここは愛知県下でトップを争う進学校だった県立千草ケ丘高校。「全員起立！開式にあたり、国旗に敬礼！」蛭ケ島教頭の発声で、全員が正面に麗々しく張られた日の丸と旭日旗（赤と白の縞模様の旗。昔の軍旗）に深々とお辞儀をした。次は君が代だ。「国歌斉唱！　全員起立のまま、お国のため、心を込めて歌いましょう！」

　君～が～代は～♪と、いつもの歌詞が流れた。10年前（2030年）に国旗国歌法が改定され、旭日旗は準国旗となり、国旗敬礼と国歌斉唱は法的に義務化された。同法制定時の1999年には国民への義務づけはなかったが、自民党30年来の執念で、ついにこれが法的義務化されたのだった。

　自民党改憲案が成立したのは2030年。その際憲法に「国民は国旗と国歌を尊重しなければならない」と明記されたことから、同年国旗国歌法にも次のような義務規定が追加された。「すべて国民は、公の場における国旗敬礼と国歌斉唱の義務を負う。公益又は公の秩序を損なう言動は処罰又は懲戒処分の対象とする」。

　しかし、この日で卒業する菊里和彦は、以前からこの歌詞に疑問を持っていた。「君が代」とはもともと、「君主としての天皇が治める時代」という意味だ。国民は本当は主権者なのに、なぜ天皇のことを賛美して歌わなければならないのだろう？

　そんなことを考えるきっかけは高1の時の公民の授業だ。台門未知代先生が「天皇を賛美する君が代を、私は歌わない」と話すのを聞いて以来、この問題に強く関心を持つようになった。彼女の曽祖父は1930年代、日本の戦争遂行のため、朝鮮

半島から強制連行されたのだという。

そんな台門未知代は校長らに監視されている。彼女の立つ所にはわざとマイクが置かれ、本当に声を出して君が代を歌うかどうかをチェック、口パクも許さない体制なのだ。しかし彼女は自らの思想・信条に基づき、今日も歌わないだろう。蛭ケ島が台門に近づき、あのダミ声でささやいた。「台門先生、今日こそは歌わないと懲戒免職ですよ。よろしいですね」「いいえ、致しませ〜ん！」と彼女は即答。だが和彦は心配だ。未知代先生が失職したらどうしよう、とても良い先生なのに……。

国旗敬礼・国歌斉唱が終わり、来賓祝辞。蛭ケ島教頭が「わが国の栄えある国防軍、中部方面軍連隊長であられます阿部新造閣下に御言葉を賜りたく存じます！一同敬礼！」と発声すると、全校生徒が一斉に軍隊式の敬礼ポーズをとった。新造は壇中央に進み出ると、日の丸と旭日旗に深々と頭を下げた。その姿を新聞記者が恭しく撮影している。きっと忠日新聞か旭日新聞だろう。

「え〜皆さん、どうぞラクにされますように。いくら規則とは言え、小国民の皆さんにこうもきちんと敬礼されていると、何だか面はゆいですな、ハッハッハ。自分は本日、お国の教育が大変行き届いていることを実感するものであります」。

規則というのは、全国の学校で（形の上では）自主的に定めたことになっている、いわゆる「礼節規則」のことだ。国旗が掲揚されている体育館・教室等では、政府や軍など公権力関係者と対面する際、相手が許可するまでは敬礼ポーズをくずしてはならない、という全国共通の学校内規則のことだ。

阿部はご機嫌で話し続けた。「わが国は天皇陛下を元首にいただく神聖な国でありますから、その防衛は、10年前の自民党憲法に書かれたように、国民にとって神聖な義務であります。君が代は、天皇陛下を核とするニッポンと皇室の御繁栄を願う崇高な歌であります。皆さんはこの歌を心にとどめ、戦地で奮闘している我が国防軍兵士と、志半ばで靖国の英霊となられた兵士とを、ぜひお祈りしていただきたい。靖国神社にも詣で、心を込めて参拝していただきたいものです」。

日本は改憲から5年後の2035年、中東地域と台湾海峡の二つの軍事紛争に国防軍が出動し、米軍と共に戦争中だ。かつて「憲法9条・平和主義」を掲げていた日本は、歴史の年表でしか見られない過去の姿になってしまった。今や修学旅行では靖国神社に行くのが全国的ブームでもある。ただ参拝は、あくまでも生徒会が自主的に挙行する建前だ。一応自民党憲法にも「政教分離」規定は形だけ残っているためだ。しかし靖国神社には、かつての日本の侵略戦争を主導したＡ級戦犯が祀られ、戦争を公然と美化する展示もあり、依然として憲法上の問題は深刻なままだ。

ショートストーリー　「国民は国旗と国歌を尊重しなければならない！」

キーワード解説

心の自由

1 個人の尊厳と私たちの「心」　あなたが生まれた時、親は誕生を心から喜んだはずです。人は誰でも本来は愛されて生まれてきたはずです。だから元々"どうでもいい要らない人"はいなかったはずなのです。このように人は、最初から「かけがえのない存在」としてこの世に登場したと考えることができるのではないでしょうか。憲法学ではこのことを「私たちには誰でも、一人の個人として尊厳がある」と表現します。それは、私たちは皆、互いに交換することのできない「かけがえのない価値を持った存在」という意味です。憲法は、この**個人の尊厳**という価値観（原理的な考え方）を最も基本に据えています。

「個人の尊厳」にとって、絶対に侵してはならない大切なものが命と心と性の尊厳です。この3つはトライアングルのように深く結びつき合って、切り離すことができません。たとえ腕や足が事故で傷ついても、よほどの重傷でなければ完治します。しかし心の傷はどうでしょうか。友人や親しい人などから言われたグサッと来る一言は、人によっては、終生忘れることのできない傷になることがあります。心とは、それほどに私たちの「存在価値そのもの」すなわち「個人の尊厳」に深く係わっている繊細で深みのあるものなのです。

2 思想信条・良心の自由　繊細で深みのある「心」は、個人の存在価値の根本であるがゆえに、憲法上最も大切にされていなければなりません。憲法19条は「思想及び良心の自由は、これを侵してはならない」と定めています。

憲法19条が固有独自の意味を持つのは、①特定の思想信条（考え方）の強制の禁止、②沈黙の自由、③思想信条・良心に基づく差別の禁止、といった場面です。①と③はわかりやすいですね。②**沈黙の自由**の保障とは、人に内心を告白させてはならないという意味で、いわば**「踏み絵」の禁止**です。その昔、江戸幕府はキリシタン選別の手法として、キリスト像の石版を踏ませて内心を表情・行動で告白することを強要しました。現代では就職の面接などで「きみの支持政党は？」などと思想信条に関わることを問いただす場合があれば、それはNGです。聞かれても答える必要はない、というのが沈黙の自由です。

これに関し、有名な**三菱樹脂事件**があります。学生時代に生協活動（生協の理事も経験）をしていたT氏が、就職採用前に企業側に"申告"しなかったことを理由に解雇（本採用拒否）されたのですが、解雇は思想信条を理由とした差別

であり憲法違反だと訴えた裁判です。東京地裁も東京高裁も勝訴したT氏でしたが、最高裁判決（1973年12月12日大法廷）では敗訴。その理由は、労働者個人に**精神的自由権**があるように、企業側にも「どのような人物と労働契約を結んで採用するかしないか」といった**経済的自由権（契約の自由）**が保障されている、企業側がよほど「公共の福祉」（社会公共のルール・常識）に著しく反する差別的行ないをしたのでないかぎりその自由は許される、というものでした。

しかしこの最高裁判決には、憲法学界から強い批判が寄せられてきました。そもそも企業内での労働（仕事）の質に思想信条は直接的関係はないのだからそれを調査すること自体違法である、まして思想信条を理由に解雇（本採用拒否）するなどとは憲法19条の精神に完全に違反している、私企業といえども社会公共のルールには従うべきなのだからそのような差別は**公序良俗**（民法上の重要概念）に反し経済的自由を逸脱して民法上違法だ、というものです。

この問題、あなたならどう思いますか？　仕事の中身と関係ない思想信条・趣味・性的指向性といった個人の尊厳や**プライバシー**に属する事項を、就職面接時に企業側に"申告"しなかったらキミは採用取消だと言われたら？……そんなのアリかよ！と思うのではないでしょうか。

3「心」と「歌う」行為　ところで、ある日あなたは、とても残念なことに、好きだった人にフラれてしまったとします。それを知った友人が気を遣ってくれて、「カラオケでも行って元気出そうよ！」ということに。友人はあなたの失恋をかき消そうとしてか、あえて熱々の恋歌を歌ってます。その時突然「一緒に歌おうよ！」と腕を引っ張られました。さぁ、あなただったらどうしますか？　一緒に歌う人もいるかもしれませんが、おそらく多くの人は「いや、今日はそういう歌だけは勘弁して」と言って断るのではないでしょうか？「昨日のことなんかさっさと忘れて前に進まなきゃ、新しい恋なんてできないよ！」と友人は強引です。さて、この友人の態度、あなたならどう思いますか？

こんな光景はたまにありそうですが、ここで大事なのは「歌う」行為と「心」との結びつきです。恋歌にはよく「あなただけに愛されて幸せ」といったたぐいの歌詞がありますよね。失恋直後の人にとってその種の言葉は口にしたくないもの。たとえカラオケでも、心にもない言葉を口にすると人は心が痛んで嫌なのです（嘘をつくと「やましい」気がするのはその典型的な症状）。

4「君が代」の特殊な思想的意味（=イデオロギー性）　さて、憲法上よく

🔑 キーワード解説

問題になるのは「君が代」(国歌)斉唱です。「君が代」とはもともと「君主としての天皇様がお治めになる時代」という意味です。「君」は、ボク・キミのことでは全くなく、「君主」の意です。古来、女性が夫や恋人を「わがきみ」と呼ぶことはありましたが、それはあくまでも「私だけのカレ」の意であって、「代」が付いてしまうと意味は全く異なります。「代(よ)」という言葉が冠せられるのは、天皇(平安時代)か将軍(江戸時代)レヴェルの「この世の支配者」に限られます。歌詞の「千代に八千代に」は「1000年も8000年も半永久的に続きますように」の意、「さざれ石の巌となりて」は「小さな粒粒石が凝集して大岩石になって」の意(現実に「細れ石」という小さな粒粒石が凝集した大岩石が存在する)、「苔のむすまで」は文字通り「その大岩石に苔がびっしり生えるぐらい長い長い年月続きますように」の意、です。

おわかりのように、君が代は「君主としての天皇制の永続・繁栄」を祈願する歌詞です。また「君が代」の初演は1880年の明治天皇の誕生日、皇居においてです(今の楽曲にアレンジしたのはドイツ人作曲家のエッケルト)。明治天皇は旧憲法上「統治権の総攬者」つまり「主権者=この国の支配者」でしたから、この歌は支配者(君主)の誕生日をお祝いする歌として位置づけられていたことが明らかです。つまり象徴天皇制(現憲法下)の天皇の歌では全くないのでした。

この点はひじょうに大事なポイントです。政府は、1999年の国旗国歌法制定の直前、突如、君が代の「君」の意は象徴天皇制下での天皇の意だと表明しました(1999年6月11日政府見解)。しかし、そもそも明治憲法で私たち国民は何と表現されていたか知っていますか?「臣民」です。「臣民=家来」という意味の言葉で国民を位置づけていた旧憲法は、明らかに「君主」と「臣民=家来」という身分差別を前提としています。ですから、旧憲法下での「君」を前提とした君が代の意味が「象徴天皇制下での天皇」の意味になり得るわけがありません。天皇主権と国民主権とでは完全に原理原則が異なるのですから、これは完全に原理原則のすり替えです。「主権者・支配者を讃える歌」を、同じ歌詞のまま、「主権者・支配者でなくなった人を讃える歌」としてもう一度新たに使いなさい、と言っていることになるからです。たとえて言うならば、猫のペットフード用の缶詰と人間用の缶詰の両方が必要な時に、もし人間用が製造されていなかった場合、「食べ物だし同じ缶詰なんだから」と言いながら猫用の缶詰として売っていたものを人間用で新たに売り出す、というに等しい話なのです。

君が代・日の丸

1 「日の丸」と「君が代」の一体化——国旗国歌法の制定後

国民は主権者なのに、なぜ「君主」を賛美する歌を歌わなければならないのか？　君が代の歌詞の意味を知ってしまうと、歌うことに抵抗を覚える人が少なくありません。失恋直後のカラオケと同じで、心にもない言葉を口にするのはやはり誰でも嫌なのです。まして戦争でひどい目に遇った人ならなおさらでしょう。君が代の歌詞には、多くの人にアレルギーを感じさせるような**特殊な思想的意味（＝イデオロギー性）**があると言わざるを得ません。1999年夏、日の丸を国旗、君が代を国歌とする「国旗国歌法」がにわかに成立しました。同法審議の際、首相や官房長官は「国民に強制する内容を含むものではない」と繰り返し国会で答弁しました。成立後、政府や文部科学省は、長く論争の的だった日の丸・君が代について今後は騒動が沈静化するだろうと胸を張りました。しかしこの法律は、旗の寸法と曲の歌詞を定義づけたに過ぎません（この種の法律を**定義法**という）。つまり定義レヴェルを越えて、たとえば「国旗・国歌を尊重しなさい」といった精神的命令や「国歌は絶対に起立して歌わなければならない」という**義務的内容（規範的内容）**は全く含まれていないわけです。したがって法律がそのまま国旗掲揚と国歌斉唱を義務づけ強制する法的根拠にはならないはずでした。しかし現実はなぜか全く逆となったのでした……。

驚くべきことに、定義法に過ぎなかったはずの国旗国歌法ができた途端、「法的根拠ができたのだから掲揚し斉唱せよ」という"指導"が徹底的に強化され、全国規模での掲揚率・斉唱率は一気に100％近くにまでなったのでした。とりわけ教師は、**職務命令**（生徒への"指導"）と自己の**思想信条・良心**との間で日々悩み続け、信条・良心に忠実たらんとする教師の多くが処分の憂き目に遇ったのです。同法審議の際あれほど「国民に強制はしない」と繰り返し国会で答弁されてきたことは、果たして教師には全く無関係の話だったのでしょうか。

「日の丸」については、なるほど純粋に考えれば、単純に「白地に赤い丸」であり、このデザインそのものには特殊な思想的意味（イデオロギー性）はないとも言えます。しかし、日の丸が、かつて侵略戦争と連動して盛大に用いられた歴史的事実は自明であり、「日の丸、君が代は明治時代以降、第二次世界大戦終了まで、皇国史観や軍国主義思想の精神的支柱として用いられてきたことがあ

> キーワード解説

るのは否定し難い歴史的事実で、現在も国民の間で価値中立的なものと認められるまでには至っていない」(東京地判2006年9月21日)とも言えましょう。そして日の丸は、君が代の歌詞のわからない外国人にも視覚的に「日本」のシンボルだとはっきりわかるものです。たとえばオリンピックならば「浅田真央らニッポンの旗だ」と思う人が多くいるでしょうし、逆に、たとえば中国・東南アジアで戦争で悲惨な目に遭った人々だったら「あの侵略してきた日本の旗だ」と思うことが当然あるでしょう。他方、国歌だと耳で聞いて歌詞を理解しなければ、その問題性も深くは理解(把握)できないかもしれません。このように国旗と国歌は、受け止める人の過去の戦争体験の有無や歌詞が理解できるか否かによっても、反応の内容・強弱・濃淡もさまざまです。

日の丸のデザインそのものには特殊な思想的意味は存在しないことと、現行国旗「日の丸」が完全に価値中立的な存在と受け止められ得るかどうかは、次元を異にした問題です。「君が代」は、そのような特殊な意味を持つシンボル「日の丸」とワンセットであることによって、本質的威力を更に発揮するからです。卒入学式典等の際、壇上正面に大きく掲げられた「日の丸」に正対して「君が代」を斉唱させる場合には、「君が代を歌いなさい」という職務命令は、日本という「**国家の権威**」を背景にした命令になるのです。

しかもここで重要なのは、式典や儀式という「あらたまった雰囲気」、すなわち非日常的空間がふんだんに活用されている、という事実です。普段よりも一層「個人の意見や主張を言えない空気」が強く漂っている場面で、国旗敬礼や国歌斉唱が行なわれると、「皆と同じように行動しなさい」という無言の圧力(プレッシャー)がひじょうにかかります。こういうのを「**同調圧力**」と言います。それは教師にも生徒にも「心」に強くのしかかってくるでしょう。

2「君が代・日の丸」をめぐる訴訟

学校の卒入学式典等で国歌斉唱時に自己の思想信条・良心に基づいて**不起立**を貫く場合(着席のまま)、当然君が代も歌わないので、不起立には自動的に**不斉唱**が含まれると言ってよいでしょう。他方、起立はしたけど歌わないという「起立・不斉唱」の場合、実際にはかなりの数がいます。が、今までは「不斉唱」だけを懲戒処分の対象とする例は聞かれません。問題とされてきたのは不起立です。たくさんの懲戒処分とそれに反発する訴訟とがあり、多くは教師側が敗訴してきました。しかし「国歌斉唱・ピアノ伴奏等の義務不存在」を予防的に主張する**予防訴訟**の東京地裁判

決（2006年9月21日）は、画期的な判断でした。

　判決の趣旨はこうです──教職員は、「国歌を斉唱しピアノ伴奏をするまでの義務はなく、思想良心の自由に基づき、これらの行為を拒否する自由を有していると解するのが相当である」。国歌斉唱やピアノ伴奏を「拒否した場合に、異なる主義・主張を持つ者に対しある種の不快感を与えることがあるとしても、憲法は相反する主張を持つ者に対しても相互の理解を求めて」いる。一方で、「生徒に日本人としての自覚を養い、国を愛する心を育てるとともに、国旗・国歌に対する正しい認識を持たせ、それらを尊重する態度を育てるのは重要なことだ」とした上で、「国旗・国歌に対し、宗教上の信仰に準じた世界観や主義・主張から、国旗掲揚や国歌斉唱に反対する教職員・ピアノ伴奏をしたくない教職員がいることもまた事実である。このような場合に、**懲戒処分**をしてまで起立させ、斉唱させることは、いわば**少数者の思想良心の自由**を侵害し、行き過ぎた措置である」──と、この東京地裁判決は結論づけたのでした。

　この判決は後に高裁で取り消されてしまいましたが、現在の日本で「教師と国旗・国歌」をめぐる訴訟の中で最も先進的な内容です。その後2011年5月以降最高裁は、「起立斉唱には敬意の表明が含まれるが、それは慣例上の儀礼的な所作にすぎず、起立命令は合憲」との判決を9件も出し、教師側が不利となる形で裁判は決着しました。ただ、もし「起立命令は合憲」だとすると、不起立を貫いた教師は当然処罰（懲戒処分）の対象になります。しかし最高裁は2011年の諸判決が行き過ぎと考えたのか、その後2012年1月16日最高裁判決において、軌道修正しました。すなわち、「懲戒処分を下す場合、減給以上の厳しい処罰の場合には慎重な考慮が必要」とクギを刺したのです。2012年11月7日の東京高裁判決は、その最高裁判決を受けてのやり直し裁判でしたが、不起立を貫いた教師への「停職という重い処罰（懲戒処分）は違法」と判示し、教師を救済して決着しました。結局判例は、「起立命令自体は合憲だが、従わない者への重い処罰は違法」という形で一応結着したと言えるでしょう。

　国旗も国歌も「国家の権威」を背負った象徴（シンボル）。なぜ国民はこれらへの敬意表明を強要されるのでしょう？　アメリカでは（忠誠宣誓の事案ですが）「公務員（教師）といえども拒否する精神的自由が憲法上保障される」との判例が定着しています。が、日本では処罰の対象。果たして、罰してまでの強制は、「心」に国家権力が土足で入り込むことではないでしょうか？

キーワード解説

信教の自由・政教分離

1 宗教と権威・権力——ヨーロッパの歴史と信仰の自由

憲法上の精神的自由権（心の自由）の保障は、元は**信仰の自由**に由来しています。中世ヨーロッパでは、キリスト教の**カトリック教会**が絶大な権威・権力を有しており、その時代は数百年〜千年以上も続きました。カトリックとは、最古の教会の流れを汲む宗派で「正統」という意味です。ローマ法王はその頂点に立つ人です。

キリスト教はその後ローマ帝国によって**国教**化され、弾圧されていた宗教から一転、「支配者の宗教」へと様変わりしました。欧州全域でキリスト教が多数派なのはその支配が当時から及んでいたからで、影響は後に北米・南米へも波及していきます。しかし「絶対的な権力は腐敗する」の名言の通り、絶大な権威・権力（当然財力が含まれる）を誇ったカトリック教会も堕落・腐敗してゆき、教会の在り方に疑問が持たれました。これにはイエスもびっくりでしょう。だってイエスは常に貧しい民衆に寄り添って福音を宣べ伝えていたのですから。イエスの有名な言葉に、こういうのがあります。「あなたがた貧しい者は幸いである。神の国はあなた方のものだからである」（新約聖書「ルカ福音書」6章20節）。

有名な**マルティン・ルター**は、カトリックの姿勢はイエスの言行・姿勢とはかけ離れていると感じ、1517年に教会への質問書（抗議文）を発表し堂々と自説を述べました。当時カトリックに「抗議＝プロテスト」した人々が「プロテスタント」で、その後ヨーロッパ各地でカトリックに抗議して独立していったのが**プロテスタント教会**です。現在世界中にいろいろな宗派があります。

カトリック教会は宗教的な権威であると同時に、現実世界（＝「世俗」という）を動かす権力でもありました。なぜなら、神聖ローマ皇帝（中世の欧州）・国王（各国の）・領主（各地域の）といった政治権力者は皆信徒であり、絶大な影響力を有していたからです。となると、「心の自由・信仰の自由」を主張してカトリック教会に抗議することは命懸けです。実際、教会に反抗して殺害された者は数えきれません（ルターは隠れて無事でした）。ローマ法王・カトリック教会は絶大な権威・権力（当然財力）も有していましたが、教会が政治権力と結びつくことにより「世俗的（非宗教的）な権力」をも動かすことが可能になったという点が、ここでのひじょうに重要なポイントです。

2 信教の自由

「信仰の自由」獲得の歴史は、憲法に**信教の自由**と**政教分離**

を書き込むことにつながりました。日本国憲法20条1項は「信教の自由は、何人に対してもこれを保障する。いかなる宗教団体も、国から特権を受け、又は政治上の権力を行使してはならない」と定めています。「何人に対しても」とあり、「国民」などとは書いてありません。**心の自由**は国籍に関係なく誰にでも保障されるべきものです。また第2項「何人も、宗教上の行為、祝典、儀式又は行事に参加することを強制されない」は、戦前・戦時中に戦争遂行のため、**靖国神社・護国神社**での式典に一般国民にも参加が事実上強要されたことへの反省です（当時公務員は完全に義務とされていた）。

3 日本の政教分離──国家神道との決別　宗教と政治が結びつくと如何に巨大権力が生まれてしまって危険か、は前述したことでよくわかると思います。日本の政教分離の核心的目的は、戦前の軍国主義で大きな影響力を持った「靖国神社・国家神道」と政治権力とを完全に決別させることにあります。憲法20条3項はそのための規定です。「国及びその機関は、宗教教育その他いかなる宗教的活動もしてはならない」。国の権力と宗教をきちんと分断しないと宗教はどんどん政治に入り込み絶大な権力が誕生してしまいます。立憲主義の重要ポイントは「権力に対する拘束」ですから、権力に入り込もうとする宗教勢力や宗教的影響力を政治に利用しようとする動きを遮断することが、「政教分離」の最も重要な使命です。

　戦前、靖国神社・護国神社などの宗教施設は事実上"国営神社"すなわち**国家神道**であり、いわば「軍国主義の国教」でした。政治家・軍部ら権力者はこれをふんだんに利用しました。なんのため？　ズバリ、戦争のため！　ここが重要な点です。戦争では人が死にますよね。でも、そもそもなぜ人は国の命令で戦争に行って死を強要されねばならないの？　国は個人に「死ね」と言う権限があるの？　戦争に行って「人を殺して来い！」と命令できる権限まであるの？　これらの疑問に対し、戦争肯定の明治憲法からすれば、天皇の臣下たる国民に対し「多数の人を殺してこい！」「潔く戦って死ね！」と命令できる権限は、君主かつ主権者かつ神である天皇には当然あることになっていました。

　戦争に行かされた兵士が死んだら、きちんと「**名誉の戦死**」にしないと後が大変です。「戦争に行きたくない」という反戦世論が高まってしまうからです。そこで戦死しても「**靖国の英霊**」になって日本に帰る（死んだ霊は靖国神社に祀られ神となる）のだ、と理屈付けされました。靖国神社とは元々、明治維新の際

> # キーワード解説

に天皇側で戦って死んだ兵士を明治天皇が祀るという名目で政府が建てたもの（**東京招魂社**）ですから、徳川幕府側の兵士は祀られていません。死んだ人の霊を全て祀って"平和を祈った"のでは全くありません。だいいち第二次大戦時の戦災市民（東京大空襲、広島・長崎の原爆の被害者等々）は靖国神社とは本来無関係です。あくまでも「天皇の命令で死んだ軍人・兵士だけ」が対象でした。

だから靖国神社が"平和を祈る場所"だというのはウソくさい話で、その本質は「軍国主義のための精神的装置」であり、戦争肯定の神社です。現に、かつて日本の侵略戦争を主導した**A級戦犯**は全員祀られており、戦争を公然と美化する展示（遊就館）もあります。こんな宗教施設に首相や国会議員が参拝することは、憲法上の政教分離との関係で重大な問題があります。なのに世間では「中国・韓国との関係が悪化するから控えるべき」とか、逆に「中国・韓国に屈せずに断固として靖国参拝すべきだ！」といった議論ばかり。靖国問題はあくまでも「**政教分離**」の観点から、**憲法問題**として私たち**主権者**が冷静に考察すべき問題です。

4 政教分離をめぐる訴訟・判例

判例の基本は津地鎮祭訴訟の最高裁判決（1977年7月13日）の「**目的・効果基準**」という考え方です。三重県津市の体育館の建設にあたって神道形式の地鎮祭に公金支出したことが憲法20条・89条違反と訴えられました。最高裁は公金支出の（A）目的に宗教的意義があるか、（B）その効果が宗教に対し援助・助長・促進または圧迫・干渉等を有するか、の二基準で考えるべきとしました。でもこの基準は甘くてダメです。

その後、靖国神社と地方自治体に関し、①首相の靖国参拝を自治体が要望する議決、②自治体から靖国神社・護国神社に玉串料・供物料への公金支出、は憲法上「政教分離」違反かどうかが争われた**岩手靖国訴訟**があります。1991年1月10日の仙台高裁判決が確定し、①も②も違憲との結論でした。①を違憲とする理由として「首相の靖国公式参拝は違憲だから」と述べ、注目されました。また②に似た事案「**愛媛玉串料訴訟**」で1997年4月2日最高裁は、津地鎮祭訴訟の目的・効果基準に沿って「違憲」の結論を出しました。ただ、戦前の軍国主義と深く結びついた「靖国神社・国家神道」との完全な決別という観点から見ると、判例全体としては、政教の「分離」にまだまだ甘い面があり、不徹底なのが実情です。

（長峯信彦）

Column 憲法ワンポイント知識

日本軍の性奴隷（"慰安婦"）問題

元"慰安婦"の証言。「慰安婦という言葉を完全に拒否したい。私たちは毎日レイプされ続けた存在です」。果たして彼女たちはどうやって"慰安婦"にさせられたのか？ 当時、植民地（朝鮮半島・台湾）では多くの人が「お国のために働かないか？看護婦の仕事だ」といった虚言で騙されて連れていかれました。皇民化政策（教育）が徹底していた植民地では「お国」は日本です。集められたのは 13 〜 17 歳ぐらいの女子で、借金を抱えた貧しい家庭の子が多く、「金になる」が殺し文句でした。当時植民地の非日本人女子はろくに教育を受けていないので、読み書き・社会的知識・批判能力において、かなりの女子が現代の中高生には遠く及ばないことを忘れてはなりません。

"慰安婦"の毎日は、強制的な性行為の連続。一日に相手させられた兵士の数は平均して 10 〜 20 人というのが一般的です（一日 60 人という例も）。当然、体調悪化・性器異常（不妊体質へ）・性病蔓延・精神荒廃が起きます。自殺は相当数ありましたが、実態は闇に葬られたまま。人としての尊厳はズタズタに蹂躙され続けたと言わざるを得ません。明らかに重大な人権侵害であり、国連も以前から深刻な問題と位置づけてきました。

日本政府は 1993 年内閣官房長官談話（河野談話）で、①日本軍が「直接あるいは間接にこれに関与」した、②日本軍の関与の下に多数の女性の名誉と尊厳を傷つけた、③慰安婦の募集は「甘言、強圧による等、本人たちの意思に反して集められた事例が数多くあり」「官憲等が直接これに加担したこともあった」と認めました。同日発表の調査報告書は「慰安婦たちは戦地においては常時軍の管理下において軍と共に行動させられており、自由もない、痛ましい生活を強いられたことは明らか」とまで言い切っています。しかし"慰安婦"に対する賠償の法律は制定されておらず、「国家としての公式謝罪・賠償」はないのが実情です（「お見舞い金」だけ）。

国連人権委員会公認のクマラスワミ報告書（1996 年）は「軍の性奴隷」（military sexual slaves）と表現し、今や国際語に定着。マクドゥーガル報告書（1998 年）は慰安所のことを「強姦センター」、慰安婦制度のことを「人道に反する罪」とまで表し、戦争犯罪として厳しく位置づけています。アメリカ、EU、カナダ、オランダ、韓国などの議会で日本非難決議が成立していて、国際社会の目はひじょうに厳しい。**（長峯信彦）**

第13章 やさしいようでむずかしい平等の理解

● 平等権

第14条

キーワード 平等、男女平等、アファーマティヴ・アクション

ショートストーリー ある女性研究者の決意

「じゃあ、今日の講義はここまで。次回は次の章に入るからしっかり読んでくるように！」。
「先生お疲れさま！また、来週！週末は彼氏とデート？」。
「くだらないことばっかり言ってないの！」。
「あ、否定しない！」。
奈緒は32歳。この国立大学で今年から専任講師として勤めている。教員の中で一番若く、明るい性格もあって学生から人気がある。
今週最後の講義を終え、研究室に戻ってきて奈緒はつぶやいた。
「専任になるまで長かったなぁ」。
奈緒は、誰もが知っている超有名国立大の学部と大学院の出身である。博士号取得の基準が厳しい社会科学系の分野で27歳のときにストレートで博士号を取得した才媛である。優秀な彼女だが、就職には非常に苦労した。
奈緒は博士号を取得した後、大学に無給の研究員として籍を置き、非常勤講師をやりつつ、今の大学に採用されるまでの4年間で40件ほどの公募に出したが落ち続けた。少子化の影響で大学の新規採用が抑えられる中、奈緒の分野では公募は年間10件ほどしかなく、それも年々減っている。倍率は平均して50倍を超え、100倍を超えることも珍しくない。奈緒は優秀だが、これだけ競争が厳しいと優秀でも大学教員になるのは非常に難しい状況なのだ。それでも奈緒は諦めずに論文を出し続け、ある国立大に採用された。

奈緒は、嬉しくて指導教授にすぐに報告に行った。

「おめでとう。よかったなぁ」。

指導教授も教え子の就職に大いに喜んだ。けれども、研究室の先輩たちは先をこされたことから、複雑な面持ちだった。彼らもまた優れた論文を書き、優秀なのだが、専任職に就けていないのだ。1人の先輩は何気なくつぶやいた。

「やっぱり女は就職には有利だよな。まさに逆差別」。

男女共同参画の流れにあって、国は専任教員に占める女性の割合が一定以上になれば補助金を増やす政策を行っている。そのため、多くの大学では、「評価が同等の男女の候補者がいる場合には女性を採用する」という方針をとっている。奈緒が採用された国立大でもこの方針が採られていた。また、そもそも女性しか応募できない公募を行う大学もある。

ネットでは「無能女の採用策」「男性差別」といった批判があふれかえっている。大学側は、こうした採用はあくまでも優秀な女性を採用するためものであるとしている。ポスト獲得の競争が厳しい状況にあって、採用された女性は誰もが優秀である。だが、優秀でも大学に専任の職を得るのは非常に難しい。そうした状況がこうした採用策への批判を激しくしているのだ。

奈緒は研究室の机に座るとパソコンを立ち上げて、原稿の執筆にとりかかった。博士論文が単著として出版されることが決まったのだ。

「絶対にいいものにしないと。優先がなくても、実力で採用されたんだってことを形にするんだ。誰からも後ろ指はさされたくないし」。

いつかの先輩のつぶやきを思い出しながら、奈緒はそう自分に言い聞かせた。そして、こうも考えた。

「私が頑張ってこの世界で認められれば、たくさんの女子学生が研究者を目指してくれるかもしれない。そうすれば、女性研究者も増えて、優先的な採用方針なんてなくなるんだろうな。女性研究者が増えれば女性が働きやすい職場に変わっていくだろうし。そのためにも頑張らないと！」。

研究者に占める女性の割合において、日本は先進国で最低レベルにある。その割合は徐々に増えているとはいえ、未だ低い。活躍している女性研究者の数が少なければ、女子学生にはロールモデルがなく、進路として研究者を選択しづらい。奈緒の頑張りがそんな状況を変えていくのだろう。

ショートストーリー

ある女性研究者の決意

キーワード解説

平等

1 何が問題なのか？ みなさんも将来の進路に向けて日々努力を重ねていると思いますが、希望の進路に進めるとは限りません。そのとき、自分の努力が足らなかった、あるいは自分よりも優れた人がいたのであれば、自分の力不足だと納得せざるをえないでしょう。けれども、採用判断に性別が影響を及ぼしているとしたらどうでしょうか？　性別は本人がいくら努力しても変えられません。そのため、納得できない人は多いと思います。

ショートストーリーで示した女性への優遇策、いわゆる**アファーマティヴ・アクション**（以下「AA」と略します）は実際に日本で行われています（日本では、**ポジティヴ・アクション**と呼ばれています）。現在の日本では、少子高齢化の影響による労働力不足を補うために女性の社会進出が求められていて、今後、**男女共同参画**を進めていくために、AAが実施される場面は増えていくことが予想されます。ショートストーリーでは大学教員の採用を例に挙げましたが、その他の職業の採用についてもAAは実施されていて、今後社会で働いていくことになるみなさんにとって決して無関係ではありません。

憲法14条1項は人種、信条、性別、社会的身分又は門地による差別を禁止しています。性別によって人々を有利に、あるいは不利に取扱うことは、憲法における平等に反しているとも考えられます。もっとも、評価が同じ候補者がいる場合には女性を優先して採用するといっても、候補者の評価は客観的に数値にして表せません。筆記の点数だけで合否を決める形式の試験とは違って、性別が採否の決め手になったのかどうかは採用担当者以外には分かりません。つまり、性別が考慮されていなかったら、女性の候補者ではなく男性の候補者が採用されていたのかは外部の人には分かりません。採用者の側が、性別が考慮されていなかったとしても、女性の候補者の方が優れていて採用したと主張すれば、それを覆すのはほぼ無理だと言えます。そのため、裁判で平等原則違反を争うのは難しく、実際に日本ではAAに関連する訴訟は提起されていません。しかし、憲法が性別による差別を禁止する以上、AAが平等に反するかどうかを考えることは重要です。この問題を考えていくために、まず、憲法における平等がどのような意味を持っているのかについて基本的な説明をしていきます。

2 平等の意味　憲法における平等の1つの意味は**形式的平等**です。形式的平等とは、国家は、人々を区別して、ある人を特別有利に、あるいは不利に取扱ってはいけないということです。つまり、国家にはすべての人々を法的に同じに取扱うことが求められます。けれども、人は同じではなく人種、性別、宗教など様々な面で違います。そして、それらの違いによって社会的地位や経済状況に格差があります。そうした格差を無視して、国家がすべての人を法的に同じに取扱うと、その格差は固定し、拡大します。例えば、大学入試は人種や性別に関係なく一定の要件を満たせば誰でも受けることができ、形式的には機会の平等が保障されています。けれども、裕福な家庭の子どもと貧困な家庭の子どもが競争した場合、難関大学の合格者の多くが裕福な家庭の子どもで占められることも考えられます。裕福な家庭の子どもは受験指導のしっかりとした私立学校に通えますが、貧困家庭の子どもはそうではありません。場合によっては、経済的な理由から進学それ自体を諦める可能性もあります。

　競争によって結果に違いが生まれるのは人々の能力や努力によるものであって、競争に負けるのは「自己責任」だとも考えられます。しかし、以上の例のように才能があっても、努力できる環境にない人々がいます。形式的平等を保障しただけでは、**機会の平等**は形ばかりのものになってしまいます。

　自分の才能を伸ばせない環境にある人が競争に負けたとしても、それは「自己責任」なのでしょうか。努力できる環境になく、与えられた機会を十分に活かせないために、競争に負けるのではないでしょうか。こうした事態を解決するには、国家には形式的平等の保障にとどまらず、**実質的平等**の保障が求められます。実質的平等とは、人々がそれぞれ違うことを認めて、その違いに応じて異なって取扱うことで、現実に存在する格差を埋めることを意味します。これを実現するには、人々が努力できる環境を整える必要があります。そうした環境があって、はじめて人々は与えられた機会を十分に利用できます。当然ですが、社会・経済的な格差をすべてなくすことはできませんので、すべての人が全く同じ条件の下で競争することはありません。ですので、機会の平等を完全に保障するのは不可能です。しかし、国家には不利な状況にある人にもできる限り才能を伸ばせる環境を整え、機会の平等を実質的に保障していくことが求められます。異なる取扱いが機会の平等を実質的に保障するためのものであれば、憲法はそのような異なる取扱いを許容します。

キーワード解説

3 スティグマ　憲法における平等の意味には、生まれや社会的偶然によって持つことになった特性を理由に、**劣等性の烙印（スティグマ）** を押されないことが含まれます。憲法とは、人々が自尊の感情を持ち、お互いを尊重する枠組みの中で、自分の力を信じて自己実現していく社会を描いています。そして、それぞれの人が持っている価値観を尊重しようとする人間平等の思想を前提にしています。あるカテゴリーにある人たちを劣った存在として見ることは、その人々に対して人間としての価値を否定します。

　スティグマを課された人々は自分を劣っていると考えて、努力する気力がなくなる可能性があります。また、人々はある人々が劣っているという差別的な認識に基づいて行動しますので、スティグマを課された人々は排除される危険があります。劣っているとみなされた人々は努力しても報われないと考えて益々努力する気をなくし、他の人々はそれらの人々を益々劣っているとみなします。ある人々が劣った存在としてみなされることを国家が認める、あるいはそのままにすることは、結果として、機会の平等を害します。

　スティグマをなくすには、差別を助長する制度を認めないことが国家に求められます。判例でも、婚外子の法定相続分を嫡出子の2分の1と定める民法の規定は婚外子を劣った存在とみなし、個人の尊厳を害することを1つの理由として、憲法に違反するとされています（最大決2013年9月4日）。しかし、スティグマをなくすには、さらに進んで差別をなくす施策を行う必要があります。日本の深刻な差別として**部落差別**があります。これを肯定する制度はありませんが、就職や結婚などの場面で見えない所で差別的な行動をとる人々もいました。その主な原因の1つは同和地区の教育水準の低さや経済状態の悪さにあります。政府は長年にわたりこれらの状況を改善するために同和対策事業を実施し、そうした状況は相当程度改善しました。これは同和地区の人々に対するスティグマをなくそうとするもので、憲法はこうした施策を許容します。

　この他にも日本には**在日韓国・朝鮮人**、**アイヌ民族**などへの差別が存在します。仮にこれらの問題が解決されたとしても、新たな差別が生み出される可能性は高いと言えます。というのも、人間には他人よりも優位に立ちたいという感情があり、常に自分よりも下を作ろうとするからです。新しく差別が発生するのをどう防いでいくのかということも課題です。差別の発生を防ぐために異なる取扱いをすることも、憲法は許していると考えられます。

男女平等

1 女性が大学教授などに占める割合　ショートストーリーでみたように、女性が大学教員に占める割合は低い状況にあります。内閣府の調査によれば、2012年において、大学と企業など所属する研究職全体に占める女性の割合は14％となっています（男女共同参画白書平成25年度版）。この数値は年々上昇していますが、先進国の中では最低レベルにあります。分野によって差はありますが、理工系を中心として多くの分野で女性教員の数は少なく、また講師から准教授、教授へと職階が上がるにつれて女性の割合は少なくなります。医師などの社会的に評価の高い職業や企業の管理職などについても同じで、指導的な地位全般において女性が占める割合は低い状況にあります。

　こうした状況は、給与や組織の意思決定への影響力などで男女間での格差を生みます。男女間には結果の不平等が存在しますが、自由に競争が行われた上での結果であれば「自己責任」だと言えます。ですが、指導的な地位に女性の数が少ないのは、女性が努力をしなかった、あるいは多くの女性がそうした地位に就くことを自分の意思で選択しなかったからなのでしょうか。それとも、女性に対する差別が存在し、機会の平等を侵害しているからなのでしょうか。

2 直接的な差別　女性が直接的に差別を受けている場合には、このような格差が発生します。**直接的な差別**とは、男女を表だって異なって取扱うことを意味します。例えば、ある企業が男女別の定年制を採用し、女性の定年を男性の定年よりも早くに設定している場合や、男女別で違う賃金体系をとり、女性の給与を低く抑えている場合などがこれに当たります。学生のみなさんの感覚からすると、こうした異なる取扱いが表立って行われるのは考えにくいかと思います。けれども、こうした男女の異なる取扱いは、かつて日本企業が実際に行っていました。民法90条は、公序良俗に反する法律行為は無効であると定めています。裁判所は、男女別定年制は民法90条の公序良俗に反するとして無効だと判断しました（日産自動車男女別定年制事件：最三判1981年3月24日など）。また、男女別の賃金体系は労働基本法4条と13条に基づいて無効であるとも判断しました（秋田相互銀行賃金差別事件判決：秋田地判1975年4月10日）。こうした裁判の流れもあって、女性に対するあからさまな差別は少なくなりつつあります。

キーワード解説

3 間接差別　直接的な差別がなくなっただけでは、男女間の格差はなくなりません。現在では、行政機関や企業が表立って女性を不利に取扱うことは少ないですが、依然として男女間には格差があります。差別は直接的に表立って行われるだけでなく、間接的にも行われ、男女間の格差を生じさせます。

間接差別とは、基準が男女ともに同じであるのにもかかわらず、一方の性別のかなり多くの人々に不利に作用することを言います。間接差別の禁止については、改正男女雇用機会均等法（2006年6月成立）で規定されています。そこでは、間接差別とは「労働者の性別以外の事由を要件とするもののうち、……実質的に性別を理由とする差別となるおそれがある措置として厚生労働省が定めるもの」であるとされています（同7条）。

では、実際にどのようなものが間接差別に当たるとされているのでしょうか。改正均等法施行規則（2007年4月施行）では、「7条の厚生労働省令の定める措置」として、次の3つの要件が示されています。①募集・採用に関する措置で、労働者の身長・体重・体力に関する事由を要件とするもの。②募集・採用に関する措置（いわゆるコース別雇用の場合）、住居の移転に伴う配置転換に応じることを要件とするもの。③昇進に関する措置で、異なる事業所への配置転換の経験を要件とするもの。

①に関して、ある職業の募集について、仮に身長170センチ以上という要件がつけられている場合を考えてみましょう。そこには男女間での区別はなく、身長170センチ以上であれば男女に関係なくその職業に応募でき、その逆であれば応募できません。身長170センチ以上という要件は、男女で表立った異なる取扱いをしていません。けれども、身長170センチ以上の女性の数は男性と比べて圧倒的に少なく、実際には女性の方に不利に作用します。そのため、こうした要件は間接差別となるのです。逆に、身長160センチ未満という要件が募集要項にあった場合には、それは男性に対する間接差別となります。

②が総合職の採用要件にある場合は、どうでしょうか。住居移転の配置転換に応じるという要件には性別による区別はなく、それに応じられない人は性別に関係なく採用されません。しかし、男性が主な稼ぎ手となって働く夫婦が圧倒的に多く、家庭生活を考えると女性が配置転換に応じるのは難しいと言えます。③についても同じで、女性が配置転換に応じるのが難しい状況にあっては、この要件も多くの女性に不利に作用します。

4 男女共同参画の政策

直接差別と間接差別をなくしても格差がなくならない場合、これを解決する1つの方法が、AAによって指導的な地位に就く女性の数を増やすことです。AAは広範囲にわたる施策であって、これがAAだと確定はできません。しかし、差別の禁止を超えて、不利な状況にある人々に特別な取扱いをして積極的に機会を与えるものであることは確かです。

AAとは一方の性別を有利に取扱うものであるから、例えば映画館のレディースデイなどがAAだと考える人もいるかもしれません。確かに、レディースデイによって女性はお得に映画を観れますが、それは女性に来てもらうことが売り上げ増になるために行われるのです。これは、男女間の格差をなくし、女性に積極的に機会を与えるものではなく、AAではありません。

日本では、主に男女共同参画の分野で様々なAAが行われています。例えば、多くの国公立大学は、教員募集をするときに男女の候補者が同じ評価の場合には女性を優先して採用するとしています。さらに、北海道大学、九州大学、東京農工大学などは、女性研究者が少ない分野で、女性限定の公募を行いました。学部入試でもAAを実施する試みがなされました。理工系の職業に就く女性が少ない場合、それを将来的に解決するにはその職業に就く母集団を増やす必要があり、九州大学は理学部の入試で女性枠を設けようとしました。しかし、これには男女差別であるとの批判が多く寄せられ、撤回されました。この他、政治分野でも**クォータ制**の導入の是非が議論されています。

このように様々なAAが実施され、導入が検討されています。AAは実施方法によって優先を伴わないものと伴うものに分けられます。優先を伴わないAAの例としては、女性を対象とした理工系学部の進学説明会をすることなどが挙げられます。これは女性に理工系学部を詳しく知ってもらって、進学する動機づけを与えて、女性進学者を増やそうとするものです。男性はこれによって直接的に合否を左右されません。この種のAAよって地位を獲得できない人はいないので、憲法における平等との抵触はあまり問題となりません。これに対し、優先を伴うAAはそれによって地位を獲得できない人が出てきます。ショートストーリーでは、採用判断でタイ・ブレーカーとして性別が使われ、女性候補者に有利に働きました。憲法における平等の趣旨は生まれによる差別の禁止にありますから、男性への**逆差別**ではないかとも批判されます。そのため、この種のAAが平等に反するのかどうかが大きな問題となります。

キーワード解説

アファーマティヴ・アクション

1 対象となる地位　日本の男女共同参画分野のAAは、指導的な地位に就く女性の数を増やすことで男女間の格差をなくそうとしています。その対象となるのは、社会的に評価が高い地位です。こうした地位はその数が限られていて、それに就くために相当の努力が必要となります。大学教員もその1つであり、多くの分野では、そのポストを得るために相当の努力と成果が必要となります。AAの支持者は、男性の候補者はAAによって不採用となっても、数ある機会のうちの1つを否定されたにすぎないのであって他の募集に応募すればよい、と主張するとも考えられます。しかし、多くの分野では、大学教員となるのは狭き門で、それほど多くの募集はありません。場合によっては、今後何年も無職でいることもありえます。男性の候補者は、大学教員になるために相当の努力をし、優れた業績を積み重ねてきました。そのため、数ある機会のうちの1つを否定されたに過ぎないという主張に納得はしないでしょう。AAへの批判の程度は、人々がどの程度その地位を欲しているのか、その地位を得るためにどの程度の努力が必要であるのかによって左右されます。そのため、この分野でAAを実施することには批判が激しく、少子化の影響で新たにポストを得るのが難しくなっている現状においては特にそうなります。

　多くの人は、社会的に評価の高い地位はもっとも能力のある人が獲得すべきと考えるのではないでしょうか。AAに対して厳しい批判が向けられるのは、こうした考えが人々に浸透していることが背景にあります。どのようにして能力を測るのか、もっとも能力の高い人はどのように判断されるのかについて、明確な基準はありません。しかし、研究者はその業績によって評価されるのが大前提です。そのため、性別の考慮は能力主義に反すると批判されます。しかし、ショートストーリーで見たように、奈緒は非常に優れた業績を出してきました。ポスト獲得の競争が激しい状況においては、AAによって大学教員になった女性は優秀で、能力主義には反しないとも考えられます。しかし、優秀な人が必ず大学教員になれるわけではありません。少子化の影響でポストが減っている状況では、大学教員となる能力のある人の数がポストの数を大幅に上回り、優秀であってもそのポストに就けない人がたくさん出てきます。

2 社会効用論による正当化

大学教員などの希少なポストを得るには、才能や努力が必要です。人々はこうした地位に就きたいと思うため、指導的な地位に関するAAは激しく批判されます。批判に答えるには、AAを正当だとする理由づけが必要です。AAはどんな理由から正当化されるのでしょうか。

まず考えられるのは、女性の力を活用することが経済の活性化に必要だという理由です。現在の日本では、少子高齢化の影響から働く人の数が減少してきていて、社会の活力を保つには、女性の力を活用して労働力を維持する必要があります。また、民間企業が女性向けの商品を開発するときに、女性の視点が必要との理由から女性を積極的に採用し、責任ある立場に昇進させることもあります。こうした理由づけは、**社会効用論**に基づいています。社会効用論とは、AAがもたらす利益がその負担を上回る場合にAAを正当だとする考え方です。つまり、AAによって指導的な地位に就く女性の数を増やすことでもたらされる利益が不利益よりも大きいから、AAは正当だとされるのです。

しかし、男女間に格差のある方が利益をもたらすと客観的に証明された場合には、女性に不利に作用する施策が正当化されてしまいます。この理由づけには理論上このような欠点があることを認識しておく必要があります。

3 差別の救済による正当化

こうしたおそれをなくすには、AAが機会の平等を実質的に保障していくものであることを意識する必要があります。差別は機会の平等を形ばかりのものにするおそれがあります。したがって、AAは差別の影響をなくすために正当化されるとの主張がなされます。指導的な地位に就く女性の数が少ない主な原因の1つは、差別の影響にあります。指導的な地位にある女性の数が少ないことによって、女性はそうした地位に向かないといった偏見が発生したり、多くの女性がそもそもそうした地位を目指さないといったことが起こります。けれども、AAによって指導的な地位にある女性の数を増やせば、偏見はなくなります。それによって、指導的な地位に就くことが多くの女性の中で現実の選択肢となります。

しかし、AAによって直接的に利益を受ける女性は、指導的な地位にある女性の数が少ない状況にあっても、そうした地位を目指しています。つまり、差別の影響を克服しているとも考えられます。そのため、差別の影響をあまり受けていない人が直接的に利益を受けるのであって、AAは正当でないと反論されます。

キーワード解説

4 多様性による正当化　以上の批判を避ける1つの方法は、**多様性**がもたらす利益を理由にAAを正当化することです。これは、指導的な地位に就く女性の数が増えることで、女性の意見が反映され、利益が生じるというものです。この理由は差別の影響をなくすことを直接述べていないので、AAによって直接的に利益を受ける人が差別の影響をあまり受けていないことは問題になりません。しかし、多様性による正当化が社会効用論に基づく場合には、女性に不利に働く施策が正当化されるといった問題が生じてしまいます。

この問題を避けるには、多様性という理由づけは単純に利益を増やすものではなくて、機会の平等を実質的に保障するものであることが必要です。指導的な地位で女性の数が増えると、多くの女性は大学教員などを選択肢として考えます。また、指導的な地位に女性の数が少ないと、女性に係わりのある問題に関心が集まらず、女性が働きにくい環境がそのままにされてしまうことにもなりかねません。これでは、多くの女性はそうした地位を目指そうとはしません。指導的な地位に就く女性の数が増えると、女性に主として係わりがある問題に関心が集まり、その対策がなされます。多様性とは、女性が指導的な地位にむかないといった偏見や固定観念をなくし、女性に係わる問題に関心が向くことで、女性の進出を妨げている要因をなくしていくために必要だと言えます。これにより、女性に対して機会の平等が実質的に保障されます。

しかし、多様性という理由を用いても、AAによって直接利益を受ける女性は動機づけなどの面で不利な状況にないことは変わりません。そのため、本当に救済の必要な人がAAによって直接的に利益を受けていないと批判されます。

5 グループの底上げと個人の救済　以上、AAがどのような理由から正当化されるのかを見てきました。AAを支持する議論は、差別の影響をなくす、あるいは多様性を達成することで、指導的な地位を目指す動機づけを女性全体に与えて、グループ全体の底上げをしようとするものでした。この議論は、グループに焦点をあてています。反対に、AAへの批判は、誰がAAから直接的に利益を受けているのかを問題にしていました。つまり、AAによって直接に利益を受ける人は、地位を獲得するのに不利な状況にある人でなければいけないとしています。これは、個人の救済に焦点を当てています。どちらに焦点をあてるのかによっても、AAが正当であるのかどうかが左右されるのです。

（茂木洋平）

> Column 憲法ワンポイント知識

ワーキングプアの研究者

　若手研究者の前途は多難です。以前から研究職に就くのは大変な道のりだと言われてきましたが、近年では、任期なしの正規のポストを獲得する競争は厳しさを増す一方です。90年代にはじまる大学院重点化により、博士課程進学者数は大幅に増えましたが、大学や研究所に彼らの受け皿となる数のポストはありません。

　現在、理系を中心に任期付きの非正規のポストが増えており、多くの若手がこのポストに就きます。肩書や待遇は様々ですが多くの場合3〜5年任期、年収300万に満たず、住居手当、通勤手当、退職金もないポストも多くあります。年収300万時代と言われて久しいですが、多くの若手が待遇の悪い非正規のポストに就かざるを得ないのです（非正規のポストにさえも就けない人も数多くいます）。これでは家庭は持てず、普通の幸せも望めません。非正規のポストは腰掛で、いずれ正規のポストに就く希望があるからこそ、多くの若手はこの待遇に我慢します。

　しかし、正規のポストに就けず、任期付きのポストを転々とする人が多く出ています。年齢を重ねれば正規のポストは得にくくなり、任期付きのポストの就任さえも難しくなります。失職すれば、ワーキングプアですらないのです。日本の研究機関を取り巻く経済環境が悪化する中、研究は安価で調整可能な労働力がなければ成立しなくなっています。

　正規のポストが得にくい状況にあれば、アファーマティヴ・アクションへの批判は厳しくなります。本編で奈緒が嫉妬されたのもこうした状況が背景にあります。余裕のない社会ほど、憎悪や差別感情は発生しやすいのです。

　高学歴ワーキングプアの問題は、自分で選んだ道だから自己責任とされることもあります。この考えは、他の社会・経済的弱者から発せられている場合があります。人には他人に優越したい感情があります。成長が望めない社会では自身の待遇の改善は見込めないため、他人を引きずりおろそうとする傾向があります。低成長で余裕がなくなっている現在においてこそ、差別が発生しないのかを注視する必要があります。

（茂木洋平）

第14章 戦争の放棄からさらに構造的暴力の解消へ

● 平和主義

前文、第9条、第18条

キーワード　積極的平和主義、9条、「戦争する国」

ショートストーリー 「戦争する国」ニッポン

「主文　被告人を懲役3年に処する」。

裁判長の言葉に、ミンジュンは怒りで体を震わせた。「こんなこと、許せるか」。

話は1年前に遡る。ミンジュンは在日朝鮮人の4世。祖父は朝鮮民主主義人民共和国（朝鮮）と密接な関係のある在日本朝鮮人総聯合会（朝鮮総聯）の活動家であったが、父は祖父に反発し、疎遠な関係に。父は祖父によって民族学校（朝鮮学校）に通い、朝鮮語など民族教育を受けたが、ミンジュンは父の方針で日本の学校に通った。だから、ミンジュンは名前こそ朝鮮名であるが、朝鮮語はほとんど話せない。祖父は未だに朝鮮籍であるが、父もミンジュンも韓国籍である。

ミンジュンはご先祖のお墓がある大韓民国（韓国）の済州島にも行ったこともなく、民族意識は希薄であったが、特に日本で生活するには困ったこともないので、日本国籍を取得しようとも思わなかった。さすがに、「朝鮮人は皆殺し！」などの朝鮮人を蔑視するヘイトスピーチには少しへこんだが、天皇明仁が桓武天皇と朝鮮民族との血のつながりを認めた発言に、自分のアイデンティティを大事にしようという気にもなった。日韓両国で選挙権がなくても、政治には関心がないから別にいらないし。そんな感じで、名乗らなければ日本人とさして変わらない生活を送り、高校卒業後は運送会社に就職し、トラックの運転手になる。

そんなある日、朝鮮半島で朝鮮と韓国との武力衝突が発生した。この事態に在韓米軍が韓国を支援するために出動したところ、朝鮮軍と在韓米軍との交戦にも発展する。さらに、在日米軍も応戦し、朝鮮軍は在日米軍とも交戦する。すると日本政

府は、「積極的平和主義」に基づく「国際社会の平和と安定のため」と称して、5年前に憲法改正で認められた集団的自衛権の行使を決定し、在日米軍を支援するため国防軍の朝鮮半島への派兵を決定する。戦争は前線だけで成り立つものではなく、兵站支援（後方支援）も必要なため、政府は日本海側に国防軍とそれに必要な物資を集めることも決定した。そこで、ミンジュンの勤める運送会社にも徴用令が発動され、ミンジュンも動員されることになったのである。

　当初、ミンジュンはこの武力衝突を傍観していた。秘密保護法で武力衝突に関する情報が特定秘密に指定され、マスコミ報道では真実を知ることができなかったが、常々朝鮮の政治体制の転覆を狙っていた米軍が、朝鮮軍を挑発して武力衝突が発生したらしいことをネット情報で知る。ミンジュンは朝鮮の政治体制に批判的であったが、「同胞」まで米軍の犠牲になっていることには納得がいかなかった。ノンポリで、民族意識も希薄なミンジュンであったが、この戦争に加担する気にはなれず、国防軍の物資輸送への従事を拒んだのである。

　すると、ミンジュンは徴用令違反で即逮捕。「なんで自分が逮捕されるのか」と憤慨したが、話せばわかると思い、弁護士を呼ぶことに。母方の親戚に、朝鮮大学校（政治経済学部法律学科）を卒業後、日本のロースクールに進学し、弁護士になったユジンがいる。そこで、警察でユジンを呼ぶよう頼むと、なんとミンジュンの事件は改憲後に設置された軍法会議で審理することになるため、国が指定した以外の弁護士を呼ぶことができないという。国防軍に関する秘密が外部に漏れては困るので、適性評価をクリアした弁護士しか認められないのだそうだ。ユジンは朝鮮籍の弁護士なので、適性評価の審査の対象にもならない。

　裁判が始まった。ミンジュンはこの戦争はそもそもアメリカによる一方的な国連憲章に反する違法な戦争なのだから、自分の行為は罰せられないことを主張しようとした。しかし、裁判の場ではこの戦争に関することは特定秘密に当たるので、裁判長が戦争の違法性は争えないという。指定弁護士も、国防軍が集団的自衛権も行使できるようになった新憲法とその法体系の下では、戦争の違憲・違法性を争えないという立場で、法廷の場でもほとんど発言しない。

　そして、判決。「こんなこと、許せるか」と言って、法壇を凝視したまま法廷から動こうとしないミンジュンに、指定弁護士はこう言った。

　「憲法が変わったのだから、あきらめるしかないよ」。

キーワード解説

積極的平和主義

1 憲法の平和主義の構造　2013年から安倍晋三首相が「**積極的平和主義**」という言葉をよく使うようになりました。この言葉で表現したいのは、日本国憲法の平和主義は「消極的」だから、「積極的」なものに変えたい。その内容は、**集団的自衛権**（外部からの武力攻撃に対して、当該攻撃対象国以外の同盟国がともに戦う権利）の行使を解禁することや国連PKOへの自衛隊の参加のようです。しかし、この安倍首相の理解は、これまでの平和学・憲法学で積み重ねられてきた概念とは全く別物なのです。

日本で「憲法の平和主義」というと、まず「9条」があります。もちろん、9条の**戦争の放棄**と**戦力の不保持**という内容は、画期的な内容です。しかし、憲法の平和主義は前文にもあります。日本国憲法は、先の侵略戦争を反省し、将来再び戦争を行わないという宣誓として制定されたもの。そして、前文で平和主義に関する基本原則を示し、9条で平和に向けての目的と手段を示しました。

まず前文1段で、「政府の行為によつて再び戦争の惨禍が起ることのないやうにすることを決意し、ここに主権が国民に存することを宣言し、この憲法を確定する」としました。すなわち、先の戦争の過ちを否定し、再び過ちを繰り返さないために国民主権と平和主義を結びつけた基本原理を打ち出したのです。

次に、前文2段で、平和主義の原理を展開していきます。まず、「日本国民は、恒久の平和を念願し、人間相互の関係を支配する崇高な理想を深く自覚するのであつて、平和を愛する諸国民の公正と信義に信頼して、われらの安全と生存を保持しようと決意した」としています。すなわち、9条で軍隊による国家の安全保障を否定し、そのかわりに他国国民への「信頼」で安全を確保するとしたのです。

そして、「われらは、平和を維持し、専制と隷従、圧迫と偏狭を地上から永遠に除去しようと努めてゐる国際社会において、名誉ある地位を占めたいと思ふ」「われらは、全世界の国民が、ひとしく恐怖と欠乏から免かれ、**平和のうちに生存する権利**を有することを確認する」としています。すなわち、権利主体が「日本国民」ではなく「全世界の国民」とすることで、日本だけが平和で豊かであればよいという「一国平和主義」ではなく、全世界の平和も考えているのです。

このような前文の基本原則を受け、9条では1項で、「日本国民は、正義と秩序を基調とする国際平和を誠実に希求し、国権の発動たる戦争と、武力による威嚇又は武力の行使は、国際紛争を解決する手段としては、永久にこれを放棄する」とし、2項で、「前項の目的を達するため、陸海空軍その他の戦力は、これを保持しない。国の交戦権は、これを認めない」としました。すなわち、戦争の放棄（目的）と、戦力の不保持と**交戦権の否認**（手段）を規定したのです。

2 戦争の違法化と憲法の平和主義

　もう少し詳しくこの憲法9条と前文の平和主義について見ていきましょう。20世紀は2度の世界戦争とその後も地域戦争が続いたことから「戦争の世紀」と呼ばれましたが、一方で「**戦争違法化**の世紀」でもあり、憲法の平和主義はこの流れに位置づけられます。

　中世の世界では、「神の意思」に基づく戦争を正当化する「正戦論」がありました。これは正義のためならどんな戦争もしてもよいというものです。しかし、19世紀以降、欧米諸国による植民地争奪戦の中で「正戦論」は「無差別戦争観」に変わり、科学技術の発達は戦争の規模と被害を飛躍的に拡大しました。特に、初の世界戦争である第1次世界大戦の経験から、世界は無差別戦争観を否定し、侵略戦争の制限を試み（1919年の国際連盟規約）、さらに、侵略戦争の放棄を宣言します（1928年の戦争抛棄ニ関スル条約＝**不戦条約**）。

　しかし、自衛戦争を制限していなかったため、第2次世界大戦の勃発によりこれらの試みも失敗しました。そこで、戦後、今度は1945年の国連憲章によって自衛戦争の制限を行うのです（厳密には国連憲章によって戦争自体が放棄され、武力の行使を限定的に認めています）。とするならば、自衛戦争の制限のさらに先にあるのは自衛戦争の放棄です。憲法9条は自衛戦争をも放棄したと考えれば、憲法は戦争違法化の歴史をさらに押し進めたと捉えることができるでしょう。すなわち、正戦論・無差別戦争観→侵略戦争の制限→侵略戦争の放棄→自衛戦争の制限→自衛戦争の放棄、という流れの中の最先端に位置づけられるのです。

　また、以前の正戦論や無差別戦争観の下では戦争の方法に対する法的規制は十分ではありませんでしたが、戦争被害の飛躍的拡大と国際平和運動により、戦争の方法についても規制を強める動きが出てきました。1949年のジュネーブ諸条約は、戦時における文民・捕虜の保護というルールを作ります。さらに、1972年の生物兵器禁止条約や1993年の化学兵器禁止条約、1997年の地雷禁止条約、2008年のクラスター爆弾禁止条約によって、大量破壊兵器や残忍な兵器

キーワード解説

の規制を行う段階にまできていて、最近では通常兵器の規制の議論も行われています。

とするならば、短期間では無理としても、長い期間であれば必ずしも不可能といえないことは、軍隊そのものの保持規制です。多くの国内における国民の非武装化と警察への武器保有の一元化のように、各国の軍隊の保持規制と国連軍への軍隊の一元化は全く不可能なことではないでしょう（さらに、その先に目指すべきものは一切の軍隊の保有の禁止です）。日本国憲法は軍隊を放棄するという点で多数派の憲法よりは一歩先を行く憲法といえます。

すなわち、日本国憲法の平和主義は、戦争の種類と方法の点で戦争違法化の歴史の最先端に位置づけられるのです。現に、1999年のハーグ世界市民平和会議の行動目標の中で、9条のような戦争禁止決議を各国が採択すべきだとされました。また、既に「軍隊のない国家」は世界で27カ国も存在しています。確かにこれらの国家は小国が中心ですが、大国である日本が憲法の規定に従って「軍隊のない国家」になることは世界に大きな影響を与えるでしょう。

3 2つの平和　そして、憲法9条は直接的暴力を最大化した戦争のない状態を目指す点で、あらゆる暴力のない状態を目指す**「消極的平和」**（「〜しない平和」）を部分的に求めている規定といえます。

これに対して、憲法前文の2段に出てくる専制・隷従・圧迫・偏狭・恐怖・欠乏とは、国際及び国内の社会構造に起因する貧困・飢餓・抑圧・疎外・差別などの**構造的暴力**というもので、憲法前文はこの解消をも目指そうとしています。すなわち、単に「平和」を「戦争のない状態」と捉えず、「構造的暴力のない状態」と捉えているのです。

そして、積極的にあらゆる暴力のない状態を作り出す平和を**「積極的平和」**（「〜する平和」）といいますが、憲法前文は部分的に「積極的平和」を求めている規定といえます。平和的生存権の主体が「全世界の国民」となっていることから、世界の貧困問題の解消をも目指す非軍事的な「国際貢献」が日本には求められているのです。

すなわち、憲法9条が求める平和が部分的な「消極的平和」であるのに対して、憲法前文の平和が部分的な「積極的平和」という概念になります。安倍首相が言うような憲法の平和主義が「消極的平和主義」で、軍事力による活動が「積極的平和主義」という概念ではありません。

9条

1 戦争の放棄（9条1項）　次に憲法の平和主義に関する解釈を見ていきましょう。まず、9条1項の戦争の放棄に関してですが、憲法学界での学説は2つに分かれています。

1つ目の学説は、条文中の「国際紛争を解決する手段」としての戦争を侵略戦争と考え、9条では侵略戦争を放棄したと解釈します（A説＝**限定放棄説**）。この学説は、1928年の不戦条約の1条、すなわち、「締約国ハ国際紛争解決ノ為戦争ニ訴フルコトヲ非トス」という規定の解釈をそのまま日本国憲法にもあてはめたものです。不戦条約は「国際紛争解決ノ為」の「戦争」を侵略戦争と考えました。したがって、この学説は日本国憲法でも侵略戦争を放棄したにとどまる（厳密には国際法上一切の戦争は許されず、許されるのは限定的な自衛権の行使だけですが、これは事実上自衛戦争までは放棄していないといえます）と解釈するものです。

2つ目の学説は、自衛戦争と侵略戦争の区別は難しく、日本自体が自衛の名で侵略戦争を行ったわけですし、戦争はすべて国際紛争解決のためにあるのではないのか、という批判をA説に対して行います。また、多数説は1項で自衛戦争を放棄せず、2項で自衛のための軍隊も放棄したと考えますが、先の日本の戦争の反省から、そもそも1項で自衛戦争をも放棄したと考えるべきではないのかという批判をA説に対して行います。以上の観点から、1項で自衛戦争を含む一切の戦争を放棄したと考えます（B説＝**全面放棄説**）。

2 戦力の不保持（9条2項）　次に9条2項の戦力の不保持についてですが、これにも2つ学説があります。

1つ目の学説は、条文中の「前項の目的」は、1項の「国際紛争を解決する手段としては、戦争を放棄する」にかけて、特に1項解釈でA説の立場に立つ解釈です。すなわち、1項で放棄したのは侵略戦争であるため、侵略戦争のための戦力ではない自衛のための戦力の保持は許されるとします（甲説）。

これに対して2つ目の学説は、ここでいう「前項の目的」は、1項の「正義と秩序を基調とする国際平和を誠実に希求[する]」か、1項全体を指すと解釈し、素直な解釈から自衛のための戦力の保持も許されないと考えます（乙説）。

戦力の不保持をめぐる判例としては、駐留米軍の存在が違憲か合憲かが問わ

🔑 キーワード解説

れた**砂川事件**で、1審の東京地裁判決（1959年3月30日）は駐留米軍を違憲とする判断を示しました。しかし、最高裁判決（最大判1959年12月16日）は高度に政治的な問題は司法判断になじまないという統治行為論により憲法判断を行いませんでした。その後も最高裁は駐留米軍への判断を避けています。

また、**自衛隊**の存在の違憲性が争われた**長沼事件**では、1審の札幌地裁判決（1973年9月7日）は自衛隊を違憲とする判断をしています。しかし、2審の札幌高裁判決（1976年8月5日）は原告らの訴えの利益がなくなったとし、最高裁判決（1982年9月9日）もこれを支持しました。自衛隊についても、最高裁はいまだに違憲とも合憲とも判断を示していません。

3 戦争の放棄と戦力の不保持の解釈の組み合わせ

以上の9条1項と2項についての学説の組み合わせですが、1項で侵略戦争の放棄・2項で侵略戦争のための戦力不保持と考える学説（A説＋甲説）は学界では少数説です。これに対して、多数説は1項で侵略戦争の放棄・2項で自衛のための戦力も不保持と考えます（A説＋乙説＝9条2項全面放棄説）。ただ、昨今は1項で自衛戦争も放棄・2項で自衛のための戦力も不保持と考える学説（B説＋乙説＝9条1項全面放棄説）も有力な存在となっています。

このような学説状況に対して、政府の9条解釈は独特です。政府は1項については侵略戦争の放棄（A説）の立場に立ちますが、2項については条文にある「戦力」を「自衛のための必要最小限度の実力を越えるもの」と捉えます。これは自衛隊を憲法違反の存在にしないための解釈ですが、自衛隊がアメリカと同じ兵器を保有しようと、拡充されようと、自衛隊が違憲とはならない屁理屈とも言える解釈です（もっとも、その結果、国民自身も9条を変えることも、自衛隊をなくすことも望まないという事態に陥っていますが）。

4 平和的生存権（前文2段）

先にも見たように、憲法前文2段では、「全世界の国民」に「平和のうちに生存する権利」を保障し、これを「**平和的生存権**」といいます。そして、「恐怖から免かれる権利」を自由権、「欠乏から免かれる権利」を社会権と考えます。なぜなら、戦時になれば、強制的に私有物を取り立てる徴発や強制的に兵役以外の業務に動員する徴用・強制的に兵役に服させる徴兵、国家統制、反戦思想弾圧などにより国民の財産権や苦役からの自由、移動の自由、思想の自由、表現の自由など多くの自由権が制約され、また、社会保障の制限や戦争遂行のための教育、労働弾圧などにより生存権、教育を受

ける権利、労働基本権などの社会権が制約されます。つまり、平和な状態であることが自由権と社会権を全面的に保障し、自由権も社会権も平和が確保されて初めて全面的に享受できると考えるからです。

　また、平和の問題を「権利」としたことは画期的です。なぜなら、戦争か平和かの問題を「政策」とした場合、戦争権限は議会または行政の長（大統領もしくは首相）に委ねられることになります。すなわち、戦争をするかしないかは多数決の問題となるのです。それに対して、平和の問題を「権利」とした場合、安易に多数決で少数派の平和的生存権を奪ってはならないということになります。

　ただし、学説では憲法上平和的生存権を認めるのか否かで、積極説と消極説とに分かれます。積極説は、権利の根拠条文をⓐ前文、ⓑ9条、ⓒ前文・9条、ⓓ前文・9条・3章全体、のどこに置くかで学説が分かれますが、**裁判規範性**までも認めます。すなわち、政府による軍隊の保持や戦争遂行、他国の戦争支援、場合によっては世界の貧困問題に対処しないことまでもが、平和的生存権侵害と捉えることにもなります。一方、消極説は、「平和」の概念はあいまいで中身の確定は不可能であることから、ここでいう平和的生存権は国家が目指すべき目標を述べたにすぎず、具体的権利性はないとします。これが多数説です。

　平和的生存権をめぐる裁判としては、先にあげた長沼事件があり、第1審の札幌地裁判決は平和的生存権の権利性を認める画期的な判決を出しましたが、第2審の札幌高裁判決では否定しました。最高裁も沈黙しています。

　最近では、2003年のイラク戦争後の**イラク特別措置法**による自衛隊のイラク派兵の違憲性を問う**自衛隊イラク派兵差止訴訟**2審の名古屋高裁判決（2008年4月17日）で、裁判所は平和的生存権の具体的権利性を認め、イラクでの航空自衛隊の活動を憲法9条違反としました。また、自衛隊イラク派兵差止訴訟1審の岡山地裁判決（2009年2月24日）でも、平和的生存権を日本国憲法上の基本的人権であると認め、「徴兵拒絶権、良心的兵役拒絶権、軍需労働拒絶権等の自由権的基本権として存在し、また、これらが具体的に侵害された場合等においては、不法行為法における被侵害利益としての適格性があり、損害賠償請求ができる」と、権利内容も具体的に示す画期的な判決を出しました（ただし、イラク派兵自体は原告らの権利を侵害したものではないとして、原告の全面敗訴となりました）。

キーワード解説

「戦争する国」

1 再軍備と日米安保体制

世界の最先端を行く平和主義を日本国憲法が掲げながら、現実はその理念に逆行するものでした。アジアにおける共産主義国家・中国の誕生（1949年）と朝鮮戦争の勃発（1950年）はアメリカの対日政策を転換させ、米軍の朝鮮戦争への動員の穴埋めと日本をアジアにおける「反共の防波堤」にするという戦略から、GHQのマッカーサーは再軍備を要求し、1950年に**警察予備隊**が創設されます。そして、**サンフランシスコ平和条約**締結による日本の独立後も日本に米軍を駐留させるため、1951年には**日米安全保障条約**を締結しました。両条約発効の1952年には警察予備隊が**保安隊**に、1954年には陸海空から成る自衛隊に替わっていきます。

ただ、旧安保条約はアメリカに日本の防衛義務がなく、米軍による内乱条項もあるという植民地主義的な条約であったため、1960年に新安保条約に「改正」されます。これにより、日本の施政下の領域における「共通の危険に対処するように行動する」ことになり（5条）、日本は「日本国の安全に寄与し、並びに極東における国際の平和及び安全の維持に寄与するため」、アメリカに基地提供する義務を課せられました（6条＝「極東条項」）。

国際政治の変化に応じて、日米両政府は安保条約「改正」の必要性を認識していましたが、2度の安保闘争の経験から安保条約は「改正」されることがありませんでした。しかし、国会の承認を不要とする実質的な「改正」ともいえる日米防衛協力のための指針（**ガイドライン**）を1978年に締結し、在日米軍は日本に対する武力攻撃のおそれのある段階から、そして極東地域外でも行動できる姿勢を打ち出します。

2 戦争協力と「有事法制」の整備

その後も2001年の「9・11事件」に対するアメリカなどによる「アフガン戦争」勃発後、米軍などへの兵站支援（後方支援）を自衛隊が行うために「**テロ対策特別措置法**」を制定します。そして、同法に基づき海上自衛隊によるインド洋上の米艦船などへの補給活動や、航空自衛隊による米軍の物資輸送などを行いました。また、2003年には大量破壊兵器の「保有疑惑」に対する「先制攻撃」として、アメリカなどによる「イラク戦争」が強行されます。「戦争終結」後、「**イラク特別措置法**」が制定され、同法に基づき陸海空三自衛隊をイラクなどに「派遣」しました。

さらに、日本の「有事」に備えるとの主張から、2003年に「武力攻撃事態法」など有事関連3法が、2004年に「国民保護法」など有事関連7法が成立します。これらの有事法制は日本への「武力攻撃発生事態」のみならず、「予測事態」という主観的判断による事態でいつでも自衛隊を動かせる法律です（すなわち、アメリカがアジア・太平洋地域で軍事活動を展開すれば、在日米軍基地への報復の可能性が生じ、本法が発動されます）。しかも、ガイドラインに基づく1999年の**周辺事態措置法**では「協力」にすぎなかった自治体・民間人の戦争動員（兵站支援への動員）を「武力攻撃事態法」で義務化しました。ミンジュンの戦争動員は、この有事法制が将来さらに強化された状態を想定したものです。また、「国民保護法」では「緊急対処事態」という概念を新たに盛り込むことで、「テロ」にも対応可能な法制となりました。これにより、地球規模で展開される「アメリカ有事」に自衛隊のみならず自治体・民間人にも強制的に兵站支援させ、平時からあらゆる「有事」に備える国家体制の構築が可能になったのです。

3 自民党改憲案の「平和主義」

　2012年4月には、自民党が「**日本国憲法改正草案**」（自民党改憲案）という改憲案を発表しました。この前文では2段で、「わが国は、先の大戦による荒廃や幾多の大災害を乗り越えて発展し、……平和主義の下、諸外国との友好関係を増進し、世界の平和と繁栄に貢献する」と、「平和主義」にも触れてはいます。しかし、日本国憲法と違って先の戦争に対する反省の言葉はないし、構造的暴力の解消に関する文言や平和的生存権を削除しているのです。これでは、日本は「テロ」の根底にある世界の構造的暴力の解消に努めるのではなく、アメリカと一緒に戦争を行うことになってしまいます。

　また、この改憲案の9条2項は、日本国憲法9条2項の替わりに「前項の規定は、自衛権の発動を妨げるものではない」とすることで、個別的自衛権のみならず、従来政府が否定してきた集団的自衛権の行使を認める内容になっています。

　そして、自民党の改憲案は9条の他に新たに9条の2という規定を加えます。この1項で、「我が国の平和と独立並びに国及び国民の安全を確保するため」に「**国防軍**」を保持するとしています。これまで政府は憲法9条との関係から、「自衛隊」と、自衛隊は軍隊ではないと説明してきたわけですが、これからは堂々と日本は「軍」を持つというのです。また、3項で、「国際社会の平和と安全を確保するために国際的に協調して行われる活動及び公の秩序を維持し、又

> 🔑 **キーワード解説**

は国民の生命若しくは自由を守るための活動を行うことができる」ともしています。これは国防軍が「国防」だけでなく、国連軍、さらには「国際的に協調して行われる活動」としてアフガン戦争やイラク戦争などのようなアメリカ主導の戦争にも参加することを意図していると思われます。

他にも、5項で、「国防軍に属する軍人その他の公務員がその職務の実施に伴う罪又は国防軍の機密に関する罪を犯した場合の裁判を行うため、……国防軍に審判所を置く」という規定もあります。自民党はこの改憲案を説明するQ&Aで、この「審判所」を「いわゆる軍法会議のことです」「裁判官や検察、弁護側も、主に軍人の中から選ばれることが想定されます」と説明しています。ミンジュンの裁判はこの軍法会議を想定したものです。

4 自民党改憲案を先取りする法律

第2次安倍政権は、2013年の臨時国会で、多数の反対の声を無視して、強引に（特定）**秘密保護法**を制定しました。この法律は、国家の安全保障に関する防衛・外交・警察情報を行政機関が一方的に秘密指定し、これを漏えいしたり、取得したりする行為を最高で懲役10年に処するもので、秘密を取り扱う者に対しては、身辺調査を行う適性評価制度も用意しています。本法により、①適性評価の対象者のプライバシー権を侵害し、②国家の情報にアクセスするメディアの取材の自由・報道の自由を侵害し、③国民の代表機関である国会議員の国政調査権を侵害し、④主権者国民の知る権利を侵害し、⑤秘密を法廷に出さないか出しても非公開で裁判を行うようになってしまいます。

また、2014年7月に安倍政権は集団的自衛権行使が憲法上可能であるとする閣議決定を強行しました。確かに、国連憲章では51条で、加盟国に**個別的自衛権**（外部からの武力攻撃に対して、当該攻撃対象国が1国で自衛する権利）と集団的自衛権の行使を認めていますが、憲法9条の解釈から、従来政府は集団的自衛権の行使はできないと解釈してきたのです。

このまま行くと、本当にミンジュンが経験するような、日本が外国で集団的自衛権を行使し、市民が秘密保護法制下で弾圧される国家になりかねません。現行日本国憲法の平和主義理念を実現していくのか、憲法そのものも変えて日本が「戦争する国」になるのかが問われています。

（清水雅彦）

> Column 憲法ワンポイント知識

国連「平和への権利宣言」採択の動き

日本国憲法前文に平和的生存権が規定されていますが、平和についての権利を巡る議論は、日本だけのものではありません。イラク戦争後、このような戦争を防ぐために、国連で「平和への権利宣言」を採択させようという運動が展開されてきています。これを受けて国連人権理事会では、2008年から毎年「平和への権利促進決議」が採択され、2012年には国連人権理事会の諮問委員会が「平和への権利の宣言草案」を作成しました。これは権利主体を個人と人民とし、国家は平和に対する権利に義務を負い、武力行使・威嚇の放棄と核兵器廃絶の追求、平和的手段による紛争解決を求めています。そして、個人と人民には、人間の安全保障、大量破壊兵器のない世界に住む権利、包括的平和教育・人権教育への権利、良心的拒否の権利、民間軍事会社・警備会社の制限、圧政に対する抵抗・反対する権利、持続可能な発展に関する権利、安全・清潔・平和的環境への権利、被害者・脆弱な立場のグループの権利、難民・移住者に関する権利を認めるという内容になっています。

国連総会で「平和への権利宣言」が採択されるとしても、上記の諮問委員会草案と同じようなものが採択されるのは難しいと思われます。とはいえ、もしこのような内容で採択されたならば、憲法の平和的生存権解釈に際して、より具体的な解釈を導く助けとなるでしょう。すなわち、裁判所は平和的生存権侵害に対する違憲・違法判決を出しやすくなり、平和的生存権実現を促す判決が出る可能性もあります。国会がアメリカの違法な戦争に協力する法律を制定することは違憲・違法となり、構造的暴力の解消に向けた法律制定に配慮する必要性が出てきます。

しかし、以上のような特に政府への大きな政策転換が求められるからでしょうが、日本が国連人権理事会の理事国になっている時は、なんと日本は「平和への権利促進決議」に反対しているのです。憲法に平和的生存権の規定があるのに、このような政府の行為を許してよいのでしょうか。さらに、自民党改憲案では日本国憲法の平和的生存権をばっさりと削除しています。ということは、今の外務省が自民党改憲案を先取りしたかのような意思表示をしているわけですが、やはり日本がすべきことは憲法に則って世界の先頭に立って平和を実現していくことではないでしょうか。

(清水雅彦)

第15章 天皇制は「法の下の平等」の例外か？

● 天皇制

第1条～8条、第88条

キーワード 国旗・国歌・元号、象徴天皇制、天皇・皇族の人権

ショートストーリー ついに「その日」が？──男系男子ゼロの日

　2064年、日本を揺るがす大事件が起きた。日本人の誰もが考えたくもなかった、決して起きてはいけない事件が、皇室で起きてしまったのである。いったい何が起きたのか。なんと、皇太子の法仁（のりひと）氏が、行き先を誰にも告げずに独りで皇居を抜け出し、失踪してしまったのである。──「いったい、これのどこが『大事件』なのか」などと疑問を挟んではいけない。この種の皇室のスキャンダルは、日本国においては大地震や津波よりも、原発事故や無差別テロや中国との武力衝突よりもはるかに重大な事件なのである。

　もっとも、失踪しただけなら、政府が隠蔽している間に捜索し、連れ戻すことができたかもしれない。だが、失踪中の法仁氏本人がインターネットのテレビ番組に生出演、世界に向かって自分の思いを訴えるという所業に出たのである。その思いは、まさに日本国の存立基盤そのものを揺るがしうるもの、つまり「いま付き合っている彼女との結婚を望んでいるのだが、皇太子という身分ゆえにそれが許されない」というものだった。

　なぜ彼は愛し合っている人と結婚できないのか。皇室会議の承認が得られる見込みが立たないからだそうである。なんでも、「皇室典範」という変な名前の法律によると、皇太子という身分にある人間は、いくら本人同士が深く愛し合っていようと、皇室会議の承認がないかぎり婚姻できない（10条）のである。さらに、法仁氏は「もし彼女と結婚できないのなら、自分は皇族をやめたい」とも訴えた。だが、残念ながらその希望も叶うことはない。やはり皇室典範が、皇太子の皇籍離脱を認めて

いない（11条）からである。彼にとって皇室典範は、憲法が禁止する奴隷制度（18条）そのものかもしれない。

しかも、こういった皇室典範の人権抑圧的な規定を変えようという動きは今までほとんどなく、そう主張する政治家や学者もほとんどいなかった。法仁氏はネットを通じ、「皇太子に皇籍離脱を認めず、自由な婚姻も認めない皇室典範は違憲だ」と訴え、「いま知人の弁護士と相談して裁判を起こすかどうか検討している」とも述べた。これをきっかけに、世間では、皇室典範を改正して皇族の自由な婚姻を認めるべきかどうか、議論が沸き起こった。

しかし、ここにはもう一つ、もっと深刻な問題があった。それは、いまや皇室には彼以外に未婚の男系男子がいないということである。加えて、生物学的（皇族は、生物学的にはヒト科に属する）に今後皇室に男系男子が誕生する可能性はほぼゼロである。というのも、天皇と他の皇族男子の配偶者はすべて、出産適齢期をとうに過ぎているからである。これがなぜ問題なのか。やはり皇室典範によると、天皇の地位に就けるのは「皇統に属する男系の男子」だけである（1条）。つまり、このままでは天皇になれる人物は早晩いなくなってしまうのである。

もっとも、一般国民と同様に皇室の少子化はおよそ一世紀前から進行しており、いつの日かこういう事態が現実となることは、誰にでも容易に予測しえた。それにもかかわらず、この問題も従来ほとんど議論されなかったのである。日本では、頭脳明晰な官僚も政治家も学者も、この問題については集団で思考停止状態に陥るという特異な現象がみられる。……いや、頭脳明晰だからこそ意図的に思考を停止するという方が正確かもしれない。ところで、「それなら法仁氏の結婚を認め、日本国のため、その妻となる女性に男子を産んでもらえばよいのではないか」という人もいよう。だが、法仁氏の恋人は性転換者であり、自然妊娠・出産は望めないのである。

かくして、「女系天皇・女性天皇を認めよう」という意見が久々に復活したのみならず、「最新の生殖介助術を活用しよう」とか、「皇室に養子を認めよう」とか、「旧宮家を復活しよう」とか、はたまた「側室制度の復活だ」とか、国会はもとより、今や日本中のありとあらゆるメディア・論壇がこの話題で持ちきりになってしまった。そして、日本が直面する他の重要な政治的・経済的・社会的諸問題は、すっかり忘れ去られてしまったのである。

キーワード解説

国旗・国歌・元号

　以上のショートストーリーを読んで、あなたはどう思ったでしょうか？　突拍子過ぎてピンと来なかったかもしれません。しかし、これは、本書の他の章のショートストーリーの多くのように「もし憲法が変えられたら……」ではなく、「もし今の憲法（と法律）がそのままだったら……」と仮定すると、近未来の日本で十分に起こりうることなのです。そういうと、「それなら、憲法や**皇室典範**の、天皇・皇族の問題となっている規定を廃止か修正すればよいだけの話では？」と思われるかもしれません。しかし、問題の本質はそこにあるわけではないのです。なぜか。その結論を急ぐ前に、そもそも憲法が規定する天皇制とはいかなるものなのか、まず確認しておきましょう。ここで、いったん話を**大日本帝国憲法**（明治憲法）にまで戻す必要があります。

1 明治憲法が規定する天皇制とは　日本初（世界史的な観点に立てば実質的にアジア初）の近代立憲主義憲法とされる明治憲法は、しかしながら、実のところ絶対君主制的な性格を色濃くもつものでした（**外見的立憲主義**）。というのも、それは**天皇主権**原理を採用していたからです。明治憲法は「天皇ハ国ノ元首ニシテ統治権ヲ総攬シ此ノ憲法ノ条規ニ依リ之ヲ行フ」（4条）と定めていました。**統治権**、つまり立法・行政・司法の三権は天皇が一手に握るとされたのです。そして、その統治権は、国民によってではなく**神勅**、すなわち**現人神**（あらひとがみ）（人の姿となってこの世に現れた神）たる天皇の祖先である**天照大神**（あまてらすおおみかみ）の命令によって代々の天皇に授けられてきたとされました。はたして天照大神が近代西洋起源の「国家権力」という考え方を知っていたかどうか確証はない（笑……いや、神だからすべてをご存知なのかもしれません）のですが、とにかく明治憲法において統治権はそのように位置づけられ、そのような考え方が1947年5月3日の日本国憲法施行まで法的には存続したのです。

　こういう話を聞くと、読者のみなさんは「そんな非科学的な、バカげた話を、ゼロ戦と酸素魚雷を開発するほどの科学技術力を有していた当時の日本人はなぜ信じたのだろう」と、不思議に思うかもしれません。実際のところ、当時の日本人のほとんども、内心こんな荒唐無稽な話を信じてはいなかったでしょう。しかし、当時の日本人に限らず、近代国家における集団としての国民は、得てしてこのような反合理主義に絡め取られます（社会学用語で「集合表象」といい

ます)。そして、同様の現象は現代の日本においても見られるのです。

2 日本国憲法の天皇制　話を元に戻しましょう。その天皇主権原理に対し、日本国憲法は**国民主権**原理を採用しています。これは近代立憲主義憲法の根本原理の一つといってよく、現代の国々のほとんどはこの原理を憲法に掲げています。日本国憲法も、「主権が国民に存する」ことと「国政は、国民の厳粛な信託によるものであって、その権威は国民に由来」(前文)することを明示し、続けて「天皇は、日本国の象徴であり日本国民統合の象徴であつて、この地位は、主権の存する日本国民の総意に基く」(1条)としています。このように、現行憲法は明確に国民主権を打ち出し、天皇の地位も国民の総意に基づくとしているのです(国民主権については16章も参照)。

その結果、現行憲法下の「天皇は、この憲法の定める国事に関する行為のみを行ひ、国政に関する権能を有しない」(4条1項)こととなっています。「**国事行為**」とは、内閣総理大臣と最高裁判所長官の任命(6条)、国会の召集と解散、法律の公布、栄典の授与(7条)といった形式的・儀礼的行為のことであり、すべて**内閣の助言と承認**を要し、かつその責任は内閣が負う(3条)とされています。このように、ヨーロッパ諸国の国王と比べても、政治的には徹底的に無力化されているのが日本の象徴天皇の特徴です。

以上のことからもわかるように、天皇制は、現行憲法施行以前と以降とでは法的に断絶しています。しかし、それにもかかわらず、あたかも連続性があるかのような論調が多々みられることは問題です。たとえば、2012年の**自民党改憲案**には、「日本国は、長い歴史と固有の文化を持ち、国民統合の象徴である天皇を戴く国家であって」(前文)という一節があります。もちろん、社会的事実としての天皇家が日本国憲法施行前後において連続していることは確かですが(また、日本国憲法の制定過程に鑑みると、実は形式的な法的連続性も認められるので、少々ややこしいのですが)、そのような事実としての天皇家の存続とその法的な位置づけの断絶は、明確に意識すべきでしょう。

3 天皇制と国旗・国歌・元号　次に、憲法の国民主権原理が天皇主権の否定をも含意するという点と関連して、国旗・国歌・元号について考えてみましょう。法的な議論は措くと、今の日本において国旗とされる「日章旗」なる旗、国歌とされる「君が代」なる楽曲、そして「元号」と称される暦のいずれも、この国の文化の典型例をなしているのは事実でしょう。だが、これらが日

> ## キーワード解説

本文化の典型例であるのは、一部の保守的な人たちが主張するようにそれらが日本文化の「純粋」性を示しているからではなく、むしろその逆、つまり国旗も国歌も元号も、この国が古来中国大陸と朝鮮半島から、近代以降は専らヨーロッパとアメリカから多くを摂取したうえで、「雑種文化」とも評される独自の文化を醸成してきたことを物語っているからです。

まず、日本の国旗・国歌のモデルは近代西欧諸国のそれであり、日本における国民国家建設と表裏一体の関係にあります。その国歌とされる「**君が代**」の歌詞は、平安時代に成立した古今集に収められた和歌からとったものです。元々は恋愛の歌だったのですが、明治に入ってから勅令で国歌とされるにあたり、皇室の繁栄を祈念する歌との解釈が施されました。ちなみに、君が代のメロディーは、1880年に日本人が作曲したものにドイツ人が手を加えたものです。現行憲法の草案がアメリカ人の手になることを気にする人がいますが、同じように、国歌にドイツ人の手が入っていることも気にするのでしょうか（笑）。**日章旗**についても、国旗として位置づけられるようになるのはやはり幕末以降のことです。

その一方で、元号は、言うまでもなく古代中国の諸王朝にその起源が求められる制度です。それが現代日本で用いられていることは、かつて日本が中華文明圏に属し、その影響は今なお抜きがたいという事実を私たちに想起させます。一般に7世紀の「大化」に始まるとされる日本の元号は、明治期における「**一世一元**」制の採用により、天皇個人の寿命に左右されるようになります。なお、元号制度が誕生した中国では、いまや元号は用いられていません。

このように、国旗・国歌・元号が、その起源において天皇主権原理と密接に結びついており、その考え方を色濃く反映するものであったことは否定できません。そういった観点に立つならば、これらを法律で定めることは、現行憲法の根本原理である国民主権を傷つけかねないものです。そもそも、中華文明の残滓たる元号を21世紀の日本で墨守する必要性も、19世紀西欧において近代国民国家を表象するツールとされた国旗・国歌を21世紀の日本で後生大事に扱う必然性も、あまり感じられません。これらを今すぐにどうこうすべきということではありませんが、これらが現実に日本の社会に及ぼしている影響について、一度じっくりと考えてもよいのではないでしょうか。

象徴天皇制

1「象徴」とは何か　では次に、憲法が「天皇は、日本国の象徴であり日本国民統合の象徴」（1条）という時の**「象徴」**の意味について考えてみましょう（通説に従い、「日本国の象徴」と「日本国民統合の象徴」をとくに区別しないこととします）。そもそも「象徴」とは何でしょうか。広辞苑をひくと「ある別のものを指示する目印・記号」「本来かかわりのない二つのもの（具体的なものと抽象的なもの）を何らかの類似性をもとに関連づける作用。例えば、白色が純潔を、黒色が悲しみを表すなど。シンボル」と説明されています。この定義に従うなら、天皇とは「日本国」という抽象的なものを指示する目印・記号・シンボルであるということになります。

さて、問題はここからです。では、「象徴である」ということは具体的にどのような作用をなし、効果を生じるのでしょうか。というのも、広辞苑の定義にあるような、「象徴」がもたらす「関連づけ」という作用も、本来は個々人の内心で起きることだからです。つまり、「天皇」という字面や「テンノウ」という音、あるいは天皇の写真や映像を見て何を思い浮かべるかは、人によって異なりうるということです。たとえば、「天皇」という言葉から東京・千代田区の皇居を思い起こす人もいれば、京都・上京区の御所を連想する人がいるかもしれません。またある人はアジア太平洋戦争を思い浮かべるでしょうし、ご高齢の方の中には自宅の白黒テレビで見た映像（1959年の明仁・美智子夫妻の成婚パレード）が脳裏に甦るという方もいるでしょう。このように、「象徴」という作用とその効果は、本来コントロール不可能です。そして、そのことが後にみるように様々な政治的問題を発生させるのです。

ところで、この問題に関連して、天皇は**「君主」**なのか、あるいは**「国家元首」**なのかという議論があります。というのも、「君主」や「国家元首」について、日本国憲法はもちろん他の法令においてもとくに規定されていないからです。そういうと驚く人がいるかもしれません。しかし、こう言うと身も蓋もないのですが、べつに君主や国家元首がいなくても（あるいは、いても）とくに支障はないのです。というよりも、支障がないからこそ戦後60年以上にわたって「元首」を規定する法令が存在しなかったといえます。

なお、この点について、憲法を改正し、天皇が国家元首であることを明記し

キーワード解説

ようという意見（たとえば自民党改憲案1条）もあります。しかし、天皇が元首であろうとなかろうと、国政に関与しないという点に変更がないのならば、あまり意味がある改正とは思えません。それどころか、統治権に関与する外国の元首、たとえば中国の国家主席や韓国の大統領、あるいはかつてのイラクやリビアの独裁者と日本の天皇が身分・地位において同列とみられかねないことを考えると、天皇を俗世間の政治に引きずり込もうという輩でない限り、このような改正には賛成しないと思います。

2「天皇の政治利用」

ここで、「天皇を政治に引きずり込む」ことについて、比較的最近のエピソードを1つ紹介しましょう。2006年7月20日、日本経済新聞が報じた「富田メモ」の発見です。そのメモによると、1988年に昭和天皇が**靖国神社**のA級戦犯合祀に強い不快感を示し、「だから私はあれ以来参拝していない。それが私の心だ」と、富田朝彦・宮内庁長官（当時）に語ったそうです。昭和天皇は1978年のA級戦犯合祀以降靖国神社に参拝していなかったのですが、その理由は明らかにしていませんでした。

しかし、ここで着目すべきは、昭和天皇の靖国神社やA級戦犯に対する個人的な思いがどのようなものであったかではなく、それをめぐる周囲の反応です。この時、多くのメディアや知識人が昭和天皇の「心」を引き合いに出し、「昭和天皇の遺志に反する首相の靖国神社参拝は誤りだ」と主張しました。しかし、首相の靖国参拝は、政治・外交上の問題（憲法の教科書である本書では触れません）としても、憲法上の問題（政教分離原則との関係です。詳しいことは12章に譲ります）としても、そこに天皇の意図が介在する余地はありません。つまり、首相の靖国参拝の是非を論ずるに、天皇の個人的な思いはどうでもよいということです。それどころか、ここで天皇の権威を持ち出すことは、それ自体が「天皇の政治利用」と言われかねない行為なのです。

さらに、「天皇の政治利用」が問題となった事例を2つ挙げます。1つは、2004年10月28日、**園遊会**の席上、当時東京都教育委員を務めていた棋士の米長邦雄氏が「日本中の学校で国旗を掲げ、国歌を斉唱させることが私の仕事でございます」と天皇に話した際、天皇が「やはり、強制になるということがないことが望ましい」と述べたことです。ここでの問題も、やはり天皇の発言内容そのもの（それは、実のところ、国旗国歌法制定の際に表明され、現在も維持されている政府の公式見解を踏襲したものに過ぎません）ではなく、天皇自らが「公立学校

における国旗掲揚・国歌斉唱」という政治問題について言及したことです。つまり、とりわけこの園遊会でのやり取りがあったのがいわゆる「**10・23通達**」(2003年)によって東京都の公立学校でおぞましい国旗国歌強制が本格化した年であるという事実と重ね合わせると、天皇本人の意図にかかわらず、その発言は「政治性を帯びる」という作用をなさざるをえないということです。その一方で米長氏に「天皇の政治利用」という意図がなかったとしても、結果的にそのような効果が生じてしまったことにも注意が必要です。これこそ、先述した「その作用はコントロールできない」という問題なのです。

さらに、この出来事の9年後の2013年10月31日、やはり園遊会に招待された山本太郎・参議院議員が天皇に手紙を手渡すという出来事がありました。この時天皇は、その手紙を受け取るも、すぐに後ろにいた侍従長に手渡しました。その後の記者会見において山本氏は「福島第一原子力発電所事故による子どもの被曝などの現状を天皇に知ってほしかった」と説明しました。しかし、やはり山本氏に「天皇の政治利用」という意図がなかったとしても、手紙を手渡すという行為自体が結果的にそのような効果を生じます。その意味において、山本氏の行動は、公権力行使に携わる者として軽率な振る舞いであったと言わざるをえないでしょう。

そう考えると、そもそも園遊会という場自体が、きわめて政治的な空間だといえます。もっとも、**宮内庁**はその非政治性の維持に心を砕いているのですが、その「非政治」性にこだわる姿勢が逆説的に、意図せざる形で政治的な効果を生じてしまうのです。では、それを防ぐためには、園遊会に公権力行使に携わる者（政治家を含む公務員）を招待しなければよいのでしょうか。実際のところ、それでもなんら問題の本質的な解決にはならないと思われます。というのも、極端な言い方をすれば、天皇が人と会えば、ほとんどの場合そこに政治的な効果が生じてしまうからです。

突き詰めて言うと、「天皇」という存在それ自体が宿命的に政治性を帯びたものだといえます。「天皇は、この憲法の定める国事に関する行為のみを行ひ、国政に関する権能を有しない」と憲法が規定しているにもかかわらず、そこでは意図せざる形で天皇が「政治（的なるもの）」と結びつきうるのです。そう考えると、問題を根本的に解決するには、現行の象徴天皇制の是非という議論に踏み込まざるをえないのではないでしょうか。

キーワード解説

天皇・皇族の人権

1 天皇・皇族に対する人権制約　さて、いよいよ天皇・皇族の人権について考えてみましょう。まず、当たり前のことですが、天皇・皇族といえども「人間」です。さらにいえば、(一部異説はあるものの)「日本国民」です。仮に「国民」ではないとしても、「人間」であることは確かです。ということは、**人権享有主体**です。それにもかかわらず、以下にみるように、現実には天皇と皇族には、程度の差はあれ様々な権利制約が生じているのです。

その根本的な原因は、「皇位は、世襲のものであつて、国会の議決した皇室典範の定めるところにより、これを継承する」(2条) という憲法の規定、すなわち「皇位(天皇の地位)の**世襲制**原理」にあります。この原理は、すべての国民の「法の下の平等」(14条1項)を保障する日本国憲法において、特異な例外をなしています。しばしば、「今は男女平等の世の中なのだから、女性天皇を認めてもよいのではないか」という意見を耳にしますが、皇室の存在自体がそもそも「法の下の平等」の例外なのです。その皇室の内部での「男女平等」を唱えることにどんな意味があるのか、甚だ疑問です。

しかも天皇は、一度天皇になったら死ぬまで天皇です(皇室典範4条)。皇族については、その一部には「**皇籍離脱**」の可能性が認められています(皇室典範11～14条)が、皇太子と皇太孫については不可能です。つまり、彼らの人権制約は本人の意思では如何ともし難い、宿命的なものといえるのです。

そして、その人権制約の1つが、天皇および皇族男子の婚姻の自由に対するそれです。ショートストーリーにも出てくるように、彼らの婚姻の成立には「**皇室会議**の議を経ることを要する」(皇室典範10条)のです。これは「婚姻は、両性の合意のみに基いて成立」(24条1項)するという憲法上の原則の「例外」をなしています。また、皇室典範には「皇位は、皇統に属する**男系の男子**が、これを継承する」という規定(1条)があります。「男系の男子」とは、天皇の血筋を父方から受け継いでいる男子のことです。つまり、実質的に「男子誕生」という不確定要素が現在の天皇制の前提となっているのです。そして、とりわけ側室制度が廃止された大正以降の皇后や皇太子妃にとって精神的重圧となった男子出産への期待の究極の原因はここにあるといえます。本来、「子どもを産む・産まない」の選択は個人の典型的な幸福追求の問題であり、自己決定権と

して憲法で保障される権利（13条）ですが、それがここでは否定されているのです。ここにも憲法の「例外」がみられます。

2 皇位継承資格　ところで、昭和の末期以降、皇族男子の不足に対する危機感から、**女系天皇**、さらには**女性天皇（女帝）**を認めるかどうか時おり議論されました。最近では、2005年に小泉純一郎首相（当時）が設置した私的諮問機関「皇室典範に関する有識者会議」が、象徴天皇制の維持・安定を図るため、皇位継承資格を女性と女系子孫に拡大すること等を求める最終報告書をまとめました。しかし、翌年2月に秋篠宮の妃の第3子懐妊が明らかになると、結論はその出産まで先送りされ、同年9月に41年ぶりの皇族男子が誕生すると、議論自体が立ち消えになってしまいました。とはいえ、依然として皇族男子が少ないことに変わりはありません（2014年7月1日現在、未成年の男系男子皇族は一人だけ）。つまり、問題が先送りにされただけなのです。

3 訴訟当事者となるか　さて、ショートストーリー中、皇太子が裁判を起こすかどうか検討中という話が出てきました。このように、天皇・皇族は裁判を起こす、言い換えれば訴訟当事者になることはできるのでしょうか。現実味があるかどうかは別として、まず刑事裁判について考えてみましょう。天皇が犯罪行為に及んだ場合、天皇は逮捕・起訴され、有罪となることがあるのでしょうか。この点について、憲法にも法律にもなんら明文規定はありません。しかし、皇室典範が「**摂政**は、その在任中、訴追されない」と定めている（21条前段）ことから類推し、天皇の代行たる摂政が訴追されないのだから、一度即位すると死ぬまで退位できない天皇は決して訴追されないというのが通説です。なお、皇族については、刑事責任を免れさせる法律はとくにありません。

次に、民事裁判についてはいくつか判例があります。それによると、「天皇は日本国の象徴であり、日本国民統合の象徴であることにかんがみ、天皇には民事裁判権は及ばないものと解するのが相当」（最二判1989年11月20日）とされています（対照的に、皇后は「象徴」ではないので、民事裁判権が及びうるという判例〔東京高決1976年9月28日〕もあります）。とはいえ、天皇にも私生活があるわけですから、一律に民事裁判権は及ばないとするのは乱暴な話だと思われます。なお、「天皇の地位の世襲制、天皇の象徴としての地位、天皇の職務からくる最小限の取り扱い」という相違点を除けば、「天皇にもプライバシーの権利や肖像権が保障される」という判例もあります（富山地判1998年12月16日）。

> 🔑 **キーワード解説**

　今、天皇のプライバシーの話が出ました。先に説明したように、憲法は、天皇は国事行為のみを行い、国政には関与しないとしていますが、天皇にも私生活がある以上、一人の人間としての行為、日常生活等の「私的行為」をなすことは当然可能です。問題は、これら3つのカテゴリーのいずれにも属さない「**公的行為**」なるものが、実務上存在することです。たとえば国民体育大会や植樹祭といったイベントへの出席ですが、2013年の「主権回復の日」式典への天皇皇后の出席や東京オリンピック招致活動への皇族の参加は「公的行為」を超えた「皇室の政治利用にあたる」との疑念が強く持たれています。

4 天皇・皇族の資産・家計　天皇・皇族のプライバシーの話のついでに、彼らの資産や家計についてもみてみましょう。実は皇居などほとんどは国有財産であり、彼らの資産ではありません。憲法は、「すべて**皇室財産**は、国に属する」（88条前段）と規定し、皇室に過度な財産が集中しないようにしているのです。とはいえ、ある程度の範囲で皇室の私有財産は認められています。ただ、「ある程度」とはいえ、たとえば昭和天皇の遺産は死亡時でおよそ20億円だったそうですから、一般の感覚では相当の「資産家」の部類に入るでしょう。参考までに、最近（2013年度）の皇室費は約61億円、内訳は天皇・皇族の公的活動費用たる「**宮廷費**」が約55億円、天皇家（2014年7月1日現在、天皇、皇后、皇太子、皇太子妃、敬宮愛子内親王の計5名）の生活費たる「**内廷費**」が約3億2000万円、その他の皇族（同、計16名）のために支出される「**皇族費**」が約2億6000万円です。

　この金額を見ると、「なんだ、やっぱり皇族って恵まれてるじゃないか」と思われるかもしれません。しかし、自分の財産やその使い道について他人からこれほど詮索され、その中身を、週刊誌のみならず本書のような憲法の教科書にも書かれてしまうのです。それ以上に、皇族には、先述したような様々な自由・権利の制約があります。それでも「皇族が羨ましい！」と思う人はあまりいないでしょう。そして、この制約に対する疑問は、「象徴天皇制」という、およそ「法の下の平等」とは相容れない制度を今後も維持すべきかという問いに帰着します。近代天皇制が誕生してからおよそ一世紀半が、象徴天皇制が誕生してからもおよそ70年が経過しました。「男系男子が途絶える日」、まさにその日を迎える前に私たちはきちんと議論をしておくべきではないでしょうか。

（石川裕一郎）

> Column 憲法ワンポイント知識

自民党に愛国心はない⁉

　さて、不思議なタイトルですね。自民党改憲案の前文には「我々は［……］美しい国土と自然環境を守り」といった愛国心を示唆する文言があり、また、愛国心涵養を企図して国旗国歌法を成立させたのも自民党政権です。その自民党に愛国心がないとは、どういうことでしょうか。

　その改憲案発表から間もない2012年6月12日付『朝日新聞』の投書欄に、一つのユニーク（?）な意見が掲載されました。タイトルは「情けない自民党の『愛国心』」。内容は、当時消費増税法案の修正協議に際し自民党が所得税や相続税の増税に反対したことを批判するものです。反対の理由として自民党は「増税されれば富裕層は海外に移住する」と主張しました。しかし、投稿者曰く「所得増税と言っても、最高税率を40%から45%へ上げる程度」で、「国の税収に影響するほど、富裕層が一斉に海外へ脱出をはかるとは思えない」。それでも富裕層の日本脱出を心配する自民党の「愛国心」は、その程度のものなのか——。

　とはいえ、ここでの自民党の心配は、ある意味正当なものです。というのも、所得税や相続税がより低い所へ富裕層が、法人税がより低い所へ企業が、国境さえも軽々と越えて移動するのは、とりわけグローバル化が進んだ現代においては遍くみられる現象だからです。実際、日本の主だった製造業は、安い人件費や低い法人税率に惹かれ、その生産拠点をとっくの昔に海外に移しています。当たり前ですが彼らにとっては、国家財政よりも自分たちの財産・利益の方がずっと大事なのです。自民党は、そのような富裕層や企業の経済合理性に基づいた行動を代弁したに過ぎません。

　ここで連想されるのは、福島第一原発事故（2011年）によって広大な国土が汚されたのに、常日頃「愛国心」を口にする自民党の政治家や財界人の多くが原発維持を唱えたことです。財界の賛同も得て自民党政権が強行成立させた改正教育基本法が「我が国と郷土を愛する」（2条5号）ことを謳っているにもかかわらず、です。皮肉を込めて言うと、彼らは、自分たちがマネーの論理の前にあっさりとひれ伏すような軟な愛国心しか持っていないからこそ、愛国心教育にこだわるのかもしれません（笑）。

（石川裕一郎）

第16章 将来の夢を国家に奪われず自分の幸せを追求できる

●憲法の基本原理

前文、第10条〜13条

キーワード 基本的人権の尊重、平和主義、国民主権

ショートストーリー 戦場の悪夢に苦しむ辛太郎

　2050年。2年間の徴兵で戦場から戻ってきた橋本辛太郎は精神科に通っていた。なぜか。戦場で母子と思われる女性と子どもを殺し、PTSD*にかかったからだ。

　戦場での恐怖感、映画と全く違う。油断すると、文字通り「命取り」になる。実際、同じ部隊で行動していた「隊員」が何人も戦場で命を落とした。そのうちの数人は「子ども兵」による射撃で死んだ。

　だから「国防軍」では、「戦場で動く者にはすぐに攻撃せよ」と言われてきた。

　そして、ある戦場で人影を見かけたとき、辛太郎は銃の引き金を引きまくった。

　「人影」は遠くにあったし、瞬間だったので分からなかったが、近づいてみると、辛太郎が撃ったのはどうも母親と子どもらしい、女性と子どもだった。

　女性は顔が半分飛んで死んでいたが、子どもはおなかを銃弾が貫通したらしく、うめき声をあげていた。

　「苦しんで死ぬよりも、すぐに楽にしてやろう」と思い、辛太郎は子どもに銃をむけ、発砲した。その後、子どもはピクリとも動かなくなった。

　その時の様子、死ぬ直前の子どもの目を辛太郎は忘れることができず、精神的に苦しんだ。

　「ごめんね。私たちがしっかりしていなかったからだ」と辛太郎の母は辛太郎をみて泣きながら謝ったこともある。

　母親が謝ったのは、2017年、安倍首相のもとで行なわれた憲法改正の国民投票の際、憲法改正に賛成してしまったことだ。

海外での武力行使が可能になる、自民党改憲案の国民投票が行われた時、大きな論争がおこった。
　戦争を経験した高齢者たちは「南京を攻略した時は物には不自由していなかった。しかし戦争が終わるころには国民のほとんどがホームレス状態になった。空襲で炭になった死体がごろごろ転がっている光景は今でも忘れられない。絶対に戦争をしてはいけない」などと形相を変えて語り、憲法改正に反対していた。
　しかし、辛太郎の父や母たちの世代はそもそも政治に関心がなかったし、「昔と違い、今はそんなことはない」と、高齢者たちの主張を馬鹿にしていたという。
　そして憲法改正の国民投票が行われた時、「海外に自衛隊を派遣するのは国際貢献、積極的平和主義だ」という安倍首相や自民党、一部のメディアの主張に賛成して、国民の多くは憲法改正に賛成の投票をした。
　憲法が改正され、自衛隊は海外でも戦うことができる「国防軍」になった。
　その後、何度か国防軍は海外に派兵された。辛太郎も徴兵で戦場に送られた。
　戦場に来て分かったことだが、安倍首相が言っていた、国防軍の海外派兵は「積極的平和主義」だの「国際平和協力」などというのは全くのウソだった。
　戦場には、女性や子ども、老人などの死体がいたるところにころがっていた。女性が兵士たちに乱暴され、悲鳴をあげている場面にも何度も出くわした。戦場はまさに「地獄」だった。辛太郎も女性と子どもを殺し、PTSDにかかった。
　戦場から帰った時、妻や子どもは「辛太郎の顔つきが変わった」と怖がった。
　顔つきだけではなく、人を殺した罪悪感から酒びたりになり、妻や子どもに暴力をふるうようになった。その結果、妻とは離婚することになった。
　アル中になって暴力をふるうだけではなく、町を歩いていてもヘリコプターの音がすると道路でもしゃがんだり、野外でバーベキューなどをすると戦場で人が焼き殺されたにおいを思い出して吐き気がするなど、戦場の悪夢が抜けない。
　「昔の日本国憲法では海外での武力行使が禁止されていたのに、自民党が主張したような、海外での武力行使が可能になる憲法改正がされたから僕は戦場に行かされたんだ」。
　辛太郎は憲法改正に賛成した父母などの世代の人にはやりきれない思いがある。
＊ベトナムやイラクからの帰還兵のPTSD（Post Traumatic Stress Disorder、心的外傷後ストレス障害）については、前田哲男・飯島滋明編『Q&Aで読む日本軍事入門』（吉川弘文館、2014年）を参照してください。

ショートストーリー　戦場の悪夢に苦しむ辛太郎

191

キーワード解説

基本的人権の尊重

1 自分の幸せを求められる社会　みなさんも中学校で「憲法」を学んだと思います。そこで**基本的人権の尊重**、**平和主義**、**国民主権**が憲法の「三大原理」と教わったと思います。ここでは、**基本的人権の尊重**の話をします。

若い学生と接していると、学生たちは当たり前のように将来の夢を語ります。「車のディーラーになりたい」「公務員になりたい」「アパレル業界で働きたい」「学校の先生になりたい」「旅行業界で働きたい」……。

しかし、今の憲法（1946年11月3日公布、1947年5月3日施行）ができるまでは、「将来について語ること」は当たり前ではありませんでした。**大日本帝国憲法（明治憲法）**では、国民は**臣民**とされていました。大日本帝国憲法には「兵役の義務」があり（20条）、男子は戦争の際、召集令状、いわゆる「赤紙」で戦争に行かされました。そして「死は鴻毛よりも軽しと覚悟せよ」と「軍人勅諭」にあるように、個人の生命すら「鳥の羽根」よりも軽く扱われました。

政治家がみなさんの生命を簡単に扱うことのできる社会、そうした社会をどう思いますか？　「将来幸せになることは考えるな」「国、つまり権力者のために滅私奉公し、命も差し出せ」という社会、そうした社会に住みたいですか？

日本国憲法では、個人の生命すら軽視・無視した敗戦までの政治のあり方を否定します。個人の生命を「鴻毛よりも軽し」と扱うのではなく、一人ひとりの個人はかけがえのない存在であり、大切に扱われなければならないという**「個人の尊厳」**（13条）が日本国憲法では基本原理とされました。さらに、自分が幸せになることを認めず、国のために生命を投げ出すことを求めた、敗戦までの政治を否定するため、13条後段で「生命、自由及び幸福追求に対する国民の権利については、公共の福祉に反しない限り、立法その他の国政の上で、最大の尊重を必要とする」という**幸福追求権**が認められています。みなさんは将来の夢を国家に奪われず幸せを求められるようになったのです。

2013年、最も活躍したスポーツ選手の一人と言えば、野球のマー君こと楽天の田中将大選手だと思います。田中投手は2014年に「メジャーリーグでプレーしたい」という夢をかなえることができました。マー君は2011年に「沢村賞」を受賞していますが、その「沢村賞」の由来となった沢村栄一という偉大な野球選手は野球を継続することが許されず、3回も徴兵で戦場に駆り出されまし

た。1回目の徴兵（1938～1940年）の際、戦場で右肩を痛め、2回目の徴兵（1941～42年）でまたしても野球ができず、3回目の徴兵（1944年）で戦死しました。27歳でした。自分の夢を追うことが許されなかった沢村投手と、自分の夢を自由に追うことができる田中投手。政治のあり方は2人の投手の生き方にも明確に現れています。自分の幸せを追求することを許されなかった明治憲法下での政治と、自分の夢の実現のために自由に行動できる政治をしなければならない日本国憲法。みなさんはどちらの社会に住みたいですか？　2012年の自民党改憲案は、明治憲法のような政治に戻そうとする規定がいたるところにあります。そうした社会に戻ることには賛成ですか？

　話を戻しますが、個人が大切にされるためには、「基本的人権」が尊重されることが必要です。そこで憲法11条では「国民は、すべての基本的人権の享有を妨げられない。この憲法が国民に保障する基本的人権は、侵すことのできない永久の権利として、現在及び将来の国民に与へられる」とされています。

2 人権の歴史　日本国憲法の人権の歴史についてもう少し話をしますが、「この憲法が日本国民に保障する基本的人権は、人類の多年にわたる自由獲得の努力の成果であつて、これらの権利は、過去幾多の試錬に堪へ」と憲法97条で定められています。憲法で保障されている「権利」や「自由」は「過去幾多の試錬」に基づき、そうした「試錬」への反省の末に獲得されたものです。詳しいことは各章で紹介されていますが、ここでいくつか例を挙げます。「アジア・太平洋戦争」が終わるまでの日本の権力者は、「天皇や国のために死ぬのは尊い」という思想を植えつける教育、国に尽くすための「愛国心教育」を子どもの時から学校教育を通じて行ってきました。敗戦までの思想注入教育を改め、教育は本来個人の人格形成・成長のために行われるべきとの考えから、憲法26条では「教育を受ける権利」が保障されています。「国のために死ぬのは尊い」という思想を植えつけるために権力者が「日の丸・君が代」や「靖国神社」を利用したことへの反省として、憲法19条の「思想及び良心の自由」では、権力者が「日の丸・君が代」を国民に押し付けることが禁止されています。憲法20条や89条では「政教分離」が定められ、権力者と靖国神社の関係を断とうとしています。沢村投手の例を先にあげましたが、明治憲法下では「徴兵」は国民の義務でした。戦争の際には女性も「徴用」されて軍事工場などで働かされました。こうした政治を認めないため、憲法18条では「何人も、いかなる奴隷的

> **キーワード解説**

拘束も受けない。又、犯罪に因る処罰の場合を除いては、その意に反する苦役に服させられない」とされました。「アジア・太平洋戦争」が終わるまでの日本で「戦争反対」と発言したり、政府の批判をすれば特高（特別高等警察）などに身体を拘束され、壮絶な拷問を受けました。敗戦までのこうした社会を否定するため、憲法で「表現の自由」（憲法21条）が保障され、刑事手続に関しても手厚い権利保障がなされています（31条〜40条）。

なお、憲法が大切にしようとするのは一人ひとりの「個人」です。個人を大切にする日本国憲法からすれば、外国人であっても当然、基本的人権が認められます。最高裁判所も**マクリーン事件**で、「基本的人権の保障は、権利の性質上日本国民のみをその対象としている事項を除き、わが国に在留する外国人に対しても等しく及ぶものと解すべきである」としています（なお、一般的には「参政権」「生存権」「入国の自由」が外国人には認められないと考えられています）。

3 認められない他人の権利や自由を侵害する行為

最後ですが、憲法はあらゆる者の「基本的人権」を認めていますので、他人の権利や自由を侵害する行為は「権利」や「自由」として認められません。1789年のフランス大革命の際に出された**フランス人権宣言**4条で「自由とは、他人を害さないあらゆることをなしうることである」と宣言されているのはそうした趣旨です。たとえ正当な権利や自由の行使であっても、その行使が他人の権利や自由を侵害する場合には制限されることがあります（たとえば「表現の自由」〔21条〕を行使することで他人のプライバシーの権利〔13条〕が侵害される場合など）。他人の権利・自由の保障のために権利や自由に対する一定の制限があるという考え方は、憲法では「**公共の福祉**」（12条、13条）という用語で説明されています。「憲法が自由や権利ばかりを保障したために犯罪やいじめが増えた」ので、「憲法を改正して義務に関する規定を設けるべきだ」という主張がなされることがあります。「なるほど」と思われるかもしれませんが、こうした発言は、長い歴史を持つ「人権」や「**立憲主義**」を理解していない発言です。殺人は「生命の権利」（13条、25条）、「窃盗」は「財産権」（29条）、いじめは「個人の尊厳」（13条）を侵害します。殺人といった犯罪、いじめなどは基本的人権を侵害する行為です。「基本的人権」を尊重しようとする考えが定着していないからこそ、殺人や窃盗などの犯罪やいじめなどが起こるのです。犯罪やいじめをなくすためには、むしろ基本的人権の重要性を定着させる取組みが必要なのです。

平和主義

1 基本理念　平和主義は14章でくわしく説明されていますので、ここでは簡単に説明します。

　日本国憲法では「基本的人権の尊重」が基本原理とされていることを紹介しましたが、「基本的人権」を侵害する最大の国家行為、それは「戦争」です。とりわけ近代の日本の歴史は戦争にまみれた歴史でした。**アジア・太平洋戦争**（1931～1945年）では、日本は韓国や中国をはじめとして近隣諸国に対して武力を行使し、言語に絶する被害を与えてきました。近隣諸国の民衆の犠牲者は2000万人以上になります。「**南京大虐殺**」や「**731部隊**」による「生体実験」のように、非人道的としか言いようのない虐殺もあります。また、ひどい事例では1日に数十人もの日本兵の性の相手をさせられた「**従軍慰安婦**」のように、生命を奪われなくても「個人の尊厳」が根本から蹂躙された女性もいました。被害を受けたのは近隣諸国の民衆だけではなく、日本国民にも310万もの犠牲者が出ました。戦争や武力行使はこうした悲惨な事態をもたらすのです。

　そこで日本国憲法では「平和主義」が採用されています。憲法9条では「一切の戦争の放棄」「戦力の不保持」「交戦権の否認」を内容とする、徹底した「平和主義」が採用されています。アジア・太平洋戦争ですが、戦争をはじめ、国民には「国のために死ね」といいながら、自分は国のために死なずに生命を大切にしていた政治家も少なくありませんでした。1945年3月にはじまった沖縄戦では、権力者は沖縄の住民に「草木の一本に至るまで戦え」と命じておきながら、自分たちはひそかに東京から長野県の松代に逃げる準備をしていました。1945年8月、ソ連は満州に侵攻しましたが、事前にそのことを知った政治家や軍の幹部たちは国民には知らせず、自分たちだけこっそり逃げました。1945年8月にソ連に侵攻された満州にいた日本国民は、文字通りソ連軍に蹂躙されました。戦争の悲惨な被害を受けるのは戦争をはじめた政治家ではなく、国民であることが先の戦争でも再び証明されました。だからこそ「政府の行為によつて再び戦争の惨禍が起ることのないやうにすることを決意」（前文）したのです。

　また、憲法前文では「**平和的生存権**」が保障されています。憲法前文を引用すると、「われらは、平和を維持し、専制と隷従、圧迫と偏狭を地上から永遠に除去しようと努めてゐる国際社会において、名誉ある地位を占めたいと思ふ。

キーワード解説

われらは、全世界の国民が、ひとしく恐怖と欠乏から免かれ、平和のうちに生存する権利を有することを確認する」とされています。平和学の大家ガルトゥングは、武力行使や戦争、殺人などの「**直接的暴力**」(Direct Violence)、「社会的不正義」に基づく貧困や搾取、差別などの「**構造的暴力**」(Structural Violence)、「直接的暴力」や「構造的暴力」を正当化する「**文化的暴力**」(Cultural Violence)――ガルトゥングは日本の侵略戦争を正当化した、「超国家主義イデオロギー」を「文化的暴力の適例」として挙げています――の3種類の「暴力」があるとします。憲法前文にある平和的生存権は、「直接的暴力」と「構造的暴力」をなくすために、日本が国際社会で積極的な役割を果たすことを求めています（なお、「文化的暴力」は「思想及び良心の自由」〔19条〕や「教育を受ける権利」〔26条〕などで否定されています）。

2 国際協調主義　敗戦までの日本は、国際社会での約束を守らず、好き勝手をしてきました。「パリ不戦条約」(1928年)を締結しながらそれを破り、1931年に日本は中国に武力攻撃を行ない、結果として「満州国」を作り上げました。国際連盟で満州国が承認されないと、日本は国際連盟を脱退しました。そうした自分勝手な日本の行動が、のちにアジア・太平洋を巻き込む戦争がはじまる原因となりました。

戦前の日本のこうした自分勝手なあり方を反省して、日本国憲法では「**国際協調主義**」が採用されています。たとえば憲法前文では「いづれの国家も、自国のことのみに専念して他国を無視してはならない」とか、「日本国民は、恒久の平和を念願し、人間相互の関係を支配する崇高な理想を深く自覚するのであつて、平和を愛する諸国民の公正と信義に信頼して、われらの安全と生存を保持しようと決意した」という部分に「国際協調主義」が現れています。また、憲法98条2項の「日本国が締結した条約及び確立された国際法規は、これを誠実に遵守することを必要とする」という規定にも「国際協調主義」が体現されています。

この国際協調主義に関しては、**自衛隊の海外派遣（派兵）**が問題となってきました。たとえば小泉、安倍、福田、麻生内閣は憲法の国際協調主義を根拠に自衛隊をインド洋に派遣（派兵）してアメリカの軍艦の補給活動を支援したり、イラク戦争の際にはイラク本土にまで自衛隊を上陸させ、アメリカ軍などの支援をしてきました。しかし、戦闘をしている米軍などへの自衛隊の支援が本当

に「国際貢献」でしょうか？　アフガニスタンやイラクでも、アメリカ軍の軍事攻撃により女性や子ども、老人など、一般の民間人が多く殺されてきました。数百万人もの人が住む家などを失い、「難民」になっています。こうしたアメリカ軍を支援することが本当に国際貢献でしょうか？　第2次安倍政権では「積極的平和主義」との名目で、やはり海外での武力行使を含む活動を積極的に行なおうとしています。

　今の具体的な政治の動きを紹介しますと、まずは「集団的自衛権の行使は憲法で禁止されている」という今までの政府の憲法解釈を安倍首相は閣議決定で変更し、「集団的自衛権」の行使を認めようとしています。つぎに、「自衛隊法」や「周辺事態法」などの法律を改正するなど、法律の制定・改正による「集団的自衛権」の行使を可能にしようとしています。そして最終的には憲法改正により、海外での武力行使が可能になる国づくりを目指しています。

　国際平和実現のためには、日本も積極的に国際社会で活動し、場合によっては武力の行使も共同で行なうべきとの主張がなされる場合もあります。

　しかし、武力行使で平和が実現されるのでしょうか？　たとえばアメリカが武力攻撃をしたアフガニスタンやイラクは依然として混乱が続いていますが、武力で平和が作れるのでしょうか？　さらには、海外で戦争を行うようになれば、日本の兵士が人を殺し、あるいは殺される可能性が高くなります。戦場で人を殺した、あるいは非人道的行為をおこなった兵士が社会に戻って来た時、「ショートストーリー」で紹介したような事例が起こる可能性が高くなります。実際、アメリカではイラク戦争に行った多くの兵士がPTSDにかかり、社会問題化しています。そうした社会になる可能性をどう考えますか？　集団的自衛権が認められるようになり、日本が攻撃されてもいないのに海外で戦争をするようになれば、海外での戦闘で自衛隊員の戦死者→自衛隊への志願者の減少→徴兵制、という事態を懸念する自民党の政治家や元防衛省の幹部がいます（加藤紘一氏の発言については『朝日新聞』2014年5月16日付を、元防衛省幹部の小池清彦氏の発言については『朝日新聞』2014年6月25日付を参照してください）。「徴兵制」という可能性をどう考えますか？

キーワード解説／**平和主義**

キーワード解説

国民主権

1 「天皇主権」から「国民主権」へ　最後に三大原理の一つである「国民主権」について紹介します。

　私がかつて中学生に社会科を教えていた時、「日本の主権者は誰？」と聞くと「天皇」という答えが返ってくることが多くありました。テレビなどで皇族関係者が、しかも赤ちゃんの皇族でさえ「〜様」などと呼ばれるのを観ると、何となくそう思ってしまうのでしょう。しかし、天皇は主権者ではありません。憲法1条では「天皇は、日本国の象徴であり日本国民統合の象徴であつて、この地位は、主権の存する日本国民の総意に基く」と規定されています。天皇は「象徴」にすぎず、しかも天皇の地位は「主権の存する日本国民の総意」に基づくことになっています。憲法前文でも「そもそも国政は、国民の厳粛な信託によるものであつて、その権威は国民に由来し、その権力は国民の代表者がこれを行使し、その福利は国民がこれを享受する」とされています。つまり、「国政のあり方を最終的に決定する権力を持つ存在」である「主権者」、それは日本国憲法ではわたしたち「国民」です。そして、主権の行使については「日本国民は、正当に選挙された国会における代表者を通じて行動し」、「そもそも国政は、国民の厳粛な信託によるものであつて、その権威は国民に由来し、その権力は国民の代表者がこれを行使し、その福利は国民がこれを享受する」と前文にあるように、日本国民が代表者を選び、その代表者が国政のあり方を決める**議会制民主主義（間接民主主義）**が原則とされています。国民が国政に関して直接に意志を表明できるのは「最高裁判所裁判官の国民審査」（79条2項〜4項）と「憲法改正国民投票」（96条）の場合だけです。

2 直接民主制の是非について　ただ、国会議員が主権者であるみなさんの意見をきちんと聞いて政治をしていると思いますか？　最近の例でいえば、原発に関して反対の世論が、2013年12月の「秘密保護法」の制定に関しても反対や慎重さを求める世論が大きいにもかかわらず、安倍自公政権のもとでは世論に反した政治が行われています。こうした状況に対して、国民が直接、国政の重要な問題に関して意志表示をする直接民主制の是非が議論されてきました。

　まずは個人の権利保障のため、直接民主制に否定的な見解を紹介します。たとえば「国民投票」ですが、歴史的にみると、1934年8月、ドイツ国民はヒト

ラーを大統領兼首相の「総統」(Führer)として認めました。ヒトラーの対外的膨張政策に関して、1933年の国際連盟脱退をめぐる国民投票では投票の92％、1936年3月のロカルノ条約破棄とラインラント再武装をめぐる国民投票では99％、1938年3月のオーストリア併合をめぐる国民投票では99％の支持率を得たのです。ヒトラーの例を紹介しましたが、フランスでもナポレオン1世、3世が国民投票を濫用して自分の地位を固めたという歴史があります。「独裁者ほど国民投票を好む」と言われますが、ナポレオン1世や3世、ヒトラーの事例のように、国民投票は国民の意志を聞くというよりも権力者の地位や政策を国民意志の名目で正当化する役割を果たしてきました。こうした国民投票は「**プレビシット**」と言われます。権力者にとって好ましくない結果が出る可能性が高い時、権力者は国民投票を行おうとするでしょうか？　国民投票が「プレビシット」になると警戒して、直接民主制に否定的な見解が存在します。

　一方、直接民主制を積極的に活用することを主張する見解を紹介します。日本の政治を見ると、憲法9条があるにもかかわらず、国家予算の多くは軍事費に充てられています。一方、憲法25条では「生存権」が保障されているのに、政府は福祉を切りつめたり、憲法26条で「教育を受ける権利」が保障されているのに、やはり文教関係費が切り詰められた政治が行われています。また、政治家の汚職がなくなることはありません。そうした憲法に反する政治、国民不在の政治が行われる原因こそ、「国民主権」が実現されていないからと直接民主制に賛成する人は考えます。実際には一部の政治家が国のあり方を決めているからこそ、政治家の利益にしかならず、国民のことなどは眼中にない政治が行われるのであり、こうした現状を克服するために、国民が真の政治の担い手となること、国民が実際に国のあり方を決定する方向で「国民主権」を解釈することを直接民主制に賛成する論者は主張します。この見解からすれば、「国会は……唯一の立法機関」（憲法41条）とされている以上、結果が法的効力を持つ「国民投票」は認められないが、諮問的な国民投票は今の憲法でも認められるので、諮問的な国民投票を行うことを提案します。また、国政に関する重要な問題が争点になった時には衆議院を解散して、国民の意志を聞くことで事実上の国民投票を行うべきとも主張されています。ただ、国民投票は権力者に濫用される可能性があります。ナポレオンやヒトラーの事例でもわかるように、議会制や政党制が機能停止していたり、表現の自由が抑圧されているような、自由

キーワード解説

で民主的な市民の政治活動が保障されない状況下においてはとくにそうです。そこで、直接民主制に賛成の立場の人は、国民の国政参加の前提として、公教育における憲法教育・政治教育、正確で公正な報道、広範な市民間での討議を極めて重視します。国民がメディアなどの影響により気まぐれに国政のあり方を決定するのであれば、フランス、ドイツの歴史の再現になります。そうした事態が起こらないために、国政に関する十分な見解を持つ国民でなければならないと考え、憲法教育の重要性を説きます。

憲法教育・政治教育によって市民として必要な民主的な政治参加の基本的なあり方を身につけること、十分で正確な情報周知・報道のもとで、政治家や利害関係者だけでなく市民が広範に参加した討議といった文字通りの参加・関与手続としての直接民主制・国民投票を実現することが重要だというのです。

3 憲法改正国民投票について

憲法96条1項では、「この憲法の改正は、各議院の総議員の3分の2以上の賛成で、国会が、これを発議し、国民に提案してその承認を経なければならない。この承認には、特別の国民投票又は国会の定める選挙の際行はれる投票において、その過半数の賛成を必要とする」と定められています。憲法改正権者は国民ですから、国民投票によって憲法改正の是非を問うことを憲法で規定することは国民主権の考えからすればもっとも自然なことです。しかし考えてみてください。権力者にとって好ましくない結果が予想されるとき、権力者は国民投票をしようとするでしょうか？　何が言いたいのかと言いますと、憲法改正の国民投票が行われるのは、権力者にとって都合のよい結果が出る可能性が高いと権力者が判断したときです。そして、多くの国民が関心も知識もないのに国民投票で投票したり、一部の政治家やコメンテーターのいい加減な発言に国民が影響された状態で国民投票が行われれば、取り返しのつかないことになるかもしれません。

日本の具体的な政治状況に当てはめますと、日本国憲法改正の国民投票が行われるのは、権力者やメディアによる世論操作によって「国防軍が海外で武力行使することが必要」という考えが国民に浸透し、国民投票で憲法改正が認められる可能性が高いと自民党などの改憲賛成派が判断したときの可能性があります。「国民投票」はよいことだと楽観するのではなく、「国民投票が行われるのは権力者にとって都合のよい結果が出る可能性が高い時だ」と警戒心を持って国民投票に接する必要があります。

（飯島滋明）

Column 憲法ワンポイント知識

患者の自己決定とインフォームド・コンセント

個人が一定の私的事項について、公権力に干渉されることなく自分で決定する権利は「自己決定権」（憲法13条参照）と言われます。

　この自己決定権を前提とすると、医療の場面では、治療方法などを決定する権利は患者にあります。そして患者の自己決定権を保障するため、医師は患者に病名や治療方法などを説明し、患者の同意を得て治療することが必要となります。正しい説明を受け、理解した上での自主的な治療の選択・同意・拒否を患者に認めることは「インフォームド・コンセント」といわれます。実際の裁判でも、医療過誤とならび、「インフォームド・コンセント」違反で医療側の法的責任が問われる事例が多くあります。

　いくつか例を挙げましょう。

　手術による死亡率が10%ということを説明しなかったり（東京高判2001年7月18日）、担当医師による非出血性大型AVM（脳動脈奇形）手術の成果が良くないこと（3件のうち2件死亡、1件は機能障害を残した）を説明しなかったこと（東京高判1999年5月31日）は医師の説明義務違反とされています。「副作用の発生率が極めて低い場合であっても、その副作用が重大な結果を招来する危険性」があれば、投薬した薬の危険性について患者に説明すべきとした裁判があります（高松高判1996年2月27日）。乳房切断手術を受けた女優が、同意をしたのは右側だけであり、左側の手術には同意していないとして損害賠償を求めた事例でも、左側の乳房の切断については患者の同意を得た証拠がないとして東京地方裁判所は賠償責任を認めました（東京地判1971年5月19日）。「インフォームド・コンセント」で有名な裁判が「エホバの証人輸血拒否事件」です。手術前に輸血を拒否すると患者は医師に述べていたのに、手術の際に輸血をした医師や病院に患者が損害賠償を求めた事件です。最高裁判所は「患者が、輸血を受ける事は自己の宗教上の信念に反するとして、輸血を拒否するとの明確な意思を有しているときに、このような意思決定をする権利は人格権の一内容として尊重されねばならない」として損害賠償を命じています（最判2000年2月29日）。

（飯島滋明）

[エピローグ]
友達や仲間と語り合い、個人の幸福の追求とよりよい市民社会の実現へのヒントを

●憲法に書かれていないことについての理解

　これまで憲法が戦後70年近くにわたって積み重ねてきた方向とは全く別の方向に変えられた場合にありうるストーリーとそのストーリーにかかわる重要なキーワードを軸に話をすすめてきました。憲法は他の法令とことなり、有権者、国民、市民の理解と正当性の付与こそがその実効性の直接の源泉であることを考えると、憲法に書かれていることだけが重要なのではなく、書かれていないことについての理解も重要だということがいえます。憲法の中にあるものが書かれていないということにもいくつかの事情が考えられます。単純に憲法制定当時、問題として意識されることがなかった、知られていなかったというものもあれば、社会道徳の問題のように権力統制についてのことではないので憲法に書くようなことではないから書いていないということもあります。また、重要なことではないので書いていないということもあれば、むしろ重要なことで国にそういった権限を認めないためにあえて書いていないということもあります。実際にはそういった事情が組み合わさっていると思われますが、とくに最後の理由に力点をおいておわりにしたいと思います。

●緊急事態条項

　改憲派の人たちはよく日本国憲法には緊急事態条項がないので不完全・不十分な憲法なのだという趣旨のことをいいます。戦争や騒乱、超大規模自然災害には、政府や国民が主観的にどのように考えて、どのように行動しようと、巻き込まれるときには巻き込まれるので、そのための備えが憲法に明記されていないのはおかしいというわけです。実際、法律レベルではそれなりに整備されていることを考えると、そうかもしれないなと思ってしまうことでしょう。しかしそうではありません。日本国憲法は、あえて緊急事態に関する条項を憲法の中におかない選択を意識的にしているのです。緊急事態・非常事態は大きく分ければ、戦争のような軍事的なもの、

食料やエネルギー危機にともなう打ち壊しや暴力的な政治的変化を求めるなんらかの政治的活動のような社会的なもの、大地震や大規模な火山の噴火、高潮や洪水、土砂崩れ、広範囲の山火事などの自然災害にわかれます。どれも国・政府に迅速で十分な対処がもとめられるものです。しかし、軍事的な緊急事態は他の緊急事態とは全く逆に、徹底的な情報統制（国民には重要な情報を伝えず、プロパガンダのために都合のいい情報だけを加工して伝える）と、広範囲の人権保障の制限を要求するものです。人命以上に重要だと位置づけられる「国家の存続」「国益」の擁護のために場合によっては国民に生命の「犠牲」をも要求するものです。いったんそうしたものを憲法上も認めてしまうと、緊急事態を理由にすれば、人権保障など吹き飛んでしまいます。それでは人権保障を憲法上確認した意味がまったくなくなります。日本国憲法は軍事的緊急事態がこの国際社会の中で存在しないと考えているわけではなく、実際にあることは十分に承知しているけれども、その場合も緊急事態のための特別な体制で対処するのではなく、憲法上規定されている通常の体制で対処するということを意識的に選択しているのです。社会的騒乱や自然災害に対しては、正確で十分な、時間的にも可能な限り早期の情報周知と、市民と社会の各セクションとの協力による対処がもとめられますが、これは通常の政府に求められていることそのもので、そのために憲法上特別な規定を設ける必要はありません（もちろん政策的技術的には詳細な立法が求められますが）。

● 核技術の利用（原子力発電）

また、憲法に規定しないことで本来はそうした政策を国が推進するべきではないということを示していると考えられるものに核技術の利用があります。典型的には原子力発電です。たしかに日本国憲法制定時には核分裂エネルギーを発電用に利用するという発想はありませんでした。ですから日本国憲法自身が　当初から原子力発電を禁止していたとまではいえないでしょう。しかし、日本国憲法制定当時すでに核兵器がほかならぬ日本にたいして使われ、その核兵器の配備をすすめるための口実として「核の平和利用」があり（原子炉はもともとプルトニウムを取り出すための装置でお湯をわかすのはそのための副産物でしかありません。プルトニウムはもちろん核兵器の原料です。原子炉は基本的に核兵器製造の原料を調達するためにあります）、事故がなくても恒常的に放射能をまき散らし、膨大な放射性廃棄物（そのままの状態にして近づくと即死してしまうレベルのものもあります。特殊な設備や容器に入れて数百年から数万年置いておくしかないものも多く、置き場所がなく困っています。かりに置き場所が見つかったとしても、数百年以上の耐久性のある素材などありませ

んのでいずれ深刻な放射能汚染が必ず起こります）の問題がある原子力発電をすすめる政策を国がとることを憲法が認めていると解釈してよいのでしょうか。そもそも国際的な常識からすれば、核兵器に直結する性質を持つ原子力発電（だからこそ日本は国際原子力機関から査察を常に受けていますし、アメリカとの原子力協定で各種の制限を課されています）は、戦力の不保持を規定する9条に抵触する可能性が高いですし、放射能の問題は本源的な価値である生命・健康への権利を保障する25条に違反するものといえるでしょう。タービンを回すためにお湯を沸かすことは、最先端の科学技術でも研究でもなんでもありませんので23条の学問の自由とも何の関係もありません（放射性廃棄物の減容や核融合などの研究の有用性・可能性もかつては世界的に模索されましたが、すくなくともまともな国ではもはや無意味かつ有害なものとしてあつかわれています）。

　憲法は基本的には権力を羈束（きそく）するための法規範ですから、権力者にとっては本音でいえば邪魔なものです。ただ本音をそのままいっても国民からバカにされるだけですから、諸事情にあわせてこれこれこういうように付け加えたほうがいいのではないかという体裁をとっているのです。しかし憲法は、国に権限を与えるべきでないと考えるところにはあえて規定を置かないのです。これまで日本国民が憲法を変えなかったのはそのことを意識しているからでもあるのではないでしょうか。
　ここまで憲法を自民党改憲案のように変えたらどうなるか、そのとき重要と思われる問題はなにかということを示そうとしてきました。読者のみなさまがそのなかからすこしでも有益なものを見いだし、友達や仲間と語り合い、個人の幸福の追求とよりよい市民社会の実現へのヒントを得ていただくことが、執筆者一同の願いです。そのようになっていることを祈って、おわりにしたいと思います。

2014年6月
奥田喜道

キーワード索引

●あ●

愛する地球のために約束する草津市条例 …… 26
愛知県迷惑行為防止条例 …… 26
アイヌ民族 …… 158
アジア・太平洋戦争 …… 195
足利事件 …… 74
新しい公共 …… 61
アファーマティヴ・アクション …… 156
天照大神 …… 180
現人神 …… 180
安心・安全で快適なまちづくりなごや条例 …… 26

●い●

家永訴訟 …… 112
違憲審査権 …… 52
イスラム風刺画掲載事件 …… 140
医師抑制政策 …… 40
一会計年度主義 …… 44
一事不再理の原則 …… 77
一世一元 …… 182
一般殺人罪 …… 51
異党派投票 …… 68
イラク特別措置法 …… 173
医療費削減政策 …… 40
岩手靖国訴訟 …… 152
インターネット時代の表現行為 …… 140

院の自律権 …… 65

●う●

上乗せ条例 …… 28

●え●

営業の自由 …… 122
エイズ薬害事件 …… 134
ADR …… 50
ADR法 …… 50
愛媛玉串料訴訟 …… 52
冤罪 …… 73
園遊会 …… 184

●お●

押収 …… 72
応能負担の原則 …… 39
思いやり予算 …… 41

●か●

海外渡航の自由 …… 122
改革疲れ …… 116
外見的立憲主義 …… 180
外国移住・国籍離脱の自由 …… 122
ガイドライン …… 174
外務省機密漏洩事件 …… 134
カウンター行動 …… 140
学習権説 …… 113
学習指導要領 …… 112

学問研究の自由 109
学問の自由 108
かけがいのない個人 92
家産国家 88
家事事件 49
家族の絆 84
過疎地域自立促進特別措置法 30
葛飾政党広報ビラ配布事件 136
家庭裁判所 49
家父長論 87
簡易裁判所 49
監視 54
間接差別 160
完全補償説 122
官僚制 61

●き●

議院内閣制 63
議会制民主主義（間接民主主義） 198
機会の平等 157
規制緩和 42, 102
起訴 73
基本的人権の永久不可侵性 12
基本的人権の尊重 192
君が代 182
義務教育の無償 113
決められる政治 65
逆差別 161
休肝日決議 26
宮廷費 188
教育改革・大学改革 114
教育基本法 111
教育再生実行会議 116
教育勅語 88
教育を受ける権利（教育権） 111

教員免許更新制 115
教科書検定 112
教授会 110
行政各部 61
行政機関情報公開法 62
行政権 16
行政刷新会議 61
強制捜査 72
共謀罪 134
虚偽自白 73
居住・移転・職業選択の自由 120
勤労条件法定主義 96
勤労の権利 96

●く●

クォータ制 161
盟神探湯 49
具体的権利説 123
宮内庁 185
グローバル化 140
軍事法廷 55
君主 183

●け●

経済的自由 120
警察予備隊 174
形式的平等 157
刑事事件 49
刑事手続 72
刑事補償 80
契約の自由 96
契約自由の原則 123
決闘裁判 49
けんか言葉 140
研究成果の教授の自由 109

研究成果の発表の自由	109	公判手続	48
現行犯逮捕	77	幸福追求権	192
限定放棄説	171	公文書等管理法	62, 134
原発労働者	100	公文書管理制度	134
憲法改正国民投票	68, 200	公平、迅速、公開	77
憲法研究会の憲法草案	14, 19	拷問	73
憲法裁判所	52	勾留	73
憲法訴願	52	国際協調主義	196
憲法訴訟	52	国事行為	181
憲法尊重擁護義務	15	国政調査権	65
憲法の基本原理	190	口頭弁論	48
憲法の番人	56	国防軍	175
権利請願	36	国民主権	181, 192
		国民審査	54

●こ●

		国民投票	66
公安条例	135	国民の教育権	111
公害規制	125	(国立大学)運営費交付金	116
公共の福祉	121	個人の尊厳	144, 192
皇室財産	188	国会事故調査委員会	65
皇室会議	186	国会の機能(権能)	63
皇室典範	180	国家元首	183
公衆衛生	125	国家公務員法	135
「公助」の後退	127	国家戦略局	61
硬性憲法	13	国家戦略室	61
行政事件	49	国家の安全と社会秩序	126
皇籍離脱	186	国家の教育権	112
交戦権の否認	169	国家秘密保護法案	134
控訴	50	国旗・国歌・元号	181
構造改革	42, 104	国旗国歌法	147, 184
構造的暴力(Structural Violence)	170, 196	国権の最高機関	63
皇族費	188	子どもの貧困	113
公的行為	188	個別的自衛権	176
公的扶助	124	コンパクトシティ	30
高等裁判所	49		
公判前整理手続	48		

●さ●

- サービス残業 …… 99
- 最高裁判所 …… 49
- 最高法規 …… 13
- 再婚禁止期間 …… 92
- 財産刑 …… 80
- 財産権 …… 121
- 再審 …… 77
- 財政 …… 36
- 財政国会中心主義 …… 37, 127
- 財政の健全性 …… 42, 127
- 在日韓国・朝鮮人 …… 158
- 裁判 …… 48
- 裁判員裁判 …… 48
- 裁判規範性 …… 173
- 裁判の公開 …… 48
- 裁判傍聴 …… 54
- 作為請求権 …… 124
- 差別的言論 …… 140
- 三審制 …… 50
- 参政権 …… 66
- 山村振興法 …… 30
- サンフランシスコ平和条約 …… 174
- 3分の2以上の特定多数 …… 65

●し●

- 自衛隊 …… 172
- 自衛隊イラク派兵差止訴訟 …… 173
- 自衛隊の海外派遣（派兵） …… 196
- 自衛隊法 …… 134
- 事業仕分け …… 61
- 死刑 …… 80
- 自己情報コントロール権 …… 138
- 自己点検評価制度 …… 115
- 地酒で乾杯条例 …… 26
- 支所 …… 31
- 「自助」「共助」の強調 …… 127
- 市制・町村制 …… 29
- 自治体 …… 27
- 自治体基本条例 …… 26
- 自治体の憲法 …… 26
- 市町村合併 …… 31
- 市町村レベル …… 32
- 執行猶予 …… 80
- 実質的平等 …… 157
- 10・23通達 …… 114, 185
- 実名報道 …… 138
- 私的自治 …… 123
- 児童虐待防止法 …… 51
- 児童虐待 …… 85
- 児童（子ども）の権利に関する条約 …… 86
- シビル・ユニオン法 …… 92
- シベリア抑留 …… 55
- 司法 …… 48
- 司法権 …… 16
- 司法権の独立 …… 50
- 司法消極主義 …… 52
- 司法積極主義 …… 52
- 司法取引 …… 80
- 資本主義（ブルジョア）憲法 …… 120
- 島コン …… 24
- 事務次官等会議 …… 61
- ジャーナリスト憲章 …… 139
- ジャーナリスト …… 134
- 社会学的代表 …… 63
- 社会権 …… 14
- 社会手当 …… 125
- 社会効用論 …… 163
- 社会的制裁 …… 139

社会復帰の権利	139	昭和の大合併	31
社会保険	125	女系天皇	187
社会面	138	女子差別撤廃条約	90
集会	135	女性天皇（女帝）	187
衆議院の優越	65	職権主義	49
従軍慰安婦	195	庶民院・貴族院型	64
自由刑	80	シラバス（授業計画）	115
自由権	14	私立学校振興助成法	31
私有財産制度	120	（私立大学）経常費補助金	116
修正資本主義	121	知る権利	132
集団的自衛権	168	人権享有主体	186
周辺事態措置法	175	人権の永久不可侵性	128
住民自治	29	信仰の自由	150
住民投票	66	新市町村建設促進法	31
主権者教育権説	113	新自由主義路線	42
首相（首班）指名議決	65	人種差別	140
出張所	31	神勅	180
首都圏既成市街地工場等規制法	31	臣民	146, 192
照会制度	52	●す●	
消極国家	96	鈴木安蔵	19
消極的平和	170	スティグマ	158
上告	50	ストーカー	84
小選挙区制	63	砂川事件	172
小選挙区比例代表併用制	68	●せ●	
小選挙区比例代表並立制	66		
象徴	183	政官関係	61
省庁再編	60	政教分離	37
象徴天皇制	183	政治資金規正法	62
少年事件	49	政治主導	60
少年犯罪	85	生存権	123
消費税	39	生存権的教育権説	113
情報公開法	134	性的虐待	85
情報公開制度	61	性的マイノリティー	91
条約承認	65	政党	62
条例	25	政党助成法	62

209

制度的保障	110
性別役割分業	90
生命刑	80
セクハラ	99
世襲制	186
雪冤宣誓	49
積極的平和主義	168
接見	78
摂政	187
選挙権	66
選挙制度	67
全国中学校一せい学力調査	111
戦争違法化	169
戦争の放棄	168
全面放棄説	171
戦力の不保持	168

●そ●

争議権（団体行動権）	98
捜査	72
捜索	72
相対多数代表制	63
相当補償説	122
遡及処罰の禁止	77
租税法律主義	37
ソドミー法	91
尊属	51
尊属殺重罰規定違憲判決	51, 86
尊属殺人罪	51

●た●

大学	108
大学設置基準の大綱化	115
大学の自治	110
大規模小売店舗立地法	127

対審	48
大選挙区制	63
大日本帝国憲法（明治憲法）	36
代表	63
逮捕	72
瀧川事件	108
自衛隊イラク派兵問題ビラ配布事件	136
脱原発デモ・集会	136
多様性	164
単記移譲式	63
男系の男子	186
団結権	98
男女共同参画	156
男女平等	159
男尊女卑	90
団体交渉権	98
団体自治	29

●ち●

地方裁判所	49
地方自治	27
地方自治特別法についての住民投票	66
地方自治の本旨	29
地方自治法	28
忠孝一本	87
仲裁法	50
抽象的違憲審査制	52
抽象的権利説	124
中選挙区制	66
長子相続	88
町村合併促進法	31
町村総会	29
直接請求	28
直接的な差別	159
直接的暴力（Direct Violence）	196

直接民主制 ················· 68, 198

●つ●

ツイッター ························· 140
津地鎮祭訴訟 ····················· 152

●て●

DV ······································· 84
定数是正訴訟 ······················· 66
適正手続主義 ······················· 75
デモ ·································· 135
テロ対策特別措置法 ··········· 174
天皇機関説事件 ················· 108
天皇・皇族の人権 ············· 186
天皇主権 ··························· 180

●と●

恫喝的訴訟 ·························· 99
当事者主義 ·························· 49
道州制 ································ 32
島嶼町村制 ·························· 29
同性婚法 ····························· 92
統治権 ······························ 180
投票価値の平等 ··················· 66
独占禁止法 ······················· 127
（特定）秘密保護法 ········· 55, 133
独立行政委員会 ··················· 62
独立行政法人 ····················· 116
都市の低炭素化の促進に関する法律（エコまち法） ··················· 31
鳥取県手話言語条例 ············ 26
都道府県レベル ··················· 32
取調べ（事情聴取） ············· 72
取調べの可視化 ··················· 79

●な●

内閣 ···································· 60
内閣総理大臣 ······················· 60
内閣の助言と承認 ·············· 181
内廷費 ······························ 188
長沼事件 ··························· 172
731部隊 ····························· 195
名主制度 ····························· 29
南京大虐殺 ······················· 195
軟性憲法 ····························· 13

●に●

二院制 ································ 63
2050年人口増減予測 ············ 30
日米安全保障条約 ·············· 174
日章旗 ······························ 182
日本国憲法改正草案（自民党改憲案） ··· 175, 181
任意捜査 ····························· 72
認証評価制度 ····················· 115

●ね●

ねじれ ································ 65
ネットカフェ難民 ·············· 102

●は●

陪審員制度 ·························· 50
派遣切り ··························· 103
パックス法 ·························· 92
判決 ···································· 48
半島振興法 ·························· 30

●ひ●

B-1グランプリ ···················· 24

211

東大阪市中小企業振興条例 …………… 26
被疑者 …………………………………… 72
被疑者国選弁護人 ……………………… 78
被告人 …………………………………… 73
被告人国選弁護人 ……………………… 78
非正規社員 ……………………………… 102
被選挙権 ………………………………… 66
卑属 ……………………………………… 51
人質司法 ………………………………… 74
日の丸 …………………………………… 114
日の丸君が代訴訟 ……………………… 148
秘密・機密・密約 ……………………… 134
表現の自由 ……………………………… 132
表現の自由の参政権としての側面 …… 132
平等 ……………………………………… 156
比例代表制 ……………………………… 63
貧困の連鎖 ……………………………… 113

●ふ●

ファカルティ・ディヴェロップメント（FD）
 ………………………………………… 115
夫婦別姓選択制 ………………………… 92
夫婦同氏制 ……………………………… 92
不起訴 …………………………………… 73
福島第一原子力発電所事故 …………… 134
府県制・郡制 …………………………… 29
付随的違憲審査制 ……………………… 52
不戦条約 ………………………………… 169
不当な支配 ……………………………… 111
プライバシー …………………………… 145
プライバシーの権利 …………………… 138
部落差別 ………………………………… 158
ブラック企業 …………………………… 99
フランス人権宣言 …………………… 36, 94
プレス評議会 …………………………… 139

プレビシット …………………………… 199
プロイセン憲法争議 …………………… 43
ブログ …………………………………… 140
プログラム規定説 ……………………… 123
文化的暴力（Cultural Violence）…… 196

●へ●

ベアテ・シロタ（・ゴードン）……… 90
平成の大合併 …………………………… 32
ヘイトクライム ………………………… 140
ヘイトスピーチ ………………………… 140
平和主義 …………………………… 166, 192
平和的生存権 ……………… 12, 172, 195
平和のうちに生存する権利 …………… 168
へき地教育振興法 ……………………… 30
弁護人依頼権 …………………………… 78

●ほ●

保安隊 …………………………………… 174
法人税 …………………………………… 39
報道の自由 ……………………………… 132
法律案議決 ……………………………… 65
ポジティヴ・アクション ……………… 156
ホワイトカラー・エグゼンプション … 104

●ま●

マグナ・カルタ ………………………… 36
マクリーン事件 ………………………… 194
街コン …………………………………… 24
まちづくり ……………………………… 24
まちづくり条例 ………………………… 26

●み●

未払賃金 ………………………………… 99
民営化 ………………………………… 42, 104

民事事件 …………………………… 49
民主的第二次院型 ………………… 64
民族差別 …………………………… 140

●む●

無罪推定原則 ……………………… 139

●も●

目的・効果基準 …………………… 152
黙秘権 ……………………………… 78
森戸辰男 …………………………… 14

●や●

夜警国家 …………………………… 96
靖国神社 ……………………… 37, 184

●ゆ●

有事法制 …………………………… 174
ユニオン …………………………… 100
ゆるきゃら ………………………… 24

●よ●

横だし条例 ………………………… 28
予算決議 …………………………… 65
予算に関する衆議院先議 ………… 65
予備選挙 …………………………… 68
世論 ………………………………… 132

●り●

リコール制度 ……………………… 29
立法権 ……………………………… 16
立憲主義 …………………………… 194
立法不作為 ………………………… 56
離島振興法 ………………………… 30
留置 ………………………………… 73

両院協議会 ………………………… 65
両院制 ……………………………… 63
臨時教育審議会（臨教審） ……… 114

●れ●

令状主義 …………………………… 77
劣等性の烙印 ……………………… 158
連邦議会型 ………………………… 64

●ろ●

労働基準監督署 …………………… 100
労働基準法 ………………………… 97
労働基本権 ………………………… 96
労働組合 …………………………… 100
労働者派遣制度 …………………… 102
労働者派遣法 ……………………… 102
ロバート＝フィルマー …………… 87

●わ●

ワーキング・プア（働く貧困層） … 102
ワイマール憲法 …………………… 120
忘れられる権利 …………………… 139

キーワード索引

213

判例索引

判は判決、決は決定。大は最高裁判所大法廷、漢数字は同小法廷を示す。
（　）内は事件名

●最高裁判所●

最大判 1948 年 3 月 12 日	80
最大判 1952 年 10 月 8 日	52
最大判 1953 年 12 月 23 日（皇居前広場事件）	136
最大判 1953 年 12 月 23 日（農地改革事件）	122
最大判 1954 年 11 月 24 日（新潟県公安条例事件）	135
最大判 1958 年 5 月 22 日（東大ポポロ事件）	109
最大判 1959 年 12 月 16 日（砂川事件）	172
最大判 1960 年 7 月 20 日（東京都公安条例事件）	135
最大判 1973 年 4 月 4 日（尊属殺重罰規定違憲判決）	51
最大判 1973 年 12 月 12 日（三菱樹脂事件）	145
最三判 1974 年 7 月 19 日（昭和女子大事件）	110
最大判 1974 年 11 月 6 日（猿払事件）	136
最大判 1975 年 9 月 10 日（徳島市公安条例事件）	135
最大判 1976 年 4 月 14 日（衆議院議員定数訴訟違憲判決）	66
最大判 1976 年 5 月 21 日（旭川学力テスト事件）	110
最三判 1977 年 3 月 15 日（富山大学事件）	110
最大判 1977 年 7 月 13 日（津地鎮祭判決）	152
最一判 1978 年 5 月 31 日（外務省機密漏洩事件）	134
最三判 1981 年 3 月 24 日（日産自動車男女別定年制事件）	159
最一判 1982 年 9 月 9 日（長沼事件）	172
最三判 1982 年 11 月 16 日（エンタープライズ号佐世保入港事件）	136
最大判 1983 年 6 月 26 日（衆議院議員定数訴訟合憲判決）	66
最大判 1985 年 7 月 17 日（衆議院議員定数訴訟違憲判決）	66
最大判 1989 年 3 月 8 日（レペタ訴訟）	54
最二判 1989 年 11 月 20 日	187
最大判 1993 年 1 月 20 日（衆議院議員定数訴訟合憲判決）	66
最三判 1995 年 3 月 7 日（泉佐野市民会館事件）	136

最大判 1996 年 9 月 11 日（参議院議員選挙区選挙違憲状態判決） ………………… 66
最大判 1997 年 4 月 2 日（愛媛玉串料訴訟） ……………………………………… 152
最三判 2000 年 6 月 13 日 ……………………………………………………………… 79
最二判 2008 年 4 月 11 日（自衛隊イラク派兵問題ビラ配布事件） ……………… 136
最二判 2009 年 11 月 30 日（葛飾政党広報ビラ配布事件） ……………………… 136
最大判 2011 年 3 月 23 日（衆議院議員定数訴訟一人別枠方式違憲状態判決） … 66
最一判 2011 年 7 月 7 日（卒業式威力業務妨害事件） …………………………… 136
最大判 2012 年 1 月 16 日 …………………………………………………………… 149
最大判 2012 年 10 月 17 日（参議院議員選挙区選挙違憲状態判決） …………… 66
最大決 2013 年 9 月 4 日 …………………………………………………………… 158
最大判 2013 年 11 月 20 日（衆議院議員定数訴訟区割違憲状態判決） ………… 66

● 高等裁判所 ●

札幌高判 1976 年 8 月 5 日（長沼事件） …………………………………………… 172
東京高決 1976 年 9 月 28 日 ………………………………………………………… 187
仙台高判 1991 年 1 月 10 日（岩手靖国訴訟） …………………………………… 152
名古屋高判 2008 年 4 月 17 日（自衛隊イラク派兵差止訴訟） ………………… 173
東京高判 2012 年 11 月 7 日（不起立処分違法判決） …………………………… 149

● 地方裁判所 ●

東京地判 1959 年 3 月 30 日（砂川事件） ………………………………………… 172
東京地判 1970 年 7 月 17 日（第 2 次家永訴訟第一審判決） …………………… 112
札幌地判 1973 年 9 月 7 日（長沼事件） …………………………………………… 172
東京地判 1974 年 7 月 16 日（第 1 次家永訴訟第一審判決） …………………… 112
秋田地判 1975 年 4 月 10 日（秋田相互銀行賃金差別事件判決） ……………… 159
富山地判 1998 年 12 月 16 日 ……………………………………………………… 187
東京地判 2006 年 9 月 21 日（国歌斉唱ピアノ伴奏義務不存在確認予防訴訟） … 148
岡山地判 2009 年 2 月 24 日（自衛隊イラク派兵差止訴訟） …………………… 173

編者・執筆者プロフィール（五十音順）

＊印は編者

榎澤幸広（えのさわ・ゆきひろ）＊
名古屋学院大学経済学部講師。1973年生まれ。専門は憲法学、マイノリティと法、島嶼と法。主な著作に、「公職選挙法 8 条への系譜と問題点」（名古屋学院大学論集社会科学篇 47 (3)〔2012年〕）、「記憶の記録化と人権」石埼学＝遠藤比呂通編『沈黙する人権』（法律文化社、2012年）、「日本語を話しなさい」など石埼学＝押久保倫夫＝笹沼弘志編『リアル憲法学〔第 2 版〕』（法律文化社、2013年）、「実名犯罪報道と知る権利」『憲法から考える実名犯罪報道』（現代人文社、2013年）などがある。

奥田喜道（おくだ・よしみち）＊
跡見学園女子大学マネジメント学部助教。1972年生まれ。専門は憲法学、比較憲法（主にスイス憲法）。主な著作に、「福島第一原発事故後の政治システムのあり方」『政治変動と憲法理論』（憲法理論叢書 19、敬文堂、2011年）、「実名犯罪報道と社会復帰の権利」『憲法から考える実名犯罪報道』（現代人文社、2013年）、「スイスにおける事件報道の現状と憲法論」（同書）、「実名犯罪報道と忘れられる（忘れてもらう）権利」（同書）がある。

飯島滋明（いいじま・しげあき）
名古屋学院大学経済学部准教授。1969年生まれ。専門は憲法学、平和学、医事法。主な著作に、『国会審議から防衛論を読み解く』（前田哲男氏と共著、三省堂、2003年）、『痴漢えん罪に巻き込まれた憲法学者』（高文研、2012年）、「メディアと基地」前田哲男・飯島滋明編『Q&Aで読む日本軍事入門』（吉川弘文館、2013年）、「実名犯罪報道に対する名誉回復は可能か」『憲法から考える実名犯罪報道』（現代人文社、2013年）などがある。

石川裕一郎（いしかわ・ゆういちろう）
聖学院大学政治経済学部准教授。1967年生まれ。専門は憲法学、比較憲法学、フランス法学。最近の著作に、『裁判員と死刑制度』（編著、新泉社、2010年）、『現代フランス社会を知るための62章』（共著、明石書店、2010年）、「障害者の『生まれない』権利？」（法学セミナー 573 号〔2002年〕）、「憲法の忘却／忘却の憲法：『沖縄』『福島』から『アメリカ』『天皇』へ」（福音と世界 68 巻 10 号〔2013年〕）などがある。

井上知樹（いのうえ・ともき）
工学院大学共通課程非常勤講師。1968年生まれ。専門は憲法学（主に社会的権力論）。主な著作に、「現代組織社会における個人の諸相：個人の団体・組織・施設に対する闘争」（工学院大学共通課程研究論叢第 41 − 1 号〔2003年〕）、「大統領的首相と権力分立——イギリス政治における野党の役割」（工学院大学共通課程研究論叢第 45 − 2 号〔2008年〕）、『わかりやすい人権法』（穐山守夫編著、文化書房博文社、2010年）、「個人の尊厳から見た実名犯罪報道」『憲法から考える実名犯罪報道』（現代人文社、2013年）がある。

岡田健一郎（おかだ・けんいちろう）
高知大学人文学部講師。1980年生まれ。専門は憲法学。主な著作に、「いわゆる"Gewaltmonopol"について」憲法理論研究会編『憲法学の最先端』（憲法理論叢書 17、敬文堂、2009年）、「戦後ドイツ公法学における『暴力独占』論について」（一橋法学 10 巻 3 号、2011年）などがある。

清水雅彦（しみず・まさひこ）
日本体育大学体育学部教授。1966 年生まれ。専門は憲法学。主な著作に、『『治安政策としての「安全・安心まちづくり」』（社会評論社、2007 年）、『平和と憲法の現在』（共編著、西田書店、2009 年）、『「安全・安心社会」とマスメディア」『憲法 から考える実名犯罪報道』（現代人文社、2013 年）、『憲法を変えて「戦争のボタン」を押しますか？―「自民党憲法改正草案」の問題点―』（高文研、2013 年）、『秘密保護法は何をねらうか』（共著、高文研、2013 年）などがある。

長峯信彦（ながみね・のぶひこ）
愛知大学法学部教授。1965 年生まれ。専門は憲法学（国旗・国歌をめぐる思想良心・表現の自由。マスメディアと報道の自由など）。主な著作に、「象徴的表現（1〜4完）」（早稲田大学大学院法研論集 67, 69, 70 号〔1993〜1994 年〕）、「教師の国旗敬礼拒否・忠誠宣誓拒否（1〜3完）」（愛知大学法学部法経論集 173, 175, 179 号〔2007〜2008 年〕等）、「『権力化』したメディアと表現の自由――《権力による メディアからの市民の自由》と《メディアによる 市民からの権力の自由》」（法律時報 2007 年 7 月号「特集 日本国憲法施行 60 年」所収）、「表現の自由の原理と実名犯罪報道――憲法とマスメディアをめぐる原点と現点」『憲法から考える実名犯罪報道』（現代人文社、2013 年）などがある。

茂木洋平（もぎ・ようへい）
桐蔭横浜大学法学部専任講師。1981 年生まれ。専門は憲法学。主な著作に、「多様性に基づく Affirmative Action の正当性（1）〜（3・完）――多様性の価値の意味」（法学〔東北大学〕76（1）〔2012 年〕等）、「Affirmative Action 正当化のコンセンサス」（法学〔東北大学〕77（6）〔2014 年〕）などがある。

憲法未来予想図
16のストーリーと48のキーワードで学ぶ

2014年8月15日　第1版第1刷発行

編著者	榎澤幸広・奥田喜道
発行人	成澤壽信
発行所	株式会社現代人文社
	〒160-0004　東京都新宿区四谷2-10 八ッ橋ビル7階
	振替　00130-3-52366
	電話　03-5379-0307（代表）
	FAX　03-5379-5388
	E-Mail　henshu@genjin.jp（代表）／hanbai@genjin.jp（販売）
	Web　http://www.genjin.jp
発売所	株式会社大学図書
印刷所	株式会社ミツワ
カバーイラスト	中村純司
ブックデザイン	Malp Design（渡邉雄哉）

検印省略　PRINTED IN JAPAN　ISBN978-4-87798-584-4　C1032
Ⓒ 2014 Enosawa Yukihiro Okuda Yoshimichi

本書の一部あるいは全部を無断で複写・転載・転訳載などをすること、または磁気媒体等に入力することは、法律で認められた場合を除き、著作者および出版者の権利の侵害となりますので、これらの行為をする場合には、あらかじめ小社また編集者宛に承諾を求めてください。